# WAHLKAMPF

Peter Grafe

# Wahlkampf

## Die Olympiade der Demokratie

 Eichborn.

Die Deutsche Bibliothek – CIP-Einheitsaufnahme

**Wahlkampf** / die Olympiade der Demokratie /
Peter Grafe ... - Frankfurt am Main : Eichborn, 1994
ISBN 3-8218-0436-X
NE: Grafe, Peter


© Vito von Eichborn GmbH & Co. Verlag KG,
Frankfurt am Main, März 1994
Lektorat: Albert Sellner
Umschlagestaltung: Rüdiger Morgenweck
Satz: TechnoScript, Bremen
Druck und Bindung: Fuldaer Verlagsanstalt GmbH, Fulda
ISBN 3-8218-0436-X
Verlagsverzeichnis schickt gern:
Eichborn Verlag, Kaiserstr. 66, 60329 Frankfurt

# Inhalt

# Vorwort

Wahlkampf ist politische Kommunikation, Richtungsentscheidung, Medienereignis und Kulturkampf. Seine Grundlagen sind Leistungsbilanz, Realitätsdeutung und Personalisierung. Der aktuelle Wettbewerb um Wähler und Profil ist eingerahmt von gesellschaftlichem Wandel, und Parteienkrise wird in einer Epoche drastischer Ungleichzeitigkeiten veranstaltet, muß den Abstand zwischen elektonischen Medien und traditioneller Politik, zwischen neuer Informationstechnologie und dem Zerfall der gewohnten Ordnung überbrücken.

Das Wahljahr 1994 ist anders als alle davor. Oberflächlich betrachtet, liegt das Besondere in der Anzahl von 19 in vier Blöcken übers Jahr verteilter Wahlen, doch diese Häufung sorgt nur dafür, daß unbequeme Entscheidungen und Maßnahmen noch länger liegenbleiben als sonst. Das mag ärgerlich sein, bringt jedoch keine neue Qualität. Viel bedeutsamer ist, daß diese Gesellschaft ihre tradierten politischen Ordnungsmuster verliert, im Osten, im Westen und als Ganzes Identitätskrisen durchläuft, in ökonomischen und politischen Schwierigkeiten, in Sinn- und Wertewandel steckt, noch einige zusätzliche »Herausforderungen« zu bewältigen hat und unsere Parteien auf diese Lage nicht eingerichtet sind.

Politik verteidigt den Status quo als Perspektive. Das ist wahrhaft konservative Utopie. Für das Bedürfnis nach Orientierung und Sicherheit unterbreiten die Parteien kein ernsthaftes Angebot, sie fürchten die Reaktionen der Wähler, denn die eigentlich nötige Medizin schmeckt nicht sonderlich angenehm. So wächst das Mißverhältnis zwischen dem sinkenden Zutrauen in die Politik und dem wachsenden politischen Handlungsbedarf. Es bestimmt das Interesse des Publikums an den Präsentationen der Parteien.

Die Wiederholungswahl in Hamburg vom 19. September 1993

(SPD 40,4%, CDU 25,1%, Grüne/GAL 13,5%, Statt-Partei 5,6%, Republikaner 4,8%, FDP 4,2%) galt nach der Kommunalwahl in Hessen als vorläufig letzte Warnung der Wähler an die bislang etablierten Parteien. Warnungen können jedoch nur ankommen, wenn beim Adressaten Möglichkeiten zur Verhaltensänderung angelegt sind. Die Parteien inszenieren zwar Reformeifer, doch ist noch nicht sichtbar, ob sie sich tatsächlich für die aktuellen oder gar künftigen Aufgaben präparieren.

Wie wird Wahlkampf geplant, organisiert und durchgeführt? Welche Kenntnisse über Wähler und gesellschaftliche Entwicklungen finden Eingang in die Planung? Welchen Einfluß hat das Fernsehen auf die Präsentation politischer Botschaften? Wie werden Politiker gestylt, welche Techniken und Tricks genutzt, und was hat das ganze Schauspiel mit den Problemen dieses Landes und mit politischen Zielen zu tun? Auf diese und weitere Fragen will das vorliegende Buch Antworten liefern. Es bietet so einerseits politische Aufklärung und ist zugleich eine umfassende Anleitung zur praktischen Anwendung.

Die Wähler sind Objekte der Forschung und werden Zielgruppen für Kampagnen. Sie sind zugleich Subjekte als Wähler in der im Grundgesetz vorgesehenen Rolle. Die Politikwissenschaft hat Deutschland aber zur Zuschauerdemokratie erklärt, und für die Zuschauer soll die Politshow auch Spaß machen. Wenn der Sinn, die Regeln und die eingesetzten Instrumente durchschaubar sind, kann eine spannende, weil transparente Situation entstehen: Beide Seiten wissen Bescheid, Wahlkampf wird ein Spiel mit offenen Karten.

Wahlkampf hat nur das einzige Ziel, Stimmen für die eigene Partei zu sammeln. Das Campaign-Management nutzt alle verfügbaren Informationen über gesellschaftlichen Wandel, über politische Kommunikation, Medien und die Wähler, über die eigene Partei und die Konkurrenz sowie über die Organisation und Durchführung von Kampagnen. Dabei soll auch die eine oder andere Antwort auf wichtige Fragen der Zeit nicht schaden, sondern Kompetenzvermutung zu eigenen Gunsten ermuntern. Was immer Politiker und ihre Partei für richtig halten: Die Wähler müssen überzeugt werden. Was und wieviel von diesen konzentrierten Bemühungen erreicht die Wähler?

Im Wahlkampf bieten sich die Parteien zur Bewältigung von öffent-

8

lichen Aufgaben an. Deshalb gilt es auch der Frage nachzugehen, ob sie für diese Aufgaben die richtigen Leute, die notwendigen Konzepte und Fähigkeiten vorweisen können oder aus strukturellen Gründen Mängel produzieren. Die Kompetenzprofile der Parteien basieren aber nicht nur auf Fakten, sondern entstehen in einem kommunikativen Prozeß aus dem Wechselverhältnis zwischen den Prioritäten der Parteien und denen der Wähler, zwischen Interessen und Inszenierung.

Diese Gesellschaft verändert in schnellem Wandel sowohl die Anforderungen an die Politik als auch die Deutungs- und Kommunikationsmuster – und der Wandel geht stürmisch weiter. Insofern ist dieses Buch ein Zwischenbericht aus einem nicht abgeschlossenen Prozeß, den uns die zuständigen Wissenschaften in einigen Jahren rückblickend erklären werden. Es ist das Privileg journalistischer Arbeitsweise, hier und jetzt die aktuellen Veränderungen zu protokollieren.

Jede Kampagne baut ihre Zuspitzungen auf das Bewußtsein der Wähler am Vorabend des Wahlkampfes. Da sich im Volke die Auffassungen über bisherige Defizite und den dringlichen politischen Handlungsbedarf im Laufe der Legislaturperiode entwickelt, folgt die Darstellung erst einmal jenen Aspekten des gesellschaftlichen Wandels, des politischen Alltags und seiner Medienvermittlung, die schließlich die Ansichten und Erwartungen der Wähler prägen. Soweit dies einem »Wessi« möglich ist, werden die Befindlichkeiten der Bundesbürger in den fünf neuen Ländern mit einbezogen.

Adressaten des Buches sind insbesondere politisch interessierte Wähler und Nichtwähler, aber natürlich auch aktive Parteimitglieder und all jene, die Wahlkampf planen, organisieren, gestalten oder selbst um Stimmen werben.

Wenn von »den Parteien« die Rede ist, sind CDU/CSU, FDP, Grüne und SPD gemeint. Die sonstigen werden ausdrücklich erwähnt, wenn sie Beachtung finden. Die allgemeinen Aussagen über Wahlen beziehen sich auf Europa-, Bundestags- und Landtagswahlen. Die Kommunalwahlen folgen oft ganz eigenen Regeln. Man kann diesen Band in der gegebenen Gliederung durchlesen, sich aber auch einzelne Kapitel nach persönlichen Prioritäten zuerst herausgreifen. Sie sind Mosaiksteine eines Gesamtbildes, können aber auch für sich stehen.

Für Anmerkungen, Anregungen und Materialien möchte ich mich

bei Ulrike Filgers, Bodo Hombach, Gert Keil, Peter Munkelt, Klaus Schäfer, Albert Sellner, Harry Walter und Wolfgang Zügel bedanken.
Köln, im Januar 1994
P. Grafe

# 1. Zähmung: Machtkampf wird zivilisiert

Wir wollen keine Amerikanisierung von Wahlkämpfen! Dieser Ausruf verspricht auf allen deutschen Parteiveranstaltungen reichlich Beifall. Amerikanisierung wird als Schimpfwort verwandt, wenn man die Selbstdarstellung von Politikern und Parteien bloßstellen will, die nur noch auf Inszenierungen fürs Fernsehen, auf Styling sowie auf emotionale Effekte setze und dabei sämtliche politische Substanz verliere. Das ist politische Bigotterie und zugleich Unfug.

Politik kommt in einer Massendemokratie um vereinfachte Darstellung nicht herum, und es entspricht einem gern gepflegten Vorurteil, daß dabei mit Texten eine höhere Qualität an politischer Orientierung zu erreichen wäre als mit Bildern. Warum denn? Die Gesten eines Politikers, sein Auftritt, seine Sicherheit oder Unsicherheit, seine Reaktion auf unangenehme Fragen, seine Kleidung und sein Benehmen können viel mehr über seine Vertrauenswürdigkeit erzählen als ein schönes Programm – und Vertrauenswürdigkeit ist für die Wahlentscheidung ein durchaus angemessenes Kriterium.

Daher verfügen wir mit dem Fernsehen über ein taugliches Medium, das im Sinne dieses Kriteriums hinreichende Anhaltspunkte liefert. Die Kunst der Verstellung in bewegten Bildern ist noch längst nicht so weit entwickelt, wie das Papier geduldig. Es werden mit diesen Bildern zu viele »Sprachen« einer Person übermittelt, um sie alle gleichermaßen im Griff zu haben. Auch nach ausgiebiger Schulung kann man nicht dauerhaft eine andere Persönlichkeit darstellen als die eigene.

Die US-Amerikaner verfügen mit der Allgegenwart dieses Mediums und mit der Eigendynamik privatwirtschaftlich organisierter Sender noch über einen deutlichen Vorsprung an Erfahrung. Westeuropa holt auf. Dennoch wird der Wahlkampf hierzulande spezifische Elemente deutscher Parteiveranstaltungen behalten: Von der bunten Show US-

11

amerikanischer Wahlkampfveranstaltungen, die durchinszeniert sind wie ein TV-Unterhaltungsprogramm und sich an ein breites Publikum außerhalb der Parteien wenden, die neben einer einfachen politischen Botschaft vor allem gute Laune, Optimismus und Wir-Gefühl vermitteln sollen, die mit Fähnchen, Pappnasen und Luftballons eine Mischung aus Volksfest und Karneval anbieten, sind wir noch weit entfernt. Jede Kulturregion verwendet spezifische Zeichen, um Kompetenzen und Ziele darzustellen. Den US-Amerikanern teilt sich aus deren Spektakel ebensoviel politische Erkenntnis mit, wie uns Deutschen in Wahlkampfveranstaltungen mit Blasmusik, Vorrede, Hauptrede und Verabschiedung.

Rund um die Welt werden in Wahlkämpfen Konzepte und Programme in Symbolen dargestellt und so komplexe politische Zusammenhänge vereinfacht. Das haben alle Wahlkämpfe gemeinsam, und sie sind auch der Globalisierung kommunikativer und professioneller Standards unterworfen, die mit der überall gleichen Kommunikationstechnologie, mit dem Medium Fernsehen, mit der weltweiten Vernetzung von Informationsflüssen, Märkten und Risiken zu tun haben.

Zugleich aber bleiben regionale kulturelle Eigenheiten und Besonderheiten des jeweiligen Wahlsystems erhalten. Sie zu vernachlässigen kann sich kein erfolgreicher Wahlkämpfer leisten. Diese Unterschiede werden z. B. in den Inszenierungen des Gemeinschaftsgefühls offenbar, mit dem die großen Fernsehshows in England, Frankreich, USA und Deutschland ihr jeweiliges Massenpublikum erreichen: Die Anspielungen und Scherze, die sich auf Religion, Geschichte, Gewohnheiten und Persönlichkeiten beziehen, sind selten übertragbar und oft beim Nachbarn unverständlich.

In Berlin zeigen sich einige Dimensionen kultureller Unterschiede auf engstem Raum. Noch immer und auf absehbare Zeit werden im Westteil andere Zeitungen gelesen und andere Programme geschaut als im Ostteil. Sie tragen nicht nur andere Namen, sondern nehmen andere Inhalte auf und sind unterschiedlich gestaltet. Die Andersartigkeiten im ästhetischen Empfinden, in sozial gelernten Verhaltensmustern und beim politischen Sprachgebrauch kann erfolgsorientierter Wahlkampf nicht ignorieren.

Parteien und die Werbung für Konsumgüter haben in der Bundesrepublik trotz der gemeinsamen deutschen Sprache und der Angleichung technologischer Standards große Mühe, Zeichen und Symbole zu entwickeln, die in Ost und West verstanden werden. Wenn die »Ossis« sich nach der ersten Anpassungseuphorie wieder auf Ostprodukte mit etwas aufgepepptem Ostdesign besinnen, so wird ersichtlich, daß auch sie ihr Gefühl der Zugehörigkeit nicht von der eigenen Sozialisation trennen können, die Zeichen und Symbole der Verständigung und Deutung vermittelte.

Über Amerikanisierung zu schimpfen, baut also eine Schimäre auf. Die Abwehr des angeblich bösen Einflusses basiert auf einer Mischung aus Vorurteil (die haben eh keine richtige Kultur) und Halbwissen, nutzt linke wie rechte Restbestände antiamerikanischer Ressentiments, um eigene Qualitäten zu behaupten – ohne je die so viel besseren Eigenarten unserer politischen Kommunikationskultur nachzuweisen.

Wahlkampf ist Machtkampf, und Wahlen sind Zwischenergebnisse dauerhafter Rivalitäten. In den USA gelten Machtkämpfe als sportliche Ereignisse, die in der politischen Arena und auch vor den Augen der Bürger im Fernsehen ausgetragen werden : Wer in der Politik etwas werden will, muß dies öffentlich ankündigen, muß in den Medien und mit einer Kampagne seine Kompetenz für den Job darstellen.

In Deutschland gelten Machtkämpfe eher als etwas Unanständiges, werden versteckt und tabuisiert. Man spricht lieber von »Parteienwettbewerb« als von Machtkampf. Zu dieser Diskretion passend, finden Auseinandersetzungen und Absprachen unter der Decke statt, entwickeln sich nichtöffentliche Strukturen, wie Filz und Klüngel und das entsprechende Ressentiment im Volke, Politik sei ein schmutziges Geschäft. Die allgemeinen Wählerurteile über Wahlkämpfe sind entsprechend wenig freundlich : Sie gelten als zu brutal, als verwirrend und zu teuer. Man klagt, es werde übertrieben, gelogen, manipuliert, man verwende Sprechblasen der Beliebigkeit und viele unverbindliche Leerformeln.

Da findet also ein Riesenspektakel statt, die Medien sind voller Interviews, Geschichten, Berichte und Umfragen – aber ein Großteil der eigentlichen Adressaten versteht die Show nicht.

Wer Wahlkämpfe nur nach den Ambitionen der Politiker und den gerade aktuellen Erscheinungsformen betrachtet, wird ihren tatsächlichen Nutzen nicht entdecken. Wer sie mißachtet oder nur für aufdringliches Theater hält, übersieht einen grundsätzlichen gesellschaftlichen Regelungsbedarf: Macht ist eine nicht vermeidbare Komponente sozialer Beziehungen. Daher ist es eine niemals endende gesellschaftliche Aufgabe, sie in normativ geordnete Strukturen einzubinden. Alle einigermaßen intakten Gruppen, Organisationen und Gesellschaften verfügen über eine funktionsfähige innere Ordnung, über Rituale und Regeln, um Rivalitäten und Machtkämpfe auszutragen sowie das Gemeinwohl gegenüber Einzelinteressen durchzusetzen: Es gab Regime der Ältesten, Häuptlinge und Priester, Diktaturen und feudale Herrschaft in den verschiedensten Varianten – mit und ohne religiösem Segen. Nun haben wir Parlamente, Verbände und Gewerkschaften, deren Funktiontüchtigkeit angeschlagen ist. Sie wurden zu unbeweglichen Kolossen, die auf immmer wackligeren Füßen stehen.

Im Gegensatz zu den Zeiten unter Feudalismus und Diktatur kann jetzt das Volk in regelmäßigen Abständen Macht als Verantwortung delegieren und immer wieder darüber befinden, ob die Gewählten ihren Auftrag ordentlich erfüllt haben oder ob man sich nach anderen Bewerbern umsehen muß. Eine gewonnene Wahl verschafft Handlungslegitimation – aber auch Handlungsverpflichtung – auf Zeit.

Das Verfahren bedeutet einen wesentlichen Fortschritt der politischen Kultur und der Zivilisierung, denn der Kampf um Macht und Einfluß wurde im Laufe der Jahrhunderte und wird nach wie vor, wie uns die Nachrichten täglich erinnern, mit Gewalt ausgetragen. Die Deutschen scheinen sich dieser großen Bedeutung bewußt und gehen mit dem Ernst von Kirchgängern zur Urne. Die demokratische Machtdelegation könnte jedoch auch Anlaß für Feste sein.

In der aktuellen Auseinandersetzung um die Qualität der Politik offenbart sich aber das Dilemma einer Gesellschaft, die wesentliche Bereiche ihrer inneren Verfaßtheit an eine Kaste bzw. herausgebildete Berufsgruppe delegiert, um sich selbst nicht mehr kümmern zu müssen. Dort wird die Verantwortung für die Geschicke der Bevölkerung abgeladen. Die dort Tätigen, die Politiker also, dürfen schließlich an Integrationsleistungen arbeiten, die auch all jene einbeziehen, die sich nur um ihren eigenen Kram kümmern und sich den Verpflichtungen so weit es geht entziehen, die eine so organisierte Gemeinschaft ihnen abverlangt.

Wenn Parteien und Wahlkämpfe nicht mehr für die Wahrung der friedlichen inneren Ordnung taugen, wachsen in unserer Gesellschaft Konflikte, die sie ja den real vorhandenen Institutionen der Politik nicht mehr zur Lösung überlassen kann. Daher birgt die öffentliche und vielfach gut gemeinte Kritik an Wahlkämpfen auch eine Portion Begriffsstutzigkeit: Man befaßt sich ausführlich mit den wenig wünschenswerten Nebenwirkungen des politischen Systems, aber nicht ebenso eifrig mit den Funktionszwecken der politischen Institutionen und mit der Suche nach neuen Wegen, wenn die alten Strukturen versagen. So kann man zwar gut einen Schwarzen Peter ausgucken, kommt jedoch mit den eigentlichen Problemlösungen nicht weiter.

Parteienstreit ist öffentliche, von den Medien dargestellte und in langer Praxis ritualisierte Auseinandersetzung. Jene besonders wichtigen Themen aber, die – wie viele Politiker und einige Journalisten immer wieder fordern – aus dem Parteienstreit herausgehalten werden sollen, wären oft einer sehr ausführlichen und öffentlichen Debatte wert. Wie sonst sollen die Bürger z. B. die Frage klären und ensprechend wählen, ob sie denn eine überall auf der Welt operierende Interventionsarmee haben wollen.

Solcher Streit macht zwar einen Grundstoff der Demokratie aus, genießt jedoch seltsam wenig Ansehen. Dahinter steckt die Sehnsucht nach Harmonie, die Angst, es sich mit einer Seite zu verderben und die Illusion, Konflikte seien zu erledigen, indem man sie ignoriert. Das geht in jeder Familie schief und erst recht in einer Gesellschaft. Gleichwohl ist der Hang zur Harmonisierung ein Element unserer deutschen politischen Kultur, prägt hier die – etwa im Vergleich mit den angelsächsischen Ländern – relativ zurückhaltende Presse und ist eine Erklärung für das Unbehagen an Macht- und Wahlkämpfen.

Wenn man Wahlen in den westlichen Demokratien mit dem Generationswechsel oder einem Machkampf in feudalen Systemen vergleicht, so geht es hier und heute zwar etwas weniger erhaben zu, doch kommen auch wir nicht ohne ein Minimum an kultischem oder zeremoniellem Aufwand aus. Wozu bräuchte man sonst Fahnen, Hymne, rote Teppiche und einen Bundespräsidenten. Die demokratische Konflikt- und Machtregulierung benötigt emotionale Äquivalente, um ein Element von Gemeinschaft zu sein, das trägt. Sechs Wochen ritualisierte

15

Entscheidungsprozedur für eine vierjährige Machtdelegation, die alle akzeptieren, gehören dazu.

Die von der Idee der mündigen Bürger geprägte Regulierung von Machtdelegation und Entscheidungsprozessen ist nicht umsonst zu haben. Wer die weitgehende Finanzierung von Wahlkämpfen aus öffentlichen Kassen ablehnt, müßte als Alternative für eine politische Kultur streiten, in der die Bürger ihre Parteien und die Wahlauseinandersetzung mit reichlichen Spenden unterstützen, weil sie deren Nutzen verstehen und selbst auf diesen Wettbewerb Einfluß nehmen wollen. Das wäre dann allerdings eine Regelung, die die Möglichkeit zur politischen Einflußnahme noch mehr vom Geldbeutel der Spender abhängig machte als die derzeitige Praxis.

Die Höhe der Aufwendungen für Wahlkämpfe zu rügen, ist angesichts ihrer gesellschaftlichen Bedeutung einigermaßen albern. Mit den Mitteln der »Wahlkampfkostenerstattung« (Bei Europa-, Bundes-, und Landtagswahlen künftig 1,– DM pro Zweitstimme und Jahr) könnte die jeweilige Ebene der Parteien ihren Wählern alle zehn Monate eine Postkarte zuschicken. Diese Wahlkampfkostenerstattung soll aber mehr als die reine Kampagne tragen, nämlich die gesamte Öffentlichkeitsarbeit inkl. der Sach- und Personalkosten. Jeder größere Waschmittelkonzern hat einen höheren Werbeetat, und der ist bis zu 75 % steuerlich abzugsfähig.

Wenn man mit dem Publizisten und Politikberater Werner Wolf das Niveau des Wahlkampfes für einen »Spiegel des allgemeinen Kulturniveaus einer Gesellschaft« hält, dann ist weniger die Höhe der Kosten zu kritisieren als die kultuelle Qualität, die dafür geboten wird. Doch auch bei diesem Aspekt gilt es, genau hinzuschauen: Wahlkampf ist keine Veranstaltung, mit der man den politisch gebildeten und bewußten Bürger mit abgeschlossenem Hochschulstudium anspricht, der mehrere Tageszeitungen, montags ein Magazin und donnerstags noch ein Wochenblatt liest.

Dieser Personenkreis weiß, was er wählt und findet Wahlkampf eher ärgerlich als zur Entscheidung hilfreich. Wahlkampf aber ist auf die Massen aus, wie *RTL* und *Aldi*, und deswegen näher bei der Werbung als beim Diskurs, näher an der Wirkung als an der Wahrhaftigkeit und so viel mehr ein Symptom für den Grad und die Qualität der politischen Bildung einer Gesellschaft als ein Instrument zu deren Verbesserung.

Mit »Amerikanisierung« wird auch ein Aspekt politischer Kommunikation angeprangert, der weltweit eine Folge von Massenmarkt und -medien ist: Die Instrumente der Wahlkampagne drängen in den politischen Alltag. »Wenn die Reform des Gesundheitswesens nicht ankommt, startet der Minister eine Werbekampagne für die Reform. Wenn ›Europa‹ den Deutschen nicht ganz geheuer ist, weil sie nicht gefragt worden sind, startet die Bundesregierung eine Werbekampagne für Europa.« Der *Spiegel*-Autor Cordt Schnibben beklagt die zunehmende Reklamisierung der Politik als den unangenehmsten Sieg der Werbung.

Politik wird auch so »verkauft«, in der Tat, doch diese Praxis bedeutet nicht, daß das Publikum alles schluckt, was ihm fein aufgemacht vorsetzt wird. Solche Klage über den Zerfall an politischer Kultur drückt sich um zwei Grundfragen demokratischer Gesellschaften herum: Wie legt man 60 Millionen wahlberechtigten Bürgern unterschiedliche Entwürfe für die Bewältigung aktueller und absehbarer Aufgaben so vor, daß sie wissen können, wofür sie votieren wollen? Wie gewinnt Politik ohne Werbeinstrumente Zustimmung für notwendige, aber erst einmal unpopuläre Maßnahmen?

Solange ein formaler Gleichheitsgrundsatz (eine Stimme pro Person) demokratisches Prinzip ist, muß Politik Themen und Konzepte so präsentieren, daß auch relativ uninformierte Zeitgenossen die Chance bekommen, zumindest zu erahnen, was angeboten wird.

Wer es schändlich findet, daß die Wähler vor allem Ziel kommunikativer Strategien sind, und nicht selber wirklich aktiver Teil politischer Entscheidungsprozesse, übersieht leicht den Aufwand, den man als »mündiger Bürger« nicht scheuen dürfte, um wirklich sachkundig mitentscheiden zu können. Der Demokrat als Zuschauer, Nörgler und Schlauberger ist in einer wesentlich bequemeren Lage. Er verläßt sich auf seinen Eindruck, und solange ihm der genügt, nutzen die Parteien alle Möglichkeiten, um einen möglichst guten zu hinterlassen.

Wahlkampf ist ein Wettbewerb, bei dem es auch – mehr oder weniger deutlich – um richtungsweisende Entscheidungen einer Gesellschaft geht. In Wahlen läßt sich aber nicht mehr als eine möglichst breite Zustimmung für eine Linie oder Richtung organisieren – ohne konkrete oder gar verbindliche Festlegungen. Eine gute Kampagne nutzt bereits vorhandene Stimmungen und Wünsche, geht auf die Alltagserfahrungen der Wähler ein, wird Teil gesellschaftlicher Bewegung, deren Richtung sie moderat beeinflußt und auf die eigenen Mühlen lenkt.

Politik ist von ziel- und entscheidungsorientierter Kommunikation geprägt. Politik nimmt täglich Einfluß auf das »Meinungsklima« – in den Medien, selbstverständlich, aber auch im Kontakt und bei der Verständigung mit wichtigen Handlungs- und Entscheidungsträgern in Wirtschaft, Verbänden, Gewerkschaften und Kirchen. Mit ihnen wird über Szenarien zukünftiger Entwicklung, über Sorgen, Erwartungen und Hoffnungen gesprochen. Es kristallisieren sich dabei gelegentlich wichtige Projekte und Tendenzen heraus, es wird um Zustimmung für notwendige Maßnahmen geworben und deren Durchsetzbarkeit vorgeprüft. Öffentliche Meinung entsteht in einem hoch komplexen Geflecht kommunikativer Beziehungen, die insgesamt ein Bild von Wirklichkeit entstehen lassen, ein Bild mit Konsensbereichen und Polaritäten. Es ist ein wesentliches Grundelement politischer Arbeit, dieses Bild zu beeinflussen.

Der ehemalige Bundesgeschäftsführer und langjährige Wahlkampfmanager der CDU, der Architekt vieler Wahlerfolge Helmut Kohls, Peter Radunski, gemahnt seine Parteifreunde stets daran, daß Formulierung und Kommunikation der Politik zwei Seiten einer Medaille seien, die der moderne Politiker nicht voneinander trennen dürfe. Politisch handeln heißt für Radunski, nicht nur an die Inhalte, sondern auch an die öffentliche Umsetzung der Politik zu denken. Zur Wahlkampagne gehören themen- und personenbezogene Diskussionen sowie die in den Medien geführte Auseinandersetzung, dann die innerparteiliche Mobilisierung und schließlich die eigentliche Werbekampagne. Leistungsnachweis, Deutung von Handlungen und Ereignissen sowie Personalisierung sind die wichtigsten Elemente.

Tue Gutes und rede darüber: Inhaltliche Erörterungen, Aufklärung, Information, Dialog, Kontaktpflege und Selbstdarstellung gehören zusammen. Um Zustimmung zu werben, bedeutet, die Instrumente von Kampagnen zu nutzen. Das ist immer PR, oft Werbung und manchmal auch rationaler Dialog. Politiker reden, talken und geben Interviews über Gesetze, Maßnahmen, Steuern und Ausgaben, doch die Beiträge zur Sache – als Anlaß oder Vorwand – haben immer auch die Funktion, Loyalität zu sichern, sind immer auch Werbung für die eigene Person und Partei.

Politische Kommunikation ist nie herrschaftsfrei, sondern immer zugleich Teil von Machtverhältnissen, wird eingesetzt, um Gefolgschaft zu bilden und zu wahren. Sie sind hilfreich für Aufklärung, Konsensbildung und Integration. Experten und Strategen in Sachen Semantik, PR und Kommunikation bearbeiten im Wettbewerb mit den Konkurrenten die Öffentlichkeit, um das Wahlergebnis ihrer jeweiligen Partei zu optimieren.

»Sofort nach der Wahl muß die Wiederwahl vorbereitet werden!« Diese Grundregel erfolgreicher Wahlkämpfer klingt furchtbar anstrengend und dramatisch, umschreibt aber lediglich die unausweichliche Ausgangslage des politischen Wettbewerbs: Die Politiker stehen bei ihren Wählern dauerhaft unter Präsentations- und Begründungszwang. Wann immer sie öffentlich präsent sind, müssen sie auf die Wirkung achten, denn die Wähler gewinnen und ändern ihre Einstellung zu den Parteien mit der Zeit und nicht in spontaner Eingebung. Das beschleunigt sich zwar, doch Fehler, die man gemacht hat und ein Eindruck der einmal festsitzt, sind nicht mit ein bißchen Kampagne zu korrigieren.

Die These vom dauerhaften Wahlkampf unterstellt, daß die Politiker sich ständig darüber klar wären, was sie zu sagen und wie sie aufzutreten hätten, damit dies bei der kommenden Wahl von Vorteil ist. Diese Übersicht haben sie selten. Die Regeln parteiinterner Konflikte und Meinungsbildung beeinträchtigen oft die schöne Präsentation. Politiker wie Parteimanagement hantieren mit dieser Aufgabe häufig situativ und ziemlich unbedacht. Der »permanente Wahlkampf« findet also in einem geplanten Sinne nicht statt. Wenn Radunski den politischen Alltag als Kampagne darstellt, beschreibt er nicht das bewußte Handeln der meisten Politiker, sondern Wirkungszusammenhänge. Man kommuniziert auch, wenn man nicht bewußt auf Wirkung hin agiert. Nur kann dabei nur etwas völlig anderes bei den Wählern ankommen als man eigentlich beabsichtigte.

In der Wahlshow im Fernsehen tun alle Parteienvertreter erst einmal so, als habe man selbst gewonnen und die anderen verloren. Dieses eifrige Bemühen geht von der Annahme aus, das Volk möge nun mal keine

Verlierer. Nur wenn einem Verlierer wirklich keine Möglichkeit der Umdeutung mehr einfällt, wenn auch der Vergleich mit einer Europawahl oder dem Trend bei Kommunalwahlen beim besten Willen keine positive Interpretation mehr ermöglicht, wird Realitätssinn demonstriert: »Wir haben eine Niederlage errungen!« (H. Kohl).

Nachdem diese Auftritte großer und kleiner »Elefanten« beendet sind, beginnt für die gemeinen Politiker der graue Alltag. Sie schaffen sich durch die Sitzungen und Akten und sind froh, wenn das heimische Lokalblatt dies Bemühen um das Wohl der Allgemeinheit gelegentlich in einer kleinen Notiz würdigt. Wenn man die staatsmännischen Darbietungen einmal abzieht, dann wird hinter dem Politiker eine Person sichtbar, die ihre berufliche Perspektive mit dieser Arbeit verbindet, die wiedergewählt werden und aufsteigen will, die von beruflichen Ängsten geplagt wird, wie viele andere auch. Alle vier oder fünf Jahre steht die Vertragsverlängerung an, und dazu werden gewissermaßen Verhandlungen mit dem Auftraggeber geführt, die am Wahltag zu einem Abschluß kommen.

Und weil nach der Wahl alles Bemühen auf die nächste hinausläuft, wird jede Regierung so weit irgend möglich notwendige, jedoch unpopuläre Maßnahmen gleich zu Beginn der Legislaturperiode durchziehen: Erst bei der nächsten Wahl muß die Mehrheit wieder errungen werden, und bis dahin ist viel Zeit für gute Taten, über die es sich dann reden läßt.

Ob Wahlkampf wirkt? In einer Studie, die Winfried Schulz zur Europawahl 1984 durchführte, gaben immerhin 9% der Befragten zu Protokoll, daß sie den Wahlkampf als hilfreich bei der Wahlentscheidung betrachteten. Da alle Parteien wahlkämpfen, wird keine darauf verzichten können. Wenn alle gleich gut kämpfen, mögen die Effekte sich ausgleichen. Die jeweilige Hoffnung besteht darin, den Nerv der Zeit diesmal besser zu treffen als die anderen – und gegen diese Hoffnung ist kein Kraut gewachsen.

In der Wahlkampfforschung gelte als weithin unumstritten, so stellt der Kieler Sozialwissenschaftler und Politikberater Ulrich Sarcinelli heraus, daß Wahlkampf weniger Wählerbewegung auslöse als vorhandene Trends bestätige. Obwohl es auf den ersten Blick anders aussieht, bedeutet Wahlkampf nicht in erster Linie die vielfältige Präsentation politischer Konzepte, sondern Mobilisierung und Emotionalisierung, und deren Wirkung auf das tatsächliche Wahlverhalten ist nicht zu messen, sondern nur plausibel anzunehmen.

Harry Walter, der von Peter Radunski als »Vater des modernen Wahlkampfes in Deutschland« gelobte langjährige Chef der sozialdemokratischen Wahlkampfagentur ARE, hofft, daß man im Wahlkampf bis maximal 3% der Wähler auf seine Seite ziehen könne. Viele Wahlforscher gehen inzwischen davon aus, daß mit der schwindenden festen Parteibindung nicht nur die Zahl der Wechselwähler, sondern auch der Anteil jener steigt, die sich vom Wahlkampf »überzeugen« lassen. Doch niemand weiß, wieviele das wirklich sind: Zur Politik gehören nun mal üppige Spekulationen.

# 2. Deutung:
# Traditionelle Muster verschwimmen

Wahlkampf bedeutet Zuspitzung eines Profils. Also gibt es ohne Erkennbarkeit in Kompetenz und Ziel auch keine Zuspitzung. Die Parteien bieten sich für die politische Arbeit an der Gesellschaft an. Sie konnten bisher ihre Konzepte auf der Basis gewachsener Wertebezüge unterbreiten, die den Parteien einen Platz im gesellschaftlichen Interessengeflecht zuweisen. Das Volk hatte Vorstellungen von der Rolle der einzelnen Parteien, die sich immer wieder bestätigten. Die Zuständigkeiten der Parteien sind aber nur solange zuzuordnen, wie die thematischen Orientierungen der Parteien gesellschaftlichen Konfliktlinien entsprechen – und die haben sich verändert und verändern sich weiter.

Unsere Parteien und die eingespielten Denkmuster der Politik sind von Weltanschauungen geprägt, die aus dem 19. Jahrhundert erwuchsen und heute noch in Traditionsfragmenten überlebt haben – sogar bei den Grünen. Parteien, Verbände und Gewerkschaften haben ihre Aufgabenstellungen in einer gesellschaftlichen Epoche entwickelt, die von stürmischer technologischer Entwicklung der Industrialisierung und den damit verbundenen Verteilungskämpfen nach dem Muster Arbeit gegen Kapital geprägt war. Sowohl die Organisationen der Arbeiterbewegung wie der politische Arm der Unternehmer waren in diesem Konflikt parteiisch und versuchten jeweils, ihre Interessengebundenheit als Gemeinwohlorientierung zu preisen: »Wohlstand der Massen schafft Nachfrage«, war das alte Argument der SPD und stand gegen die Parole der CDU: »Wenn es der Wirtschaft gut geht, geht es allen gut.«

Der bisherige westdeutsche Weg, soziale und regionale Wohlstandsunterschiede zu befrieden, hat sich nicht nur zu einem Konsens entwickelt, der aktuell gefährdet ist, sondern schon in den 70er Jahren das Parteiengefüge mehr und mehr aus der Polarisierung traditioneller Konfliktlinien gebracht. »Auf dem Weg zur linken Volkspartei und in Ausübung der Macht hat sich die SPD innen- wie außenpolitische Positionen zu eigen gemacht, die sie in den fünfziger Jahren nicht vertreten mochte. Umgekehrt hat die Union als Volkspartei rechts der Mitte gesellschaftliche Reformen mitgetragen, für die sie von sich aus keine Initiative ergriffen hätte«, schreiben die aus den Wahlsendungen der ARD bekannten Wahlforscher Fest und Liepelt (*Infas*) über diese Zeit. Die Entwicklung hat sich fortgesetzt und hat u. a. eine weitgehende Angleichung der sozialen Zusammensetzung der Mitglieder und Wähler zur Folge.

Mit dem schnellen gesellschaftlichen Wandel ist trotz einiger Relikte und mancher Aktualisierungen die tradierte Ordnung des Interessengeflechts und damit auch das Parteiengefüge durcheinander geraten. In der aktuellen Entwicklung mehren sich die Zweifel (Verdrossenheit), ob unsere Parteien, Gewerkschaften und Verbände, die in einer langen und turbulenten Phase industrieller Entwicklung und wirtschaftlichen Wachstums hervorragende Bedeutung für die innere gesellschaftliche Ordnung hatten, diese Bedeutung auch künftig noch haben (können).

Der Bedeutungsverlust alter Konfliktmuster ist von zwei entgegengesetzten gesellschaftlichen Bewegungen begleitet: einerseits von neuen beweglichen »postmateriell« orientierten Mittelschichten, die sich aus den niederen Rängen hochschafften und mit diesem Aufstieg auch ihre politischen Bindungen verlieren. Auf der anderen Seite haben viele Absteiger oder Abgehängte keine Hoffnung mehr, daß in der alten Politisierung noch die Kraft einer Bewegung stecke, die ihr Schicksal bessern könne.

Nicht nur das traditionelle an Verteilungsfragen orientierte Rechtslinks-Muster zerfällt. Die Inszenierung großer Unterschiede zwischen den Parteien verliert noch weitere, bislang eingespielte Grundlagen:

1. Wenn sich die alten Konfliktlinien langsam auflösen, entsteht keine heile Welt, sondern es folgen neue Aufgaben, die in der Sprache der Politiker auch »Probleme« (eher SPD und Grüne) oder »Herausforderungen« (meist CDU und FDP) genannt werden. Als politische Aufgaben hoher Qualität kommen ökologische Risiken der zerstörerischen Nebenwirkungen unserer Produktion und Konsumtion, internationale Verteilungskonflikte, Flucht- und Armutswanderungen dazu. Sie fügen sich nicht in alte ideologische Muster.

Im Westen entwickelten sich zusätzlich Kulturkonflikte: »Stilfragen, Ansichtssachen, Lebensphilosophien wurden subjektiv wichtiger als soziale Gerechtigkeit, Chancengleichheit, Steigerung des Lebensstandards.« (G. Schulze). Mit der deutschen Vereinigung ist dieser Spaß atmosphärisch und für viele auch real vorbei: Neue Ängste, reale Verarmung, verschärfte Konkurrenz, hohe Arbeitslosigkeit tragen alte »Werte« wieder in den Vordergrund – und dennoch holen sie nur einen kleinen Teil der westdeutschen Arbeitnehmerschaft in deren eigener Wahrnehmung wieder in die klassische Konfliktlage zurück. Die Orientierung auf die internationale Wettbewerbsfähigkeit und die weltweite Krise zeigt Wirkung. Im Osten stellt sich die Malaise der Wirtschaft als gesellschaftliches Problem und nicht als Gegensatz zwischen Arbeit und Kapital – obwohl solche Krisen auch immer verteilungspolitisch wirken und genutzt werden. Die Wohlstands- und Chancenunterschiede wachsen deutlich.

2. Es zerfällt aber nicht nur das überlieferte Konfliktschema des 19. Jahrhunderts. Mit dem sozialen, wirtschaftlichen und schließlich auch politischen Ende des Ostblocks ist ein Pol der politischen Nachkriegsordnung verschwunden, der als »Feind« Orientierung bot. Damit fällt die gewohnte und in Wahlkämpfen bevorzugt wieder hervorgezerrte ideologische Polarisierung – »Freiheit oder Sozialismus« – des Kalten Krieges endgültig aus. Nur in einigen wenigen unterschwelligen Anspielungen taucht das Grundthema gelegentlich noch auf: »Partei der sozialen Kälte« gegen »Partei, die mit Geld nicht umgehen kann« – ein Vorwurf, der sich mit dem aktuellen Schuldenstand der Bonner Kasse erledigt.

3. Auch wenn der »Beitritt« der neuen Bundesländer nach dem Grundgesetz erfolgte, ist die alte Bundesrepublik verschwunden: Ihr geruhsamer Zustand wurde von Vereinigung und wirtschaftlicher Krise jäh unterbrochen. Es kamen 17 Millionen Einwohner dazu, die nicht im BRD-Selbstverständnis politisch sozialisiert sind. Den ehemaligen DDR-Bürgern sind ihr Staat und viele gelernte Orientierungsmuster abhanden gekommen, aber trotzdem erhalten sich kulturelle Eigenheiten, die als eigenständige Elemente Teil des deutschen Alltags werden. Sie haben aber in den BRD-Parteien noch keine politische Heimat gefunden.

4. Der Gegensatz zwischen jenen, die endlich ein »normales« Volk sein wollen, und den Schuldbekennern, die sich ihres Deutschseins schämen, prägte die Nachkriegsauseinandersetzung über politische

Moral und löst sich langsam auf – die zugehörigen Tabus eingeschlossen. Die ersten Nachkriegsgeborenen werden eineinhalb Jahre nach Erscheinen dieses Buches 50 Jahre alt. Wer die Nazidikdatur und den Zweiten Weltkrieg noch aus eigener Anschauung kennt, gehört zu einer langsam aussterbenden Minderheit. Allein schon aus diesem Generationswechsel nimmt die Prägekraft einer bundesrepublikanischen Identität ab, die sich darauf bezog, Antwort auf das Dritte Reich zu sein.

5. Wandel erfaßt immer nur Teile der Gesellschaft: Bei vielen »Wessis« geht der Trend in Richtung Konsum – mit Jugendlichkeitswahn, Sinnkrisen und allem anderen, was dazu gehört – scheinbar unbeirrt weiter. Zugleich wachsen längst überwunden geglaubte Existenzängste, Armut und Arbeitslosigkeit. Die Ossis passen sich in verschiedenen Geschwindigkeiten an und differenzieren sich wieder auf eigene Art – mit einem erheblichen Bevölkerungsanteil in schwieriger finanzieller und sozialer Lage. Die Vielfalt der Lebensverhältnisse wird eher größer als kleiner, die Unterschiede zwischen arm und reich, die Ungleichzeitigkeiten zwischen den Milieus nehmen zu.

All diese Entwicklungen haben eine Konsequenz gemeinsam: Die in der Bundesrepublik gewachsenen politischen Deutungsmuster und Selbstverständlichkeiten lösen sich auf. Die Parteien verlieren ihre bisherige innere Kohärenz. Wenn jemand z. B. für oder gegen festgelegte Ladenschlußzeiten ist, so gibt es derzeit kein gedankliches Gebäude, mit dem es möglich wäre, aus dieser Positionsbestimmung sicher die Parteizugehörigkeit oder die Haltung zu anderen politischen Fragen abzuleiten. Auch die sozialen Fragen, die der deutschen Einheit nachfolgen, geben im Sinne zuordenbarer Interessenvertretung die alte Klarheit nicht wirklich zurück. Die neue Vielfalt paßt bislang weder in die alten Parteien, noch hat sie eine neue Politisierung erbracht. Mit der Statt-Partei und den Nachahmern zeigen sich lediglich erste Versuche.

Die Teilgesellschaften Ost und West verlangen unterschiedliche Ansprache, die zugleich nicht widersprüchlich sein darf. Da dieses neue Deutschland um seinen gemeinsamen inneren Minimalkonsens ringt, gibt es auch noch keine klare politische Zuordnung: Die Parteien sind bislang weder in ihrer inneren Struktur noch in ihren Botschaften darauf eingestellt, daß dieses Land eine neue Qualität bekommt, die nicht einfach Fortsetzung ist. Die Suche nach einer neuen deutschen Identität

25

und nach der künftigen Rolle in der Welt hat soeben erst begonnen und kann Stoff für künftige Parteiprofilierung liefern.

Zwar leben alte gesellschaftliche Spannungslinien bis heute fort, doch mit ihrem stetigen Bedeutungsverlust schwinden sowohl die Ordnung der parteipolitischen Argumente wie auch bisher das Wahlverhalten prägende Motive. Die Differenzierung der Lebensstile und der beruflichen Biographien als Trend gesellschaftlicher Entwicklung zerrüttet die Fundamente an Gemeinsamkeit, die aus ähnlichen Lebenswelten erwachsen und kann auch an den Parteien nicht spurlos vorübergehen. Es wird also immer schwieriger, eine Folie zu finden, auf der die politische Identität der Parteien darstellbar bleibt oder wieder wird. Die Parteien werden als Organisationen erkennbar, die sich aus mehreren Untergruppen zusammensetzen und deren inneres Band auf den gemeinsamen Machtanspruch und einige Platitüden schrumpft. Es bleiben keine Entwürfe, die an ökonomischen Interessen oder an Wertemustern orientiert sind und sich eindeutig mit den einzelnen Parteien verbinden lassen.

Die Union hat ihre Archetypen Markt, Antikommunismus und das katholische Frauenbild verloren, die sie den Wählern als politische Zielvorgaben bieten konnte. Mit dem Ende des Ostblocks hat sie das gewohnte Feindbild nicht mehr, das von den Mängeln der Marktwirtschaft ablenkte. An der Regierung zu sein, überdeckt die christdemokratischen Sinnfragen. Sie stellen sich bei Mißerfolgen oder einem tiefen Fall auf die Ränge der Opposition in neuer Schärfe.

Die CDU wurde von einer Reihe ritualisierter Bekenntnisse zur Ehe, Familie und zur sozialen Markwirtschaft gesinnungsgemeinschaftlich zusammengehalten. Sie werden bis heute wiederholt, ohne daß ihr Inhalt auch nur einigermaßen deutlich fixiert wäre. Sie konnten bisher auch beibehalten werden, wenn sich ihr Gehalt ändert, waren sogar gerade dann besonders nützlich: Sie schienen inmitten des Wandels rhetorische Signale verläßlicher Kontinuität. Doch auch sie haben an Wirksamkeit verloren.

Das christdemokratische Weltbild wird vom Wertewandel eingeholt. Man ist als CDU/CSU-Wähler heute in einigen Punkten konservativ, in anderen fortschrittlich oder modern, folgt einem postmodernen Stil- und Wertemix, der unter keinen einheitlichen Hut mehr paßt. Die christdemokratische Gesinnungs- und Gefühlsgemeinschaft verliert ihren Zusammenhalt, zerfällt in Milieus, die miteinander wenig gemein haben. Mit diesem Prozeß der Enttraditionalisierung verliert die Union die Zuständigkeit für ein einigermaßen klar umgrenzbares Klientel. Ihre Mitglieder sind verunsichert, der eigenen gesellschaftlichen Verortung nicht mehr gewiß.

Beim Versuch, diesen Zerfall aufzuhalten und das bisherige Klientel wieder zu sammeln, wächst die Diskrepanz zwischen pragmatischer Politik und radikaler Rhetorik zur Festigung des Binnenkonsenses und zur Abwehr gegen den Aufstieg radikaler rechter Parteien. Bislang sieht es so aus, als wolle die Union mit verteilten Rollen mehrere Varianten zugleich versuchen: Helmut Kohl hält die Mitte, Wolfgang Schäuble schlüpft in die Rolle eines autoritären bürgerlichen Rechten, Edmund Stoiber probt die populistische Variante im Gedenken an Franz Josef Strauß.

Die CDU arbeitet als Regierungspartei an einem neuen Programm. Die Idee dabei war, sich zu erneuern, ohne dafür in die Opposition zu müssen. Die Umsetzung aber hat sich auf den Versuch reduziert, die stetige Umwandlung des Parteiapparates in eine Papier-Verteilstelle der Regierung wenigstens zu verlangsamen. Die Programmarbeit soll noch helfen, Modernität darzustellen, die Partei im Westen zu beschäftigen und den Ostflügel zu integrieren. Die vielfach angekündigten »neuen Antworten auf die Fragen der Zeit« lassen aber auf sich warten.

Die Suche nach einem neuen normativen Zentrum verstrickt die Union in bislang unbekannte interne Streitigkeiten, in Flügelkämpfe nach fast klassischem Muster zwischen Kapitalfraktion und den Sozialausschüssen. Wo immer theoretische oder programmatische Festlegungen konkret werden, geraten sie untereinander in reale Interessenkonflikte und streiten über die Höhe und den Sinn konsumtiver Staatsausgaben zur sozialen Befriedung. Die Vorschläge für einen Wirtschaftsaufschwung Ost reichen von der Idee, geschlossene Tarifverträge in den neuen Bundesländern einfach für nichtig zu erklären, über »Lohnverzicht im Westen« bis zur wiederentdeckten Forderung nach Investivlohn für Arbeitnehmer.

Im eigenen Klientel erregt die Regierungspraxis der CDU/CSU vor allem bei der Wirtschaftselite in Wissenschaft, Management und Banken Anstoß, die u. a. die hohe Staatsverschuldung kritisiert. Die *Wirt-*

*schaftswoche* sorgt sich, daß die Union ihre Kompetenz in der Wirtschafts- und Finanzpolitik verspiele und bemängelte einen Mangel an Köpfen und Konzepten. Das ist Schelte von ungewohnter Seite. Beim konservativen Bürgertum regt sich Mißfallen über eine CDU, die bereit scheint, tradierte Wertemuster aufzugeben. Diese Ermahnungen berühren beide Seiten des christdemokratischen Spagats zwischen Werteorientierung und ökonomischen Prinzipien. Unterschwellig hat die CDU das Dauerthema, ob denn Helmut Kohl auch bei der jeweils nächsten Wahl der geeignete Spitzenkandidat ist.

Und die SPD? In den ersten dreißig Jahren der Bundesrepublik schlug sich die stetige Sozialdemokratisierung der Gesellschaft auch in den Wahlergebnissen nieder – im »Genossen Trend«: Von 1953 bis 1972 gewann die SPD von einer Bundestagswahl zur nächsten jeweils um die drei Prozent hinzu. Als Partei des Aufstiegs und nicht der Aufgestiegenen stagnierte sie aber mit der Verwirklichung ihrer Ziele und geriet selbst in den Abstieg. 1987 präsentierte die SPD ihre Parteifahnen in verschiedenen Farben, Symbol einer Art Regenbogenkoalition und Anzeichen sowohl für eine neue Vielfalt wie für Orientierungsprobleme. Zu der Zeit hatte die Diskussion um den internen Spagat als sportliche Übung zwischen Traditionalisten und Modernisten Hochkonjunktur.

»Die Klassengesellschaft zu überwinden, die soziale Frage zu lösen, also die Lage der arbeitenden Klasse in Deutschland zu verbessern: für diese großen Ziel hat die SPD gekämpft. Und gerade weil sie dabei so erfolgreich war, lassen sich aus diesen Zielen keine politischen Funken mehr schlagen. Die SPD hat die Gesellschaft tatsächlich verändert«, freute sich jüngst Warnfried Dettling, ein Vordenker der CDU-Modernisierungsphase von 1973–1986, den Helmut Kohl aus dem politischen Geschäft seiner Partei drückte. Doch er freut sich zu früh: Der SPD geht es inzwischen wieder ein bißchen besser.

Soziale Gerechtigkeit war durchgängig das bestimmende Element sozialdemokratischer Politik, das ihr Ordnung bot, mit dem sie zuspitzen und dramatisieren konnte. In der alten Bundesrepublik schien dieses Thema fast schon erledigt, aber mit der Entwicklung nach 1989 werden »Gerechtigkeit« und »Solidarität« zu Zielbestimmungen, die neue Aktualität gewinnen könnten. Allerdings bekommen sie unter dem Diktat der Beschäftigungskrise eine völlig veränderte Bedeutung:

Statt satter Zuwächse heißt es, Einschränkungen zu verteilen. Das sind keine frohen Botschaften für die sozialdemokratischen Stammwähler, die auf weiteren Aufstieg hofften. Wie weit die Sozialdemokraten mit dieser aus der gesellschaftlichen Situation sich anbietenden Aktualisierung ihres politischen Angebots vorankommen, ist aber noch längst nicht ausgemacht.

Der Weg ist weit: Das Selbstverständnis als Arbeitnehmerpartei bietet keine eindeutige normative Grundlage mehr. Auf der Seite der Schwachen zu sein, hilft nur noch in seltenen Fällen zu einem sicheren Urteil. Daß man den Armen und Geknechteten helfen sollte, ist zustimmungsfähig weit über die SPD hinaus, wie man dies denn am besten tue, ist auch unter Sozialdemokraten umstritten. Man kann in der SPD mit kaum einem Satz mehr die Gewißheit haben, auf ungeteilte Zustimmung zu stoßen. So entsprach das öffentliche Erscheinungsbild der SPD 1993 durchaus ihrem inneren Zustand.

Eine Konsequenz dieser Konfusion zeigt sich als dauerhafte Begleiterscheinung: Die traditionellen Stammwähler fühlen sich vernachlässigt. Sie klagen, es ginge nur noch um die neuen Schichten, selbst in den eigenen Reihen dominiere die »Toscana-Fraktion«, die sich vor allem um ihren gehobenen Konsum kümmere und sich nicht mehr für die Sorgen des gemeinen Arbeitnehmers interessiere.

Viele Anhänger der SPD waren mit Programm, Partei und Gewerkschaft verbunden, um ihre persönliche Lage zu verbessern. Nur die traditionelle soziale Frage brachte sie zur SPD – die heutige Arbeiterschaft Ost hat auch diese Bindung nicht gelernt. So gewinnen jene anderen Bereiche an Bedeutung, die zwar auch immer im Programm standen, jedoch in der Praxis hinter Verteilungsfragen zurücktraten: Freiheitlichkeit, kulturelle Qualität, Frauenfrage, internationale Solidarität und schließlich Ökologie. Dabei zeigt sich, daß viele, die in ihrer eigenen sozialen Frage sozialdemokratisch dachten, dies in jenen anderen Programmteilen nicht so selbstverständlich tun. Die scheinbar sicheren Stammwähler können – ohne subjektiven Wertewandel – schnell zu den Rechten wandern oder einfach zu Hause bleiben.

Aber der Versuch, mit der Parole »Partei der kleinen Leute« die SPD wieder näher beim vernachlässigten gesellschaftlichen Drittel zu positionieren, kann schon deshalb nicht mehr glücken, weil nur noch wenige Prozent des Volkes sich selbst diesen »kleinen Leuten« zurechnen wollen. Bindung ist so nicht mehr zu erreichen. Die Sehnsucht geht nach Mittelstand.

Der SPD ist es zudem noch nicht wirklich gelungen, ein positives Bild von Deutschland zu entwickeln, mit dem sich der größte Teil ihrer Mitgliedschaft identifizieren könnte. Das bedeutet für die Parteiführung, die dieses Land ja regieren möchte, nicht nur einen schwierigen Balanceakt, sondern hat zur Konsequenz, daß in nationalen Fragen diese »Linke« schweigt und nur die Rechten in der Öffentlichkeit deutlich zu vernehmen sind.

Die FDP bleibt eine interessenorientierte Mittelstandspartei. Diese Zuständigkeit definiert sich mehr aus Image und Rhetorik als aus entsprechender parlamentarischer Praxis. Die FDP lebt von der Kunst dauerhafter Regierungsbeteiligung und der damit verbundenen Profilierung einiger Minister, wurde in Bonn eine Zweimannshow mit einigen Dameneinlagen. »Die für die FDP geeigneten Themen«, so heißt es in dem »internen« und doch an Journalisten verteilten Papier »Strategische Überlegungen zum Wahljahr 1994«, sind u. a. »Leistungsorientierung«, »das Einhalten marktwirtschaftlicher Prinzipien«, das »Ansprechen des Tabuthemas West-Ost«, »Europa muß sich lohnen« und der »Abbau von Überregulierungen«. Darüber hinaus wird festgehalten, »Ausländer raus« sei falsch, aber ein Zuwanderungsgesetz wichtig.

Aus 13 solchen bekannten Allgemeinplätzen möchte die FDP ein »Zielimage« basteln. Dieses Papier erweckt nicht einmal den Anschein, daß es den »Liberalen« ein Anliegen sei, irgendein gesellschaftliches Problem zu erledigen. Es ist völlig auf Imagebildung und Darstellung abgestellt. Ohne feste Bindungen an Traditionen oder Werte hat die FDP keine Anpassungsprobleme an politische Moden.

Das Bündnis 90/Die Grünen wurde inzwischen weitgehend zu einer pragmatischen Regierungspartei mit gelegentlichen Gesinnungsausbrüchen – wie in der Blauhelm- bzw. der Pazifismusdebatte – und einem authentischen Ostflügel. Die Grünen (West) sind der politische Arm des avancierenden Alternativmilieus, das inzwischen gelernt hat, die Umsetzung hoher moralischer Ansprüche dem politischen Tempo dieser Republik anzupassen und die »WählerInnen« nicht mehr zu überfordern. Das Bündnis 90 als Grüne-Ost vereinigt noch Restbestände der DDR-Aufmüpfigkeit, den Anspruch kulturelle Eigenarten zu bewahren, mit Regierungsverantwortung in Brandenburg und einigen Kommunen.

Die Grünen haben seit ihrem erstmaligen Einzug in den Bundestag 1983 als Deutungsagentur viel an Kraft und Wirksamkeit eingebüßt und reduzieren sich in der öffentlichen Wahrnehmung auf einige wenige »MinisterInnen«. Sie sind auf dem besten Weg zu einer Partei, die der FDP in der Rolle als Mehrheitsbeschaffer den Rang abläuft. Die Rolle als Ökologie-Partei ist weit in den Hintergrund geraten.

Die PDS bietet sich in den neuen Bundesländern als Protestpartei an. Sie versammelt eine Reihe ehemaliger SED-Anhänger sowie von nicht eingehaltenen Versprechen Enttäuschte und vom Wandel Überforderte, die dem Gefühl zuneigen, die ehemalige Sicherheit auf magerem Niveau sei besser als fette Tauben auf dem Dach von Nachbarn. Dazu kommen noch einige, die inzwischen den Eindruck gewonnen haben, die ehemals gängige Interpretation kapitalistischer Warenproduktion sei so ganz falsch nicht gewesen.

Die Rechte in ihrer Parteiform »Republikaner« ist in ihrer Orientierung voller Widersprüche. Sie kann den Eindruck nicht überdecken, daß sie zur Bewältigung keiner praktischen Aufgabe taugliche Angebote liefert. Die zur Schau gestellte nationale Gesinnung bietet weder in der Rentenfrage noch in der Haushaltspolitik, noch in irgend einem anderen Thema Orientierung. Die Unklarheit trifft sogar die Haltung zu internationalen Einsätzen der Bundeswehr. Das rechte Lager schwankt zwischen der Freude über die militärische Aufwertung Deutschlands und der schlichten Frage, was »uns« denn die Streitereien in Afrika eigentlich angehen.

Parteien wie die »Republikaner« versammeln Personen, die ihre Identitäts- und Perspektivprobleme sowie ihre gesellschaftlichen Niederlagen aggressiv und nationalistisch zu kompensieren suchen. Insofern sind radikale rechte Vereinigungen Begleiterscheinungen ökonomischer und kultureller Krisen. Die »Reps« bieten nebenbei für manche unzufriedenen Wähler auch eine Möglichkeit, die bisher etablierten Parteien zu ärgern: Mit Tabubrüchen Aufmerksamkeit bei den Medien und in der Politik zu erlangen, ist ein altes Mittel des Protestes. Insofern ist das Angebot der Rechten erkennbar und relativ eindeutig auf die Bedürfnisse an den Rand gedrängter Bevölkerungsgruppen ausgerichtet, ihrer Wut Luft zu machen.

Einige traditionelle Kompetenzvermutungen zugunsten der Parteien haben sich als Relikte erhalten. Durchaus im Widerspruch zur aktuellen Tagespolitik und den damit verbundenen politisierten Kontroversen reproduzieren die Parteien in ihrer Öffentlichkeitsarbeit gelegentlich noch ihr traditionelles Profil und die ihrem traditionellen Klientel zugeschriebenen Erwartungen. So ist die CDU immer wieder bemüht, soziale Probleme als wirtschaftspolitische Fragen zu erörtern. Die SPD hofft ihrerseits, wirtschaftliche Fragen als sozialpolitische Entscheidungen in ihre Kompetenz zu holen.

Die Parteien nutzen noch manchmal die überlebten Vorurteile und Klischees, die mit ihnen verbunden wurden, um klassische Kontroversen aufzulegen. Der sozialdemokratische Vorwurf »sozialer Kahlschlag« gegen Einsparvorschläge konservativer Finanzminister ist ein eingeübter und vertrauter Reflex, den das Publikum erwartet und der es zugleich ratlos läßt. Man weiß, das mußte so beantwortet werden. Man weiß aber auch, daß diese Polarisierung weder einem realen Gegensatz der Handlungsmuster entspricht noch Lösungen kennzeichnet.

Doch auch diese Restbestände alter Phrasen schwinden. Argumentative Deutungen politischer Vorgänge gestatten nur noch dann parteipolitische Zuordnungen, wenn sie Teil bewußt angelegter Profilierungskampagnen sind, die Zuordnung also am konkreten Fall gelernt wird. Da die Wähler von den Parteien keine Wirklichkeitsbeschreibungen nach ideologischen Grundmustern mehr bekommen, bleiben zur Unterscheidung nur noch einige rhetorische Differenzen, aktuelle Kompetenzvermutungen und Personen.

Es sind zwar noch einige Unterschiede des geistesgeschichtlichen Hintergrunds der Parteien geblieben, doch sind sie für die Bürger im politischen Alltag nur schwer aufspürbar: So haben die Sozialdemokraten eine theoretische Tradition bewahrt, in der Freiheit und Fortschritt als Ergebnisse einer gerechten Ordnung der Gesellschaft, also als menschliche Kulturleistungen verstanden werden. Für die CDU hingegen gilt der Mensch zwar als an sich frei – wie real unfrei die Umstände ihn auch immer gerade machen, doch diese Freiheit bedeutet zugleich eine ständige Gefahrenquelle und sollte daher von Kirche, Familie und Polizei im Zaum gehalten werden. Fortschritt ist hier kein Zivilisationsprojekt, sondern als Wachstumszugewinn zu definieren.

Die SPD hat für ihre Leitmotive Solidarität und Gleichheit ein neues Kleid entdeckt, nämlich »Fairneß« (SPD Saar), und die bedeutet: »Mir geht es gut, wenn es auch den anderen gut geht.« CDU und insbesondere die FDP lassen sich von sozialem Geiz leiten, der anderen nicht gönnt, was man selbst hat. Ihre Politik setzt auch da auf Unterschiede, wo sie für gesellschaftliche Dynamik funktionslos sind, z. B. beim Kinderfreibetrag und Ehegattensplitting.

Bisher haben sich die Parteien nicht darauf eingestellt, daß sie als Bestandteil sozialer Bindungen mit deren Zerfall auch an Orientierungsfähigkeit verlieren. Von den Bürgern aus betrachtet, werden in diesem Prozeß die Parteien Teil der allgemeinen Unübersichtlichkeit – und damit sinkt das Interesse an ihren Aktivitäten und Mitteilungen. Als Folge können sich CDU und SPD immer weniger eindeutig genug von einander abgrenzen, um ihren Mitgliedern Parteiidentität zu konturieren oder den Wählern verläßliche Entscheidungshilfe zu geben.

Im politischen Alltag spielen zwar traditionelle Verteilungs- und Machtkonflikte noch eine Rolle, sie werden aber anders als bisher politisiert: Vom Konfliktthema »gerechte Verteilung« verlagert sich der Diskurs zur »internationalen Konkurrenzfähigkeit«, für die alle etwas tun müssen – eine Entwicklung, die man durchaus als Kommunikationssieg der Konservativen sehen kann. »Wettbewerbsfähigkeit« ist inzwischen auch von der SPD als ein Element für die Lösung der Beschäftigungskrise anerkannt, das aber von staatlicher Beschäftigungspolitik ergänzt werden müsse.

Schwerwiegender als der Abschied von gewohntem parteipolitischen Profil ist es, daß die Parteien bislang noch jeweils keine neue innere Ordnung gefunden haben, die den heutigen gesellschaftlichen Konflikten entspricht. Sie haben noch kein Angebot, das die Bedürfnisse, Erwartungen und Interessen von heute politisch ordnet. Die Parteien können Unterschiede im normativen Sinne eigentlich nur stilisieren oder an einem Symbol hochziehen, das genau betrachtet lediglich für sich selbst steht. Viele politische Volksredner präsentieren daher den Wählern eine Fülle von Themen, die sie nicht zu einer Gesamtbotschaft zuspitzen können: Sie wollen für jeden und jede etwas bieten, doch dies gerät nur zu einem politischen Gemischtwarenladen, der niemanden hinter dem Ofen hervorlockt.

# 3. Handikap:
# Binnenfixierung blockt Konzepte und PR

Die Presseabteilung und die Wahlkampfplaner der Parteien bewegen sich in einem gewissermaßen natürlichen Gegensatz zu den Gremien, den Funktionären und vielen Mandatsträgern ihrer jeweiligen Organisation: Die Öffentlichkeitsarbeiter wollen und sollen die Wähler erreichen, die innerparteiliche Meinungsbildung folgt anderen Gesetzen. Die Aufmerksamkeit der haupt- oder ehrenamtlich politisch aktiven Mitglieder ist vor allem am Binnenkonsens orientiert. Damit ein Wahlkampf effizient sein und den Stimmenfang optimieren kann, ist eine vorbeugende Kampagne nach innen unerläßlich.

Instrumente dazu sind u. a. die Erarbeitung des Wahlprogramms, spezielle Zielgruppenprogramme, die verantwortliche Einbindung wichtiger Leitfiguren innerparteilicher Fraktionen, die Delegation von Aufgaben, rhetorische Ausfälle zur symbolische Befriedigung der Forderungen wichtiger innerparteilicher Gruppen und Besuche auf deren Veranstaltungen. Ziel ist es, daß möglichst alle wichtigen Bereiche der Partei sich so weit berücksichtigt fühlen, daß sie die zentral angelegte Kampagne nicht stören, die ja vor allem auf die Wirkung bei den Wählern orientiert sein muß.

Wenn man einer Partei beitritt, muß man – wie in einer Religionsgemeinschaft – ein ganzes Bündel an Regeln und symbolischen Gesten lernen, um als Zugehöriger erkannt und akzeptiert zu werden. Lediglich »gesunden Menschenverstand« oder ausgewiesene Qualifikationen ein- und mitzubringen, ist bei weitem nicht genug. Die Formen der Teilhabe, die Rituale und thematischen Prioritäten erfordern oft eine Zeitreise, wenn man sich von der Gesellschaft draußen in den Alltag der Parteien begibt.

Wie die Auslegungsexperten religiöser Texte, so nutzen die Programmexegeten in den Parteien ihre Kenntnisse, um für sich, für die eigene

Untergliederung oder für den eigenen Flügel Machtpositionen zu festigen und auszudehnen. Was an Reform und Veränderung einer Binnenlegitimation bedarf, muß auf einen hoch komplizierten und mit vielen Machtansprüchen, Eitelkeiten und Fallen bewährten Weg gebracht werden und immer so daherkommen, als sei jede Innovation die heute einzig denkbare und konsequente Folgerung aus geltender Beschlußlage und bisheriger Politik. Die Beherrschung der Binnenregeln ist eine wichtige Voraussetzung für Aufstieg und Anerkennung.

Dieser Zwiespalt zwischen drinnen und draußen prägt alle bürokratischen Großorganisationen und wird noch von einem Rollenkonflikt der Parteien bestärkt, der sie von ihren Anfängen bis heute begleitete: Sie wollen regieren und dabei für das Wohl des Ganzen sorgen, obwohl sie zugleich der politische Arm von Interessengruppen sind. Ihr Binnenkonsens speist sich aus der Rolle als Interessenvertreter, die öffentliche Präsentation soll sich an möglichst alle Wähler richten.

Die innere Ordnung ist auf gesellschaftliche Gruppen abgestellt, die irgendwann in der Vergangenheit einmal eine große politische Bedeutung spielten und deshalb personell und organisatorisch privilegiert wurden. Sie repräsentierten nicht nur eine statistisch bedeutende Anzahl von Mitgliedern, sondern immer auch einen gesellschaftlichen Bereich besonderer Konflikte und deren Epoche. Damit wahrt das Binnenleben der Parteien gesellschaftlich überlebte Strukturen, die für ihre Entstehungsgeschichte und ihre gewachsene Identität wesentlich waren. Die alten Konfliktmuster auch als hier und künftig gültig zu preisen, gehört zu den Ritualen interner Veranstaltung und prägt viele integrative Lügen, die Beifall bringen und das Gefühl der Zusammengehörigkeit stärken, jedoch außerhalb unverständlich sind und deshalb im Wahlkampf nichts zu suchen haben.

Aus der Integration politisierter Interessengruppen haben sich innerparteiliche Säulen wie die Arbeitnehmerflügel der CDU (CDA) oder der SPD (AfA) wie Jugendorganisationen oder Arbeitsgemeinschaften der Frauen entwickelt. Sie wurden zu innerparteilichen Machtfaktoren mit Vorsitzenden und fest angestelltem Personal, mit Ansprüchen auf Mandate, Ämter und Sitzproporz auf Parteitagen. Solche gefestigten Säulen wird man auch dann nicht mehr los, wenn die gesellschaftliche Ursache ihrer Gründung keine politische Rolle mehr spielt. Ihre Anliegen müssen im Wahlkampf »Angemessen« berücksichtigt werden, sonst vermuten sie Versuche, ihre Positionen zu beschneiden und machen Theater. Das kann im Wahlkampf eigentlich niemand brauchen. Hier helfen große Zielgruppenveranstaltungen, spezielle Zielgruppenplakate und -broschüren und die Einbindung der Vorsitzenden in das aktuelle Kabinett bzw. Schattenkabinett.

Wer in oder auf dem Ticket einer der Parteien seine Karriere starten und weiter ausbauen will, muß sich vor allem daran orientieren, was in deren Gremien für richtig und wichtig gehalten wird und nicht so sehr daran, was die Wähler bewegt. Die Wahrnehmung der Außenwelt orientiert sich also an der internen Zumutbarkeit. Dies zu beachten, ist eine Grundlage für die Überlebensfähigkeit in den Parteien. Da der Binnenkonsens dem gesellschaftlichen Wandel mit gehörigem Zeitabstand folgt, entsprechen Politikangebote oft spürbar den gesellschaftlichen Herausforderungen von gestern und dies vor allem in den Bereichen, die für das Selbstverständnis der jeweiligen Partei besonders wichtig sind.

Die Herausbildung politischer Eliten ist zwar eine besondere Aufgabe der Parteien, doch wer sich im innerparteilichen Gekungel durchsetzen kann, ist nicht schon deshalb auch bei den Wählern präsentabel. Wer in einer der Parteien aufsteigen darf, wird nach internen Opportunitäts-, Macht-, Gratifikations- oder Proporzkriterien ausgeguckt und nicht primär nach Qualifikation für die Aufgaben des Amtes und den öffentlichen Auftritt.

Bundeskanzler, Ministerpräsidenten, Minister und andere Amtsträger benötigen als Ausgangsqualifikation für diese Jobs nur eine große innerparteiliche Durchsetzungsfähigkeit. Sie beweisen damit zwar, daß sie sich im politischen Grabenkampf behaupten können – eine unerläßliche Fähigkeit in jedem politischen Amt –, doch ist damit nicht gewährleistet, daß die Parteien denjenigen in ihren Reihen aufspüren, der für das jeweilige Amt am besten geeignet wäre.

Parteien sind geschlossene soziale Milieus, deren Kommunikationsmustern und Ritualen sich intern auch Persönlichkeiten anpassen, denen man das im Alltag draußen nicht anmerkt. So wächst, festigt und erhält sich ein Zwiespalt zwischen Binnenkommunikation und Außenkommunikation, der für viele Funktionäre und Funktionsträger so schwer zu überbrücken ist, daß sie sich auch dann noch nach innen beziehen, wenn sie sich öffentlich äußern. »Erklärungen« an die Öffentlichkeit haben oft mehr eine Funktion für den innerparteilichen Kompetenz- und Arbeitsnachweis als den Zweck öffentlicher Wirksamkeit. Dabei gibt es Abstufungen: Am strengsten sind die internen Regeln in der SPD, am schwächsten in der FDP. Sie ist nicht wirklich programmatisch gebunden, daher wird bei den »Liberalen« am ehesten individuelle Duchsetzungsfähigkeit und öffentliche Reputation honoriert – und nicht die politische Linientreue oder Verdienste für die Partei.

Großorganisationen wie Parteien sind nur äußerst mühsam zu manövrieren. Der ehemalige SPD-Bundesgeschäftsführer Peter Glotz verglich die Wendigkeit seiner Partei daher mit der eines Tankers. Diese Beharrlichkeit gibt den Parteien Beständigkeit und hohen Wiedererkennungswert, bringt sie aber in Zeiten schnellen Wandels ständig in die Gefahr, Entwicklungen hinterherzulaufen, die sie im Interesse des Gemeinwohls eigentlich, wenn schon nicht steuern, so doch wenigstens aufnehmen und beeinflussen sollten. Die Priorität des Binnenkonsenses wird zur Beschränkung des Wirklichkeitssinns, führt zu Inflexibilität, mangelnder Initiative, Beharrung, Ängstlichkeit und birgt immer das Risiko, gesellschaftliche Entwicklungen auszublenden, die diesen Konsens gefährden könnten.

In der SPD ist ein politisches Urteil oder eine inhaltliche »Position« selten nur mehr oder weniger gut begründete Meinung, sondern meist auch politische und soziale Zuordnung oder Abgrenzung. Jede Meinungsäußerung wird strömungspolitisch gewichtet und entsprechend begrüßt oder bekämpft – weitgehend unabhängig von der sachlichen Stichhaltigkeit der Argumente. In der SPD sind alle inhaltlichen Fragen immer zugleich auch Instrumente des internen Machtkampfes. Sie sind Symbole der Zuordnung zu den sich nur langsam auflösenden Fügeln, bzw. zu den als Karrierehilfen praktizierenden Arbeitsgemeinschaften und Gruppen.

Diese Funktionalisierung von Inhalten ist in der SPD habituelle Grundkonstante geworden. Sie ist von den Medienvertretern so gut gelernt, daß sie hinter jeder inhaltlichen Meinungsverschiedenheit, die an die Öffentlichkeit dringt, Positionskämpfe und Machtfragen vermuten. Es ist z. B. für Oskar Lafontaine völlig unmöglich, ohne einen dikken Konflikt einschließlich der zugehörigen Medienaufmerksamkeit zu riskieren, auch dann seine eigene Meinung zu äußern, wenn sich der Parteivorsitzende in einem anderen Sinn festgelegt hat. Allein die Tatsache, daß seine abweichende Auffassung öffentlich würde, gälte schon als Kampfansage. Das sozialdemokratische Image der Zerstrittenheit ist eine unausweichliche Konsequenz dieser besonderen Struktur interner Auseinandersetzungen.

Auch die CDU ist zerstritten, Quantität und Qualität der inhaltlichen Differenzen sind kaum geringer als in der SPD. Daß die CDU dennoch weniger zerstritten wirkt, erklärt sich einmal damit, daß deren Parteiorganisation neben Bundesregierung und Bundestagsfraktion in der öffentlichen Wahrnehmung nur eine sehr nachgeordnete Rolle spielt. Sie hat aber noch einen anderen Hintergrund: In der CDU werden politische Inhalte selten zu Machtfragen aufgebauscht und sind daher im Grunde frei erörterbar.

Daß Kurt Biedenkopf und Heiner Geißler z. B. in vielen Punkten anderer Auffassung sind als der Parteivorsitzende Kohl, ist der Öffentlichkeit hinlänglich bekannt. Solange diese Meinungsverschiedenheiten keine Instrumente eines relevanten innerparteilichen Machtkampfes sind, spielen sie auch in den Medien keine hervorgehobene Rolle. Sie werden erst dann wieder zum öffentlichen Thema, wenn – z. B. nach einer verlorenen Wahl – Spekulationen aufwallen, es werde an des Kanzlers Stuhl gesägt. Rivalitäten trägt man in der CDU bevorzugt direkt als Wettbewerb zwischen Personen aus und nicht verklausuliert als inhaltliche Kontroverse. Sie werden daher in den Medien unter dem Titel »Machtkampf« geführt und nicht unter »Zerstrittenheit«.

Bei den gelegentlichen Auseinandersetzungen zwischen dem Arbeitnehmerflügel und der Kapitalfraktion geht es um materielle und somit verhandelbare Interessen – siehe Karenztage, siehe Untertarifbezahlung, siehe Steuerdebatte – und nicht um ideologische Positionskämpfe. So ist ein Konflikt mit einem entsprechenden Kompromiß auch wieder aus der Medienwelt. Die wesentliche Fessel der CDU aber besteht in der Treue zu bisher gemachten Fehlern. Das liegt auch daran, daß mit diesen Fehlern persönliche Karrierewege verbunden sind – nicht zuletzt der des Bundeskanzlers.

Für die FDP sind inhaltliche Bindungen nur dann von größerer

Bedeutung, wenn sich mit einem Koalitionswechsel auch das innerparteiliche Gewicht von Personen verschiebt. Nach solchen Krisen mit heftigen Auseinandersetzungen und vielen Austritten spielen sich neue Rollenverteilungen zwischen Wirtschaftsliberalen und den Kultur- oder Sozialliberalen ein. In der FDP gehören unterschiedliche Auffassungen zum Normalzustand und werden daher in der Öffentlichkeit nur dann zum Thema, wenn sie Teil von Koalitionsverhandlungen oder Koalitionskonflikten sind. Selbst die erbitterten Kämpfe zwischen Möllemann, Schwätzer und Kinkel sind nicht als konzeptionelle Kontroverse rezipiert worden, sondern als Wettbewerb um Posten. Um so aufmerksamer wird von den Medien verfolgt, wenn es in der Koalition um politische Konzepte kracht: Da verbinden sich wieder Inhalte und Machtfragen.

Die Grünen haben verschiedene Muster geerbt: Nachdem der große Konflikt zwischen »Fundis« und »Realos« weitgehend erledigt ist, durchmischen sich linke dogmatische Programmorientierung, spontane Unverbindlichkeit und umsetzungsorientierter Pragmatismus in regional und lokal sehr unterschiedlicher Gewichtung. Mit dem großen Streit, der ja im Grunde um das Thema Macht geführt wurde, ging den Grünen auch ein Stück Medienpräsenz verloren.

Die innerparteilichen Kommunikationskulturen sind also keineswegs gleich. Entsprechend reagieren die Medien auf Meinungsstreit sehr unterschiedlich, je nachdem in welcher Partei er stattfindet. Die öffentliche Wahrnehmung parteiinterner Meinungsverschiedenheiten orientiert sich vor allem an deren interner Funktionalisierung für Machtkämpfe und nicht am thematischen Gehalt. Streit ist nur dann eine Nachricht, wenn er ein Signal und Bestandteil innerparteilicher Machtkämpfe ist. Eine öffentlich vermittelbare interne Streitkultur wird daher mit dem gesellschaftlichen Wandel zu einer besonderen Managementaufgabe der Parteiführungen.

Zu den Ursachen parteiinterner Beharrung gehört auch, daß Politik zwar für viele eine Möglichkeit ist, den eigenen sozialen Aufstieg zu befördern und einige bescheidene Privilegien zu erlangen, die gerade Aufgestiegene nicht mehr gerne aufgeben, und daß es praktisch wenig Möglichkeiten gibt, aus der Politik wieder auszusteigen. Die ursprüngliche berufliche Qualifikation geht meist schon nach ein bis zwei Legislaturperioden verloren, und in der Politik findet nur selten ein Qualifizierungsprozeß statt, der auch in anderen gesellschaftlichen Bereichen von Nutzen wäre. Je besser Politiker bezahlt und mit Hilfskräften ausgestattet werden, desto besser sollten auch ihre Umstiegsmöglichkeiten sein – sonst bleiben sie noch beharrlicher als bisher schon auf ihren Stühlen kleben.

Es gibt allerdings erste Anzeichen der Besserung: Die SPD hat nunmehr 10 Jahre nach der CDU auch an die interne Aus- und Weiterbildung den Anspruch formuliert, daß die hauptamtliche Arbeit in der Partei keine berufliche Sackgasse bleiben soll. Der ehemalige Geschäftsführer der NRW-SPD, Bodo Hombach, ist inzwischen in den Vorstand eines größeren Konzerns gewechselt, und der vormalige SPD-Bundesgeschäftsführer, Karlheinz Blessing, schaffte den Sprung zum Arbeitsdirektor.

Die Binnenfixierung der Parteipolitik ist kein neues Phänomen. Sie wird aber zunehmend auffällig, wenn Politik als selbstreferentielle Enklave im Verhältnis zum gesellschaftlich vorhandenen Wissen immer dümmer wird. Der Binnenkonsens der Parteien entspricht keiner allgemeinen politischen Bewegung mehr, sondern schreibt nur Organisationsvergangenheit fort. Die Anforderungen an die Politik entfernen sich immer weiter von den Möglichkeiten der internen Konsensbildung.

Erst wenn ein neuer Binnenkonsens hergestellt ist, erst wenn sich also das Legitimationsmuster verändert, kann sich eine bürokratische Einheit bewegen. Und diese Neuorientierung benötigt ungemein viel Zeit, Beschleunigung erfordert deftige Krisen. Der Versuch, die Arbeit der Konsensbildung durch praktisches Regierungshandeln zu erledigen (Schmidt) oder zu umgehen (Kohl), kann funktionieren, solange ein Kanzler oder Ministerpräsident in seiner Position unangefochten ist. Das bleibt er aber nur, wenn er Wahlen gewinnt.


## Realitätssinn bleibt Daueraufgabe

Binnensicht und öffentliche Meinung, innerparteiliche Prioritäten und gesellschaftliche Aufgaben passen nicht von selbst zusammen, sondern müssen in schwierigen Prozessen so weit zur Deckung gebracht werden, daß sie die Handlungs- und Kommunikationsfähigkeit der öffentlich sichtbaren Parteirepräsentanten nicht behindern.

Spitzenpolitiker können nicht anders, als ihre thematischen Prioritäten nach persönlichem Erkenntnisstand, den Erfordernissen ihres Amtes und relevanten öffentlichen oder parteiinternen Rechtfertigungszwängen immer wieder neu zu bestimmen. Damit ist es auch unumgänglich, daß die jeweilige Parteiführung bei der Arbeit in der Öffentlichkeit immer wieder in Widerspruch mit der traditionellen Sichtweise in der eigenen Partei gerät. In der dann folgenden Zwischenphase, die mit der Einsicht in die Notwendigkeit neuer Wege beginnt und andauert, bis die Kampagne nach innen und der Druck der öffentlichen Meinung schließlich auch den internen Konsens bestimmen, bewegt sich jede Parteiführung am Rande des Absturzes – belauert und diskret untergraben auch von der internen Konkurrenz.

Neue Handlungskonzepte benötigen neue Deutungen, sonst sind sie nicht mehrheitsfähig. Neue Deutungen müssen aber innerhalb der Parteien durchgesetzt werden. Das ist auf dem ordentlichen Weg der Beschlußfassung nicht zu schaffen, sondern geht nur, indem man in der Öffentlichkeit einen neuen Common sense erreicht, an dem dann auch die Parteien mit ihrer »Beschlußlage« nicht mehr vorbeikönnen.

Aus dieser Lage lassen sich die Aufgaben und die Schwierigkeiten moderner Parteiführung extrahieren: Sie muß sowohl in der Gesellschaft als auch in ihrer Partei Deutungen durchsetzen, die es einer von dieser Partei gestellten Regierung ermöglichen, die anstehenden Aufgaben zu bearbeiten – und nicht nur Handlung zu simulieren.

Die Mitglieder einer Parteiführung sind in ihrer internen Bedeutung immer mehr auch von Erfolgen abhängig, die sie jenseits der Parteigrenzen in der öffentlichen und veröffentlichten Meinung erzielen. Spitzenpolitiker sind also gezwungen, Neuorientierungen, die für ihren öffentlichen Erfolg unausweichlich sind, bei jenen mühsam durchsetzen, von denen sie in der eigenen Partei nach oben gewählt wurden. Diese Beschreibung läßt aber nicht die Schlußfolgerung zu, daß eine Parteiführung, die Krach in den eigenen Reihen auslöst, schon deshalb auf dem richtigen Weg wäre.

Spitzenpolitiker sind nicht schon deswegen besonders offen für die gesellschaftliche Wirklichkeit, weil sie sich im internen Kampf so weit durchgesetzt haben, daß sie für Staatsämter in Frage kommen. Die Prägungen eines innerparteilichen Aufstiegs lassen sich, oben angekommen, nicht einfach abschütteln. Günter Verheugen warnte noch als Liberaler vor der Gefahr, den Einfluß der unmittelbaren persönlichen Umgebung für die Stimme des Volkes halten: »Jeder Spitzenpolitiker hat seinen privaten Mikrozensus, von dem er sich aber normalerweise nur in seinem bereits gefaßten Urteil bestätigen läßt.« Er wird also von den Realitäten »draußen im Lande« abgeschirmt und ist in ständiger Gefahr, die Zustimmung in seiner Partei schon für die Zustimmung des Volkes zu halten.

Was den Wählern von den Parteien als Angebot vorgelegt wird, muß zuvor intern abgestimmt sein. Dazu werden aber nicht die Sachkundigsten der Partei zusammengerufen, um die besten Lösungen zu erarbeiten. Vielmehr sind diese Klärungsprozesse und die Teilnahme daran immer auch Elemente interner Machtkämpfe. Das Programm und die Angebote an die Wähler sind somit auch Ergebnis dieser Rivalitäten und der dabei erforderlichen taktischen Klimmzüge. Im internen Gebrauch werden vorgeschlagene Erneuerungen nicht zuerst auf ihren Nutzen für die gesamte Partei, für die politische Kultur oder fürs Volk bewertet, sondern auf die Auswirkungen für die eigene innerparteiliche Rolle und Positionierung.

In diesem Verfahren bleibt meist auch von guten Vorschlägen nicht viel übrig. Innovationen werden auf den kleinsten gemeinsamen innerparteilichen Nenner kondensiert, dessen Wirksamkeit begrenzt und dessen Darstellung langweilig bleiben muß. Daher wächst die Tendenz zur streitbaren Beeinflussung der Meinungsbildung in der Partei via TV-Bildschirm – unter Umgehung von Gremien und Antragsberatung. Die Regeln der Fernsehauftritte hebeln formelle Prozeduren aus. Lafontaines Streit mit den Gewerkschaften, um angemessene Flexibilisierung, Engholms Petersberger Signal, Geißlers Öffnung für die modernen Frauen und Kohls Europapolitik waren sichtbare Schritte in dieser Richtung.

Mit dem vorhandenen oder selbst geschaffenen Druck der öffentlichen Meinung versuchen Spitzenpolitiker, sich die Möglichkeit zu schaffen oder zu wahren, in öffentlichen Ämtern, etwa als Bundeskanzler, Minister oder Ministerpräsident – die sich in erster Linie gegenüber der Öffentlichkeit zu rechtfertigen haben – handlungsfähig zu sein. Die Methode, Apparate und Dienstwege mit Öffentlichkeitsarbeit zu umgehen oder auszuhebeln, prägt die internen Konflikte in jedem bürokratischen Haus, in Ministerien, Behörden und in den Parteien. Öffentlichkeitsarbeit wird als Instrument des internen Machtkampfes wirksamer als Parteitagsbeschlüsse.

Das Prinzip besteht darin, daß Führungspersonen, die ja in dieser Rolle sind, weil sie über innerparteiliche Schlagkraft verfügen, sich öffentlich auf ein Konzept, ein Verfahren oder Ziel festlegen. Wer aus den eigenen Reihen widerspricht, setzt sich dann nicht nur mit einem beliebigen Vorschlag auseinander, sondern legt sich zugleich mit einer Machtposition an. Das tut niemand leichtfertig, dem seine politische Zukunft lieb ist. Dennoch ist mit dem Weg an die Öffentlichkeit der Vorschlag noch nicht beschlossene Sache. Die offensive Mediennutzung reicht zwar für öffentliche Aufmerksamkeit und interne Positionierung, doch nicht notwendig schon zur Überwindung der Gremienhürden. Die aber muß auch jeder öffentlich gemachte Vorschlag schaffen, wenn er zur offiziellen Politik einer Partei werden soll.

In der FDP ist es alltägliche Praxis, die Entscheidungsfindung in den eigenen Reihen über die Medien zu organisieren. Sie ist in diesem Gesichtspunkt unsere modernste Partei. Bei den großen Parteien stoßen solche Versuche oft auf heftigen Widerstand. Die Apparate wehren sich gegen ihre Entmachtung. Die Gegner der neuen Richtung halten das jüngste Parteiprogramm oder ein anderes Beschlußpapier hoch und brandmarken den Verstoß, Programmfundamentalisten wettern gegen professionalisierte Medienkommunikation. Sie vermuten durchaus zu Recht, auf diesem Weg an innerparteilichem Einfluß zu verlieren. Das ist auch den Schriftgelehrten einst so ergangen, nachdem die Kunst des Buchdrucks erfunden war und die Massen lesen und schreiben lernten.

Parteien sind Zusammenschlüsse, die sich nicht einfach von oben nach unten durchmanagen lassen. Gremien und Funktionäre filtern Vorschläge nicht in erster Linie nach den Wünschen der Parteizentrale, sondern nach eigener Interessenlage. Zum Beispiel wollte die Führung der CDU in NRW auf deren Landesparteitag im Juli 1993 einen Beschluß durchsetzen, der es Mandatsträgern untersagen sollte, sich in die Aufsichtsgremien öffentlicher Unternehmen wählen zu lassen. Das Unterfangen scheiterte kläglich am geballten Widerstand von Kommunalpolitikern, die um einen wichtigen Bereich ihres Einflusses fürchteten.

Die Zeit der langen programmatischen Papiere ist nicht überwun-

den. Noch immer wird sich in den Gliederungen eifrig auf die Antrags-
arbeit für Parteitage gestürzt. Das passiert zwar meist jenseits öffentlicher Aufmerksamkeit, doch die Erarbeitung von Wahlprogrammen ist
ein wichtiges Instrument innerparteilicher Einbindung – insbesondere
die Langfassung kann die breite Vielfalt politischer Bestrebungen wie-
dergeben. Zudem kann gelegentlich etwas Spektakel geboten werden
mit Fachkonferenzen und öffentlichen Anhörungen.

In der Öffentlichkeit werden diese Bemühungen dann mit einer
gewissen Aufmerksamkeit verfolgt, wenn mit der inhaltlichen Darstellung tatsächlich oder nur als Spekulationen Personalentscheidungen
verknüpft sind oder wenn überraschende Neuorientierungen erfolgen,
die auf einen Wechsel der machtpolitischen Optionen (Wer koaliert mit
wem?) hindeuten.

Diese Programmarbeit dient der Argumentationshilfe und wird mit
dem Ziel gesteuert, innerparteiliche Gegensätze zu überbrücken, Zu-
kunftsoptionen zu öffnen und jene Festlegungen auszuräumen, die künftige Regierungsarbeit in Dauerkonflikt mit dem Programm brächte. Die
öffentliche Aufmerksamkeit hilft der innerparteilichen Integrationsarbeit. Die Programmarbeit soll die innerparteiliche und öffentliche Diskussion ermuntern, dann zu einer konzentrierten Textform führen –
ohne die politischen Ziele, die für die Wahlkampfplanung von strategi-
scher Bedeutung sind, zu zerren, zu diskreditieren oder vom Tableau zu
nehmen. Man versucht, sich auf Lösungsvorschläge für Aufgaben zu einigen, die von den Wählern für besonders wichtig gehalten werden und
legt Kataloge unverbindlicher Absichtserklärungen vor.

Moderne Herausforderungen an das interne Management sind geprägt von gesellschaftlichen Strukturveränderungen. Die haben zur Folge, daß zeitgemäße Effizienz nicht mehr nach autoritären Mustern organisiert werden kann und oft auch kollektive Selbsterhaltungsinstinkte
nicht mehr verläßlich funktionieren. Integration und Konsens vollziehen
sich nicht mehr in einer Struktur der Unterordnung und Parteidisziplin,
sondern unter den Bedingungen Partizipation, Offenheit und Transparenz.

Die Lockerung innerparteilicher Zügel hat durchaus Nebenwirkungen: Jeder bedeutende Politiker sagt zu jedem Thema, was er will,
was ihm aus seiner persönlichen Situation heraus angemessen oder

nützlich erscheint. Und es gibt jenseits machtpolitischer Argumente und Instrumente weder eine traditionsverbundene noch eine neue inhaltliche Ordnung als Hebel, mit dem sich diese Vielfalt bündeln ließe. Der Verlust der alten Ordnung schafft also auch hier zusätzliche Probleme und ist nicht schon die Lösung.

Man kann der Differenzierung der Lebensentwürfe nicht mit Vereinheitlichung der Beschlußlage und verordneter Geschlossenheit begegnen. Da die öffentlich unübersehbare Meinungsvielfalt in den Parteien kein Ergebnis persönlicher Dummheit oder Böswilligkeit, sondern das Ergebnis gesellschaftlicher Entwicklungen ist, kann man davon ausgehen, daß alle Appelle an Parteidisziplin oder Beschlußlage völlig nutzlos sind. Sie rufen gegen die normative Kraft des Faktischen an.

Wenn die Medien traditionelle Geschlossenheit einklagen, dann beharren sie auf nicht bewahrbaren Mustern und sitzen einem nicht mehr angemessenen und auch nicht mehr gestaltbaren Organisationsprinzip auf. Wie in FDP und CDU/CSU schon etwas früher, so wird nun auch in der SPD die Machtfähigkeit und deren Verknüpfung mit den Karriereambitionen der Beteiligten der einzige Maßstab, der noch zur Aufrechterhaltung einer minimalen Disziplin taugt.

Die Parteien befinden sich in einer strukturell widersprüchlichen Situation: Sie beherbergen einerseits starke Kräfte der Beharrung und sind andererseits auf der Suche nach ihrer zeitgemäßen Rolle, also in der ständigen Versuchung, neuen Wein in alte Schläuche zu füllen – oder zeitgemäßer, das Image zu polieren, statt an den Strukturen etwas zu verändern. Die obere Etage ist jeweils in diese interne Struktur verwoben und auch nur dann manchmal mutiger, wenn die öffentliche Meinung und die eigenen Machtambitionen sie zwingen.

Entsprechend kann aber der interne Opportunismus und die eigene Machtabsicherung der Führung Versäumnisse und Zögerlichkeiten so akkumulieren, daß der Unmut der Basis sich plötzlich Bahn bricht und neue Leute oder eine neue Generation zum Träger einer Reform werden, die »unten« dringlichst erwartet wird. Die Mitgliederbefragung und interne Vorwahlen waren 1993 Zeichen solch einer Reformerwartung. »Wir müssen uns öffnen«, heißt es allenthalben in Reformpapieren, doch ist auch bei häufiger Wiederholung dieser Forderung noch nichts in dieser Richtung passiert.

In den etablierten Parteien inklusive der Grünen ist derzeit noch niemand sichtbar, der sich zutrauen könnte, die gewachsenen internen Machtstrukturen, denn um die geht es, so zu verändern, daß die jeweilige Partei als Organisation den Aufgaben angemessen strukturiert wäre, die Politik heute zu bewältigen hätte. Jede Parteireform aber, die sich nicht an diese internen Machtstrukturen wagt, ist für die Katz. Die SPD hat solch einen Kraftakt das letzte Mal 1958 vollzogen, als sie auf der organisationspolitischen Konferenz in Stuttgart den hauptamtlichen Apparat entmachtete. Die Parteireform 1993 wird diesen Ansprüchen nicht gerecht. Sie tut niemandem wirklich weh, fördert die interne Versäulung mit der formalen Stärkung der Arbeitsgemeinschaften und der Einrichtung einer neuen für die etwas älteren Sozialdemokraten, statt die Arbeitsgemeinschaften in der bestehenden Form abzuschaffen.

Arbeitskreise, Arbeitsgemeinschaften oder Vereinigungen als Mittel der Zielgruppenansprache (für Jugendliche, Senioren, Frauen) sind weitgehend nach traditionellen Sozialstrukturen und vergangenen politischen Konfliktmustern orientiert – also heute nicht mehr sehr effizient. Inzwischen aber entwickeln sich immer mehr politische Aktivitäten jenseits der Parteien. Es entstehen neue Versuche, Gemeinschaftsverantwortung jenseits von Organisationen zu entwickeln, die nur noch als Selbstzweck erlebt werden.

Je mehr die Stabilität alter Muster fällt und je stärker die Gremien bis hin zu den Parteitagen auf Traditionen und internen Legitimationszwängen beharren, desto unausweichlicher wird Wahlkampf, der sich ja vor allem an Adressaten jenseits dieser Strukturen richtet, ein komplizierter Balanceakt: Sollen Wahlkämpfer erfolgreich sein, müssen sie eine Art Ausnahmezustand organisieren, der sie für die Zeit der Kampagne von den Regeln des Binnenbezuges ausnimmt. Erfolgreiche Wahlkämpfer können also in ihren Parteien nicht beliebt sein.

# 4. Unmut:
# Angebote gehen an der Nachfrage vorbei

Die Wahlbeteiligung sinkt, die Parteien verlieren Mitglieder, das Ansehen der Politiker erreicht im Wettbewerb aller Berufe den untersten
Rand, Verschuldung der öffentlichen Hand und steigende Arbeitslosigkeit, Skandale und Skandälchen, Rücktritte, das Gespenst rechtsradi-
kaler Gruppierungen, neue bürgerliche Protestparteien. Die Aufzäh-
lung von Themen und Schlagzeilen mit ähnlichem Tenor könnte Seiten
füllen: Wahlkämpfe sind Werbekampagnen in einer Branche mit schau-
erlichem Image.

Die Geschichte der Bundesrepublik Deutschland war auch von be-
ständigem Wohlstandswachstum gekennzeichnet. Diese Aufwärtsbewe-
gung wurde mit dem deutschen Zusammenschluß und der Finanzkrise
der öffentlichen Haushalte abrupt gestoppt, der gesellschaftliche Konsens »Prosperität durch Markt und sozialer Frieden durch Verteilung
der Zuwächse« wird ökonomisch gefährdet von Billigangeboten aus
Osteuropa und Asien, Produktionsverlagerung in Länder rückständiger
Ausbeutung von Menschen und Natur, mit dem Aufbau der neuen
Bundesländer, vom Innovationsrückstand der Wirtschaft, also nicht nur
von der Politik der Regierung Kohl.

Der Ruf nach Gerechtigkeit, die Transferleistungen zur »Angleichung der Lebensverhältnisse«, die Bewältigung der Krisen der Wirtschaft und der Systeme sozialer Absicherung bedeuten heute wie morgen,
Lasten aufzulegen, Abstriche und Einschränkungen abzuverlangen. Und
dabei wird deutlich, daß man die politischen Kontroversen bisher nach
dem linearen Grundmuster »mehr oder weniger« und nicht unter dem
Vorzeichen »Anders« führte.

Die Politik begegnete den neuen Herausforderungen mit linearem
Denken und ließ der ehedem kontinuierlichen Wohlstandsmehrung

und dem Ausbau der sozialen Sicherung unvermittelt Abbau und neue Armut folgen. Von Strukturwandel noch immer keine Spur und kein Konzept für eine den veränderten Umständen angemessene Politik. »Umbau« wurde zur folgenlosen Ankündigung.

Wenn man auch noch die sonstigen aktuellen Herausforderungen, die die Medien und die Sozialwissenschaften dauernd wie eine Monstranz vor der Öffentlichkeit hertragen, wirklich ernst nähme, müßte Politik deutliche Neuorientierungen vornehmen. Was soll sonst aus Erkenntnissen folgen, wie

- unser Wirtschaftssystem ist nicht weltweit übertragbar,
- die ökologischen Risiken verlangen Umstellungen in der Wirtschaft und im Konsumverhalten,
- eine an Frieden orientierte Politik muß sich an Chancenausgleich orientieren, und der wird uns in Westeuropa Wohlstand kosten,
- unsere Systeme der sozialen Absicherung sind nach hergebrachtem Muster nicht mehr zu finanzieren.

Diese bislang weitgehend folgenlosen Allgemeinsätze führen sämtlich zu der Frage nach der zivilisatorischen Qualität unserer Ordnung und Lebensweise. Die Politik hebt ihre Instrumente und die Botschaften an die Wähler jedoch nicht auf die angemessene Ebene, sondern die einen Politiker wiederholen nur immer wieder die Forderung an die anderen, daß »etwas« getan werden müßte. Politik droht an den aktuellen Aufgaben zu scheitern. Sie schafft es nicht, neue Ordnungsmuster zu entwickeln und dann zu vermitteln. Dies wäre aber gerade in Zeiten des Wandels besonders dringlich. Statt breiter gesellschaftlicher Arbeit an einer zukunftsfähigen Ausgestaltung der »Sozialen Marktwirtschaft« wird die Standortdebatte zum Instrument, um die Mittel für soziale Befriedung zu kürzen. Das Klima ist rauher geworden.

Alles Bemühen nach bislang »bewährten« Rezepten kann die vorliegenden Aufgaben und Probleme, die »Herausforderungen« nicht lösen. Der politische Instrumentenkasten enthält verrostete und veraltete Werkzeuge, aber die Anforderungen an Politik nehmen deutlich zu: Unsere Gesellschaft wird neben alten und neuen Interessen- und Verteilungskonflikten, immer spürbarer von Individualisierung, von der Auflösung tradierter Bindungen und von hoher Mobilität geprägt – von Entwicklungen also, die zentrifugale Wirkungen haben, die den Zusammenhalt erschweren. Die Völkerwanderungen der heutigen Zeit, das daraus folgende Zusammenleben verschiedener Kulturen in enger Nachbarschaft, die globalen politischen Veränderungen und der gesellschaftliche Wandel erfordern zusammen eine ständige und immer wieder neue Vergewisserung des gesellschaftlichen Konsenses.

Es mag sich nicht sonderlich dramatisch anhören, wenn die Familie in der Krise ist – immerhin erste Sozialisation fast aller Menschen –, wenn die Gewerkschaften in der Krise sind – immerhin seit über hundert Jahren ein Ordnungsfaktor im Verteilungskonflikt zwischen Arbeit und Kapital –, wenn die Parteien an Akzeptanz einbüßen – immerhin wesentliche Elemente gesellschaftlicher Konfliktregulierung –, wenn die Kirchen ihre Mitglieder verlieren – immerhin über zwei Jahrtausende Horte abendländischer Hoffnungsstiftung. Zusammengenommen wird aus den jeweils einzeln scheinbar harmlosen Organisationsproblemen eine tiefe Kulturkrise, die wir bislang mit erstaunlicher Gelassenheit tragen, indem wir sie ignorieren oder in die Feuilletons verweisen. Gehört sie doch eigentlich auf die Titelseiten.

Was an traditionellen gesellschaftlichen Bindungen verloren geht, ist unwiederbringlich: Ein Zurück zu Familie, Kirche, Partei, Gewerkschaft und Verein in der jeweils gewohnten Form wird es nicht geben. Das ist weder Anlaß zu besonderem Jubel noch zu tiefen Depressionen. Es gibt keinen Grund, das Gewesene so zu überhöhen, daß es durch nichts ersetzbar scheint – nur ist das Ende der alten Ordnung nicht selbst schon die Lösung der Zukunftsprobleme, sondern ihre Verschärfung. Einigermaßen intakte und funktionsfähige soziale Beziehungen und im sozialen Kontext gewachsene Meinungsbildung bedeuten auch politische Stabilität, die in den aktuellen Entwicklungen gleich mit zerfällt.

Schlagworte wie Paradigmenwechsel, Wertewandel, Bindungsverluste, Mobilität sind in den Alltagswortschatz der Medien und Talkshows eingegangen. Ihr ständiger Gebrauch wird zu einer Art Beschwörung und suggeriert, man hätte mit der Bezeichnung einen Vorgang schon verstanden und damit auch letztendlich im Griff. Davon kann keine Rede sein. Deshalb fordert Alexander Gauland, ein Vordenker der

CDU, der Konservativismus müsse sich der Herausforderung des Kulturzerfalls durch die Entfesselung der Produktivkräfte und der ethischen Problematik einer konsumorientierten Leistungsgesellschaft stellen.

Gauland erinnert an die menschlichen Grenzen für ökonomische Modernisierungsprozesse und rät deshalb, die gesellschaftliche Entwicklungsgeschwindigkeit zu reduzieren. Er verrät uns aber nicht, mit welchen Mitteln er die Geschwindigkeit der Entwicklungen bremsen möchte, geschweige denn, wie die CDU dieses »Haltet ein« der Wirtschaft und dem Volke vermitteln soll – da doch die gesamte Republik auf neuen Wirtschaftsaufschwung wartet.

Da unsere individuellen wie institutionellen Kapazitäten zur Verarbeitung von Innovationen begrenzt sind, hält Gauland sogar die Verlangsamung der innovativen Prozesse für notwendig. Das ist in dieser konservativen Denkrichtung eine moralische Forderung, richtet sich an das Gewissen und ist so nicht in politische Einflußnahme umzusetzen. Statt die Geschwindigkeit von Innovationen zu bremsen, wäre es dringlicher, ihre Richtung zu beeinflussen. Solche Einmischung setzt die Bereitschaft voraus, sich auf zielorientierte politische Gestaltung einzulassen. Das aber ist konservative Sache nicht.

Die Christdemokraten denken in individuellen Schicksalen und Verfehlungen, aber nicht in ökonomischen und gesellschaftlichen Strukturzusammenhängen: Die Orientierung an Pflichterfüllung, individueller Freiheit und Moral, Familie und Ordnung hindert sie daran, das gesellschaftliche Durcheinander, das sie mit angerichtet haben, jenseits der Beschreibung wirtschaftlicher Daten zu begreifen. Diese Verkürzung wirkt sich auf die Konzepte aus und macht eine Reihe von Maßnahmen möglich, die nicht im Zusammenhang gesehen werden: erst die ABM-Zuschüsse kürzen, anschließend mehr Sozialhilfe zahlen. Dann die Sozialhilfe kürzen und damit für viele die soziale Lage verschärfen, sich schließlich wundern, daß die Kriminalität steigt, den Verfall der Werte beklagen, mehr Polizisten einstellen und die Gesetze verschärfen. Auf diese Weise landen die Christdemokraten immer irgendwann bei ihrem Thema innere Sicherheit. Solches Verfahren kann letztlich teurer werden als die Fortsetzung und Verbesserung der ABM-Maßnahmen.

Unsere Gesellschaft verdrängt die Risiken, mit denen sie lebt. Und diese Verdrängung fördert weder eine vernünftige Abwägung noch ein

Verhalten, das diesen Risiken angemessen wäre. Zwar sind die richtigen Fragen – auf harte politische Ziele bezogen – längst gestellt: Ökologie, Energieverbrauch, Verteilung von Arbeit, Qualifikation und Reichtum, ein Wirtschaften, das unsere Welt auch dann aushält, wenn alle Völker einen vergleichbaren Entwicklungsstand erreichen. Doch sie sind dauerhaft folgenlos, was das politische Handeln betrifft.

Seit der großen ökologischen Debatte zu Beginn der 80er Jahre, nach dem Aufsehen, das zusätzlich der Einzug der Grünen in den Bundestag besorgte, wurde zwar der Katalysator eingeführt, doch an der quantitativen und qualitativen Umweltbelastung hat sich kaum etwas verbessert. Der Gesamtausstoß an Schadstoffen ist nicht zurückgegangen, Boden, Luft und Wasser sind gefährdet wie eh, das Ozonloch wird größer, der Regenwald wird abgeholzt etc. etc. Es scheint nur derzeit niemanden ernsthaft zu stören.

Wer der CDU/CSU/FDP-Regierung zuschaut, muß den Eindruck gewinnen, sie stilisiere die Probleme hoch, die sie sich zu lösen zutraut, die anderen werden in der öffentlichen Aufmerksamkeit heruntergekocht, verlieren sich im Alltagsgeschäft. Das ist eine Prioritätenliste nach den Handlungs- und Durchsetzungsmöglichkeiten und nicht nach der wirklichen Dringlichkeit.

Die Kehrseite dieser Methode wurde zur Bundestagswahl 1990 an Helmut Kohls Darbietungen über die Perspektive der deutschen Zusammenfügung drastisch deutlich. Er spielte uns den großen Zampano, der alles kann und alles macht: blühende Landschaften in Kürze, niemand wird ärmer, und kosten soll es auch nichts. Die suggerierte Problemlosigkeit und die unrealistischen Hoffnungen versetzten viele Wähler in einen infantilen Zustand einfältiger Gläubigkeit.

Kleine Kinder wollen ihre Bedürfnisse sofort befriedigt sehen und müssen erst mühsam lernen, daß es Zielkonflikte, Prioritäten und auch Interessen anderer gibt. Einem Volk angeblich mündiger Bürger anzubieten, Politik nach solchem Muster auszurichten, kann nur bedeuten, daß die Regierung das Volk für infantil genug hält, darauf hereinzufallen und nicht imstande zu sein, verantwortungsethischen Argumenten zu folgen.

Solche unseriösen Angebote rächen sich immer dann, wenn ein neues und taugliches Konzept zur Bewältigung dringlicher Aufgaben von vielen Bürgern Einbußen oder Verhaltensänderungen verlangt. Weil man die Wähler mit guten Nachrichten verwöhnte und täuschte, traut sich kaum ein Politiker, der noch aufsteigen will, die unangenehmen Nachrichten zu verkünden. Und je näher ein Wahltermin rückt, desto nervöser schreckt Politik vor notwendigen, aber unerfreulichen Maßnahmen und Entscheidungen zurück. Heiner Geißler bekannte, daß es einer der folgenschwersten Fehler gewesen sei, die die Union je begangen habe, im Wahlkampf 1990 Steuererhöhungen auszuschließen. Diese Ankündigung war ein populistisches Zugeständnis, das sich als Irreführung offenbarte und für die CDU selbst zu schwerem Ballast wurde.

Marktangebote bestehen aus Produkt und Preis. Die derzeitige Politik aber suggeriert Angebote ohne Preise. Ein beim Aufbau Ost aktuelles Beispiel zeigt dies deutlich: Wenn man die Autofahrer befragt, ob sie Autobahnen wollen, auf denen man auch in Kurven 150 km/h fahren kann, dann bejaht dies die breite Mehrheit – und zwar ohne zu zögern, weil man nicht dazu sagt, was es kostet, wenn man Autobahnen insgesamt auf Hochgeschwindigkeit statt auf 130 km/h auslegt. Würden bei einem Ausbauprogramm der Autobahnen Ost begrenzte Geschwindigkeiten vorgesehen, ließe sich, nach Berechnungen Lafontaines, von den ursprünglich erforderlichen ca. 700 Mrd. DM etwa ein Drittel sparen. Mit diesem Geld könnten dann z. B. Wohnungen gebaut werden.

Diese mögliche Alternative – Autobahn für Raser oder Wohnungsbau – wird den Bürgern aber nicht vorgelegt. Damit beläßt man sie im Gefühl, berechtigten Anspruch auf beides zu haben. Die Wählerinnen und Wähler auf der anderen Seite sind ihrerseits gerne bereit, schon vielfach und öffentlich angemahnte Veränderungen der Produktions- und Lebensweise möglichst lange hinauszuzögern. Dieses Vogel-Strauß-Verhalten erleichtert es den Parteien und Politikern, in Alltag und Wahlkampf nicht von unangenehmen Tatsachen zu sprechen.

Die Erwartungen der meisten Wähler sind im Grunde sehr schlicht: Politik möge sie vor Ärger, Angst und Konflikten bewahren, ansonsten in Ruhe lassen, möglichst nicht mit unangenehmen Anforderungen und Botschaften belasten, aber eine funktionierende Infrastruktur und Verwaltung gewährleisten. Von der Politik und von den Bürgern werden aber unvermutete Kulturleistungen verlangt: Von den »Ossis« Geduld, von den »Wessis« die Bereitschaft zu einer Art Lastenausgleich und von beiden die Bereitschaft zu Veränderungen ihrer jeweiligen Erwartungen und Gewohnheiten – und auch noch auf absehbare Zeit.

Dies sind nicht die einzigen komplizierten Nachrichten: Wie erörtert man z. B. das Dilemma, daß die Konkurrenzfähigkeit der deutschen Wirtschaft mehr Rationalisierung bedeutet und dies zu weniger Arbeitsplätzen führt? Die CDU/CSU/FDP-Regierung hat dafür weder eine Lösung noch eine Deutung. Die ständige Wiederholung wirtschaftsliberaler Ideologie, daß wir alle viel mehr arbeiten sollten, ist angesichts hoher Arbeitslosigkeit bis weit in die Kreise gut ausgebildeter Akademiker hinein ein merkwürdiger Witz, den Helmut Kohl schließlich auf die Formel vom kollektiven Freizeitpark Deutschland brachte.

Die aktuelle Politik in den westlichen Industriestaaten arbeitet mit der Hoffnung, die Krisen und Probleme könnten das eigene Land weniger hart treffen als andere. Wie eh und je feilscht man auf internationaler Bühne um die Privilegien jener Gruppen, die jeweils innenpolitisch besonderen Druck machen. Daß auf diese Weise Probleme gelöst werden, versuchen die Parteien gar nicht mehr ernsthaft zu behaupten. Die Handlungsziele haben sich »pragmatisch« auf politische Schadensbegrenzung unter der Perspektive des Machterhalts reduziert.

Der Volksmund irrt mit seiner Vermutung, daß »die da oben ja doch machen, was sie wollen«, denn diese Vermutung setzt Subjekte voraus, die zu so einer zielorientierten Willensbildung imstande wären. Früher einmal standen Honoratioren (Eliten) an der Spitze der Informationshierarchie, dann übertrugen sich die Informationsprivilegien auf Bürokratien und Parteien. Heute aber ist unsere politische »Führung« nicht klüger als gut ausgebildete und spezialisierte Fachleute anderswo, eher im Gegenteil: Politik kann sich – außer über die internen Machtstrukturen selbst – kein Informationsprivileg mehr organisieren, das so etwas wie einen gesellschaftlichen Führungsanspruch begründen könnte.

Dieser Trend führt dazu, daß Politik im Verhältnis zum gesellschaftlich vorhanden Wissen immer dümmer wird. Politik ist nicht hintertriebener, eigennütziger oder »schmutziger« als früher, doch die Aufgaben sind schwieriger geworden, und Politik ist im Verhältnis zu ihren aktuellen Aufgaben, nicht angemessen organisiert und ausgestattet.

Sie macht sich den in unserer Gesellschaft und darüber hinaus erreichbaren Sachverstand nur in sehr begrenztem Umfange, mit gelegentlichen Hearings etwa, dienstbar, aber nicht systematisch und konsequent. Der Mangel fängt mit scheinbaren Kleinigkeiten an: US-amerikanische Abgeordnete haben einen richtigen Mitarbeiterstab, unsere einfachen Bundestagsabgeordneten gerade mal eine Sekretärin und dürfen gelegentlich die meist völlig überlasteten wissenschaftlichen Mitarbeiter ihrer Fraktion auch einmal etwas fragen. Da wäre mehr Amerikanisierung angezeigt. Unsere Politik lebt mit einem gewaltigen Übergewicht der Exekutive, von der sie im Alltag ständig an die Wand gedrückt wird.

Einzelne Politiker können in ihrem Fachgebiet Experten sein, doch das System Politik ist nicht auf das Ziel hin angelegt, ihr Personal für die anstehenden Aufgaben zu qualifizieren und auszustatten. Das ist gar keine böse Absicht, sondern nur ein Systemmangel, an dem oft auch gutwillige Politiker scheitern. Allein die innere Struktur des Systems Politik betrachtet, ist Versagen wahrscheinlicher als die umsichtige Bewegung zu neuen Ufern. Wir leben also mit der organisierten Unfähigkeit, längst erkannte und vielfach beschriebene Probleme zu lösen.

Das Qualifikationsdefizit hat außerdem damit zu tun, daß entgegen dem landläufigen Vorurteil der gemeine Politiker im Verhältnis zu freien Berufen oder mittleren Führungspositionen in der Wirtschaft wenig verdient. Das macht die Rolle eines Landtags- oder Bundestagsabgeordneten eigentlich nur für Leute aus relativ bescheiden dotierten beruflichen Positionen interessant – vor allem wenn man den Aufwand und das innerparteiliche Gezerre berücksichtigt, dem man sich bei diesem »Aufstieg« unterwerfen muß.

Politik ist nicht der hierarchische Kopf, das Steuerzentrum der gesellschaftlichen Entwicklung. Politik kann viele Probleme nicht selbst lösen, kann oft noch nicht einmal Lösungen verordnen, sondern »nur« gesellschaftliche Prozesse animieren, die zu Lösungen führen. Das ist seinem Wesen nach ein kommunikativer Prozeß, denn für Regelungen und Verbote muß um Zustimmung gerungen werden. Der Politik im vereinigten Deutschland fehlen dafür sowohl die Qualifikation zur Informationsverarbeitung wie die nötige kommunikative Kompetenz.

Im Alltag laviert sie mit Krisenmanagement, das auf aktuelle Moden oder die größten Bedrängnisse reagiert. Solche Praxis ohne leitende Idee und längerfristiges Ziel wurde in den USA schon in den Rang einer besonders zeitgemäßen neuen Politikform erhoben: »Muddling through« (mit mehr Glück als Verstand durchwursteln) als angemessenes Konzept in unübersichtlicher Lage.

Die Diskrepanz zwischen gesellschaftlichen Aufgaben und der von der Politik präsentierten politischen Lösungskompetenz ist augenfällig geworden, und so kann im Volke die Frage nicht ausbleiben, ob es im politischen Geschäft nicht ein Mißverhältnis zwischen Kosten und Nutzen gebe. Die Bürger müssen also den Glauben daran verlieren, daß Politik noch imstande sein wird,

- jene Probleme zu lösen, die schon seit Jahren immer wieder angemahnt sind, wie Arbeitslosigkeit, soziale Grundsicherung etc.,
- jene Umstrukturierung einzuleiten und zu steuern, die als Konsequenz ökologischer Erkenntnisse unerläßlich sind,
- jene neue Ordnung zu schaffen, die den aktuellen Herausforderungen entspricht.

Diese Zweifel erledigen Politiker weder mit dem Dauerlamento über ihren 16-Stunden-Tag, noch mit trotzigen Hinweisen à la Norbert Blüm: »So nützlich wie ein Sparkassendirektor und ein mittelmäßiger Bundesligafußballspieler bin ich auch.« Entscheidend ist nicht, wie lange der Politiker sich quält, sondern was für die Bürger dabei herauskommt. Politikverachtung basiert auf der Vermutung, daß das Bemühen um das Gemeinwohl die scheinheilige öffentliche Folie sei, die als Deckmantel für die eigentliche Ambition der persönlichen Bereicherung diene. Dieses Klischee macht den Parteienkritiker v. Arnim zum Medienstar.

Zu unserer Wirtschaftsordnung gehört es, die Nachfrage und das eigene Angebot in Einklang bringen – oder vom Markt zu verschwinden. Das ist in der Wirtschaft sofort einleuchtend, scheint in der Politik aber schwieriger nachvollziehbar: Das Produkt ist nicht eindeutig und klar definiert, sondern selbst immer wieder Ergebnis kommunikativer Prozesse. Der Anbieter von Politik ist als verantwortlicher Produzent nicht eindeutig zu bestimmen; daher richtet sich der Unmut im Volke gegen die Politik und die Politiker allgemein und allesamt.

Da aber die deutschen Wähler – im Gegensatz etwa zu den Franzosen

– ihr Wahlverhalten nur sehr zögerlich ändern, und das deutsche Verhältniswahlrecht nicht nur Gewinner (von Wahlkreisen) und Verlierer kennt, fallen die Bestrafungen durch den Wählermarkt noch relativ moderat aus.

Politiker brauchen stets aufs neue Bestätigung, um die Zuversicht zu bewahren, wiedergewählt zu werden. Sie bewegen sich dabei auf unsicherem Grund, fühlen sich von der Presse argwöhnisch beobachtet, sehen sich chronisch überfordert und sind es gelegentlich auch, werden trotzdem für alle Macken politischer Abläufe verantwortlich gemacht und fühlen sich genötigt, zu allem etwas zu sagen.

Politiker haben allerdings gar nicht in erster Linie Angst vor den Reaktionen des Volkes, sondern viel mehr vor ihresgleichen, vor den Vertretern einflußreicher Gruppen und den Stars in den eigenen Reihen, die Einfluß auf Karrieren haben. Diese sind nämlich imstande, jede nur denkbare öffentliche Einflußnahme zu mobilisieren, um ein Projekt zu verhindern, wenn es ihren eigenen oder den Interessen, denen sie sich aus welchen Gründen auch immer verpflichtet fühlen, zuwider läuft. Und ernsthafte politische Kurskorrekturen sind fast nie zu haben, ohne daß irgend jemand seine Interessen tangiert sieht.

Die Zukunft einer politischen Laufbahn kann mit einem mutigen Projekt oder einem offenen Wort in den Medien ein jähes Ende finden. Das macht vorsichtig. Der hiermit angelegte systemimmanente Opportunismus ist in seinen Konsequenzen viel wirksamer als irgend eine direkte Einflußnahme. Die Folge: Selbst so relativ harmlose Reformen wie eine Geschwindigkeitsbegrenzung auf Autobahnen sind fast nicht zu erreichen, auch eine Regierung aus CDU/CSU und FDP, die mit satter Mehrheit ausgestattet ist, schaffte es in über zwölf Regierungsjahren nicht, das Ladenschlußgesetz zu kippen.

Eine Krise kommt selten allein. Die Krise der Gesellschaft, die der Politik und die der Parteien gehören zusammen. Sie bedingen und verstärken sich wechselseitig und wirken sich auf die Stimmung im Volke aus: Wenn Politik versagt, bekommt sie Schwierigkeiten mit ihrer Selbstdarstellung und Glaubwürdigkeit. Die Krisen verändern die Erwartungen an die Politik, die Bereitschaft sich zu engagieren, zuzuhören und damit die Möglichkeiten der Parteien, mit ihren Themen und Konzepten auf Interesse zu stoßen.

# 5. Wettlauf: Krise beschleunigt Modernisierung

Die Erneuerung läßt warten. Die Altparteien zeigen sich von ihrem Niedergang überrascht, bringen gewundene Erklärungen hervor, versuchen Appelle an die eigene Adresse und zeigen mit diesen Reaktionen, daß sie die Krise nicht verstanden haben, in der sie stecken. Es sieht nicht so aus, als könnten sie die Gesetze der Schwerkraft überwinden und sich am eigenen Schopf aus dem Abwärtssog ziehen. Die Grünen haben sich in den letzten Jahren langsam von einer ökologischen Protestpartei und parlamentarischen Aufmunterung zu einer Gruppierung gewandelt, die einige Fachleute und bislang einen Mangel an deftigen Skandalen zu bieten hat. Sie eröffnen damit zwar keine faszinierende Perspektive, erscheinen aber als ein seriöses Angebot. Mehr Innovation ist nicht in Sicht.

In den Debatten, die in den Parteien öffentlich – d. h. jenseits kleiner vertraulicher Zirkel – über den Zustand der Politik geführt werden, gerät die Krise der anderen gesellschaftlichen Bereiche zu einer seltsamen Tröstung – verbunden mit der Beteuerung »das kann uns nicht beruhigen«, erleichtert es den eigenen Zustand eben doch. Die Parteien stellen die Suche nach Lösungen noch immer als eine Aufgabe dar, die sie angesichts gesellschaftlicher Aufgaben rechtzeitig und aus eigener Kraft bestehen könnten. Sie verharmlosen ihre Lage, geben sich aufgeweckt, so als hätte der Vorstand aus Versehen kurze Zeit nicht richtig aufgepaßt, als könnten sie nach einigen kosmetischen Korrekturen mit der gesellschaftlichen Entwicklung wieder gleichziehen, als wäre mit etwas Professionalisierung zuzüglich Schulungen in Medienkommunikation und einigen stilistischen Anpassungen an den Zeitgeist die Krise zu beheben. »Der Wettlauf um die politische Erneuerung der demokratischen Parteien ist noch nicht entschieden. Manchmal hat man sogar den Eindruck, er hat noch nicht einmal richtig begonnen«, diagnostiziert Heiner Geißler.

Vorerst reagieren die Parteien widersprüchlich, werden erst einmal so uneindeutig, unklar und orientierungslos wie die meisten anderen Bereiche der Gesellschaft auch. Sie beharren einerseits auf den hergebrachten Mustern und manövrieren sich damit langsam aber sicher mit einem kleinen Restbestand ihres ehemaligen Klientels an den gesellschaftlichen Rand. Sie begeben sich zugleich auf den Pfad der internen Erneuerung, der Modernisierung. Diese Zweigleisigkeit kann zwar zu einem weiteren schmerzhaften Spagat führen – neben dem zwischen Innen- und Außenorientierung –, entspricht jedoch der Rollenfestlegung von Mandatsträgern und Funktionären: Sie scheiden sich in Traditionalisten und Modernisten, weil sie sich als Repräsentanten von entsprechenden, also eher traditionell oder aber eher modern orientierten Wählern bzw. parteiinternen Gruppierungen sehen.

Dieses Selbstverständnis orientiert sich aber nur an ganz wenigen Grundfragen, entspricht eher einer Haltung als einem politischen Programm und läßt sich durchaus mit konservativen bzw. sehr modernen Einstellungen in anderen Bereichen verbinden: Der Abtreibungsgegner kann für Gentechnologie eintreten, der Nationalist mit neuester Datenverarbeitung arbeiten, der polyglotte Europäer kirchlich heiraten.

Der gesellschaftliche Wandel schlägt auf die Parteien durch: Im internen Wettbewerb stehen seltener die klassischen Flügel, Richtungen oder politische Konzepte gegeneinander, die jeweils große Gruppen der Bevölkerung hinter sich haben. Es rivalisieren also keine an politischen Kriterien unterscheidbare Gruppen mehr gegeneinander. Das war eine Konkurrenz, bei der man leicht Mehrheits-, Minderheits- oder Kompromißkandidaten identifizieren konnte. Wer sich letztlich durchsetzte, wurde das Symbol einer Ära. Diese Zeiten sind vorbei. Heute bewerben sich Personen, die sich politisch nicht wirklich unterscheiden, bei denen noch nicht einmal offensichtlich ist, daß die oder der eine für den Job eindeutig qualifizierter wäre als der oder die andere. Die ehemaligen Flügel halten sich allerdings noch eine Weile organisatorisch und informell als Vereinigungen zur gegenseitigen Karriereförderung.

Statt der klassischen Links-Rechts-Auseinandersetzungen, die in allen Parteien das wichtigste Grundmuster interner Konflikte abgaben, treten Modernisten gegen Traditionalisten, spezielle Klientelvertreter gegen die Generallinie und dazu kombiniert das Karrierebündnis A gegen Karrierebündnis B in Koalition mit dem Karrierebündnis C auf und an. Die neue Konfliktstruktur führte Ende der 80er Jahre in der SPD zu heftigen internen Auseinandersetzungen darüber, ob sie sich nun im Spagat versuchen solle zwischen ihren Traditionswählern und den modernen Schichten. Erst analysierte sie sich starke Defizite in den Dienstleistungsgroßstädten, dann holte sie aber dicke Verluste bei den Stammwählern.

Zur gleichen Zeit spitzte sich in der CDU der Konflikt zwischen den »Modernisierern« um Heiner Geißler und Helmut Kohl zu, der die Gefahr abzuwenden suchte, daß auch in der CDU über inhaltliche Fragen ideologische Grundsatzauseinandersetzungen geführt werden.

Heute kristallisieren sich Image- und Stilfragen in der öffentlichen und parteiinternen Wahrnehmung zu wichtigen Auswahlkriterien. Die Eroberung hierarchischer Positionen wird zu einem allgemeinen Gesellschaftsspiel. Die Konkurrenten polarisieren innerparteilich nur noch, weil sie sich um die selben Jobs bewerben. Ihre Anhängerschaft (Seilschaft) besteht nicht aus politisch identifizierbaren Gruppen.

So war die Mitgliederbefragung bei der Suche nach einem neuen Vorsitzenden der SPD ja keine beliebige neue Methode der Personalauswahl, die man eben auch nutzen konnte, sondern war eine kaum noch zu umgehende Konsequenz aus diesen für die SPD völlig neuen Strukturen der Rivalität. Es ging selbst nach dem Gefühl der Mitglieder nicht mehr um politische Richtungsentscheidungen. In der Stimmverteilung zeigten sich neben einigen Traditionsrelikten vor allem landesverbandliche Präferenzen als Priorität für den Kandidaten aus dem eigenen Hause und als machttaktische Abwägungen und Koalitionen.

Wenn sich politisches Engagement in den Parteien nicht aus politischen Bewegungselementen ergibt, die sich an aktuellen Bedrohungen oder Hoffnungen entzünden, ist es für Parteiführungen ein mühseliges Geschäft, auch nur 10% jener Mitglieder für Parteiaktivitäten zu motivieren, die nicht aus Karriere- oder anderen materiellen Interessen besonders engagiert sind. Derzeit organisieren sich die themenbezogen politisch Aktiven eher außerhalb als in den Parteien. Wenn die Parteien es nicht schaffen, diese extern Politisierten wieder in die jeweils eigene Organisation zu holen, verlieren sie sukzessive an Mitgliedern und an Substanz.

Alle formalen Erneuerungsversuche, seien es Projektgruppenarbeit, multimedial gestützte Vorträge, Seminare, Workshops zu Themen von persönlich-privatem Interesse oder die Nutzung neuer Medien, helfen nichts, wenn kein politisches Ziel damit verbunden ist, das hohes emotionales Engagement auslöst. Die Mitgliederbefragung der SPD brachte zwar 56% an die Urnen, doch keine nennenswerte Steigerung sonstiger Aktivitäten. Wie auch? Die Ausnahmesituation kann die Sinnfrage im Alltag nicht beantworten. Selbst auf die alten Vereinsmeier ist kein Verlaß mehr. Diese Art des Engagements bedarf einer sozialen Gratifikation, die in der neuen Komplexität sozialer Strukturen nicht mehr erreichbar ist. So bleiben nur noch jene übrig, für die die Partei zum sozialen Zusammenhang wurde, und jene mit Ambitionen auf eine politische Karriere.

Der ehemalige Bundesgeschäftsführer und Wahlkampfmanager der CDU, Peter Radunski, möchte die Parteien als Reservoir für politisches Führungspersonal wie als *Agenda-setter** erhalten und qualifizieren. Er geht bei seinen Vorschlägen allerdings nicht davon aus, daß die Parteien, so wie sie gewachsen sind, ihrer strukturellen Ungleichzeitigkeit gegenüber gesellschaftlichen Entwicklungen entrinnen könnten. Er prognostiziert das Ende der tradierten Funktionärs- und Mitgliederpartei.

Radunski setzt deshalb auf Parteien neuen Typs, die als professionelle Dienstleister für gesellschaftlichen Regelungsbedarf Konzepte und Personal bereithalten und sich in der öffentlichen Kommunikationskonkurrenz behaupten können. Er entzieht die »Vermarktung« der Partei dem internen Gerangel, indem er der profilierungssüchtigen Geschwätzigkeit der vielen den Filter professioneller Vorbereitung oder professionell organisierter Vermittlung vorschaltet. Er möchte die Wirkung gegenüber dem gut gemeinten Eigennutz triumphieren lassen.

Ohne ein neues, an ökonomischen Interessen oder Weltanschauung orientiertes Muster bleibt als Klammer für den Zusammenhalt der einzelnen Parteien und der Bündnisse in den Parteien nur die Rivalität zu den anderen Parteien. Jenseits werteorientierter Emphase wird nur noch

---

* Agenda ist ein Lieblingswort der PR-Fachleute im Politikbereich und meint die politische Tagesordnung, ein Agenda-setter ist also jemand, der ein Thema zum prioritären Gegenstand öffentlicher Erörterungen machen kann.

das Gutgemachte zum Beurteilungskriterium und nicht mehr das Gutgemeinte. Zu diesem Gutgemachten gehört die gekonnte öffentliche Präsentation. Mit der Säkularisierung des politischen Angebots kommt es für das Image der Parteien vor allem darauf an, ob die Wähler das Gefühl haben, daß die Politiker ihren Job ordentlich ausfüllen.

Die beiden großen Volksparteien stehen in Folge der beschriebenen Entwicklungen vor Alternativen, die ihnen alle nicht richtig schmecken können: Sie gewinnen klares Profil nur, wenn sie kleine gesellschaftliche Gruppen vertreten, sie bleiben Volkspartei nur, wenn sie über eine hohe Integrationsbreite verfügen. Diese Integrationsbreite können sie jedoch nur haben, wenn sie politisch vertreten, was nicht konträr zum gesellschaftlichen Mainstream liegt.

Sie können sich als potentielle 40%-Parteien nur erhalten, wenn sie es zulassen und fördern, daß die Tiefe ihrer Zuständigkeit in die Gesellschaft hinein abnimmt – sonst zerbrechen sie an Interessenkollisionen zwischen ihren Wählergruppen. Einige kleine Parteien können entweder als Lobbyisten radikalisierter Partialinteressen, als Symptom unterbliebener Problemlösungen oder Vertreter einer notwendigen Erneuerung auftreten.

Damit wird bei uns eine Entwicklung nachvollzogen, die in den USA – was die großen Parteien betrifft – um einige Jahre voraus ist. Die USA hatten nie die traditionelle politische Ordnung Europas. Die Parteien waren dort weder richtige Klientelparteien, wie die FDP, noch so ideologisch-historisch verwurzelt, wie SPD oder CDU. Sie waren und sind vielmehr lockere Bündnisse zur Regulierung der Machtverteilung (Wahlbündnisse) mit einigen Traditionsansätzen. Sie brauchen sich also nicht so mühsam wie insbesondere die linken Parteien in Westeuropa von Traditionsballast zu befreien, wenn neue Entwicklungen neue Wege erfordern. Die Rolle unserer kleinen Parteien wird dort in anderen Organisationsformen wahrgenommen.

Da unsere Volksparteien den gesellschaftlichen Hintergrund ihrer politischen Tradition verlieren, werden sie den amerikanischen Parteien immer ähnlicher – ob sie es wollen oder nicht. Auch sie werden sich zu lose verkoppelten Bündnissen wandeln, deren wichtigstes inneres Band der Wettbewerb um Mandate und Regierungsbeteiligung ist. Ansonsten werden die einzelnen Gruppierungen ihren jeweiligen besonderen inhaltlichen oder regionalen Zielen nachgehen. Man organisiert sich um einen *Issue*, um ein politisches Thema, ein konkretes Anliegen, aber nicht mehr um eine große politische Grundlinie.

Für die Präsidenten der USA folgt aus dieser Offenheit, daß sie sich für jedes Projekt die Mehrheit auch auf der eigenen Seite des Kongresses neu organisieren müssen. Dort kennt man keinen *Fraktionszwang*. Mit dem Wandel der Parteien und der Zunahme plebiszitärer Elemente wird er sich auch bei uns langsam etwas lockern.

Diese Entwicklungen bedeuten keineswegs den Untergang des Abendlandes. Vielmehr könnte die Entwicklung des Parteiensystems in Richtung lockerer Wahlbündnisse und zunehmender Personalisierung von einer politischen Aktivierung der Bürger begleitet werden. Wenn sie sich nicht mehr vor allem als Objekt von Systemzwängen und als unbedeutender Teil sich vollziehender geschichtlicher Gesetze fühlen müssen, dann könnte dies viele Menschen motivieren, ihren persönlichen Beitrag zu leisten.

Auch das wäre ein Aspekt sogenannter Amerikanisierung. In den USA gehört es zum gängigen Verhaltensmuster insbesondere der weißen Mittelschicht, sich ehrenamtlich für eine Sache der Gemeinschaft zu engagieren. Auch die politischen Kampagnen in den USA leben von diesem ehrenamtlichen Engagement. Mit den Profis und den bezahlten Helfern allein ist dort kein Wahlkampf zu machen.

Solange die Parteien so tun, als sei die Krise der Politik erst einmal ihre jeweilige Krise und ihr jeweiliges Problem und vielleicht noch ein Imagedefizit der politischen Kaste, solange sie also daran vorbeistrampeln, daß es sich um eine politische und kulturelle Krise unserer westlichen Gesellschaften handelt, kurieren sie an den Symptomen herum, wird ihre Mitgliedschaft schwinden, wird die Politisierung außerhalb dieser Parteien zunehmen.

Mit dem Verlust an Bindewirkung traditioneller Institutionen fallen sie auch immer mehr als Instrumente der Konsensbildung und geregelter Übereinkünfte aus. Noch ist völlig ungeklärt und unentwickelt, was denn an deren Stelle treten könnte. Wird diese westliche Welt ihre internen Regelungsmechanismen jenseits der Parteien und bisherigen politischen Ordnungssystemen entwickeln?

Unsere Parteien müssen nicht das letzte Wort der Geschichte und der

Demokratie sein – ob wir dann unseren Standard an politischer Kultur halten können, steht auf einem anderen Blatt. Aber es bieten sich noch keine Alternativen zu den real existierenden Parteien an, die den Anschein vermitteln, die anstehenden Aufgaben besser bewältigen zu können. Es wird also mit sinkender Begeisterung weiter gewählt, und wenn sich ein neues Angebot auftut, dann auch dies. Die Statt-Partei in Hamburg und die Nachahmungen in allen deutschen Landen sind eher ein Signal für die Suche nach neuen politischen Wegen als schon die taugliche Antwort.

Man kann also inzwischen von einer gewissen Rollenumkehr sprechen. Es sind nicht mehr die Parteien, die für den Zustand der Gesellschaft die Verantwortung übernehmen, sondern die Gesellschaft muß überprüfen, ob ihre Institutionen der Konfliktregulierung, der Gemeinwohl- und Zukunftssicherung zu diesen Zwecken noch taugen. Wenn dies nicht in einem offenen und absichtsvoll geführten Prozeß passiert, wird der Zerfall sich schleichend weiter vollziehen. Er wird vom Anschein begleitet, es sei alles noch ordentlich an seinem Platz, schafft aber ein politisches Vakuum als offenes Tor für radikale Brüche.

Es macht also keinen Sinn mehr, an den Parteien herumzumäkeln, so als könnte man die gesellschaftliche Krise stellvertretend in den Parteien lösen. Die Krise der Politik ist Symptom und Teil gesellschaftlicher Krisen. Deshalb ist es absurd zu glauben, die Politik könnte als eine Art Ordnungskraft ein Problem lösen, das die Gesellschaft selbst zu verdrängen sucht. Politik taugt dann vielleicht als Sündenbock und somit als Vehikel der Verdrängung. Politik kann die Verantwortung nur an die Gesellschaft zurückgeben und, wenn es gut geht, einen Prozeß moderieren, der die Verständigung auf eine künftig taugliche Ordnung voranbringt.

Und die Medien und Intellektuellen? Statt sich auf ihre Verantwortung als Sinn- und Orientierungsstifter zu besinnen, machen sie sich über die Orientierungsprobleme der Politik lustig, bestärken mit ihrer Abwendung die Tendenzen, die sie beklagen.

Der gegenüber den Parteien moralin erhobene Zeigefinger der Kommentatoren und der larmoyante Rückzug von Intellektuellen aus politischem Engagement ist inzwischen zu einem Symptom der Begriffsstutzigkeit geworden, ist ebenso ignorant gegenüber den tatsächlichen

Krisenerscheinungen, wie die alltägliche Parteipolitik selbst. Wenn die Intellektuellen es nicht schaffen, einen handlungsorientierten Diskurs über eine in Zukunft tragfähige Gesellschaftlichkeit zu führen, wie sollen dann die, von wenigen Ausnahmen abgesehen, vergleichsweise schlichteren Gemüter der Politiker dazu imstande sein?

Die Krise der Politik macht es in einer Gesellschaft, deren tradierte Strukturen und Bindungen sich lösen und die zugleich mit wirtschaftlichen Schwierigkeiten zu kämpfen hat, zu einer kaum mehr lösbaren Aufgabe, Wähler vom Sinn eines Wahlgangs zu überzeugen, bei dem die tatsächlich erforderlichen Eingriffe nicht im Angebot sind. Entsprechen die politischen Kontroversen, die wir vorgeführt bekommen, den tatsächlichen Handlungsalternativen? Ist der Wahlkampf eine öffentliche Veranstaltung, um auf der Ebene Alternativen zu erörtern, auf der gehandelt werden müßte? Es sieht nicht so aus.

Ein wesentliches Grunddilemma des Wahljahres 1994 und der folgender Wahlen besteht also darin, daß Organisationen mit veralteter Struktur und begrenzter Wahrnehmungsfähigkeit sich für die Bewältigung von Aufgaben bewerben, für die sie nicht eingerichtet sind und daher schon eine ganze Weile vernachlässigt haben. Diese Situation läßt sich mit organisierter Kommunikation nur notdürftig übertünchen.

# 6. Wähler:
# Die Kunden haben keine Orientierung

»Am Anfang war das Wort« (Ev. d. Johannes), also Kommunikation: Ohne Kommunikation kein Leben, kein Lernen, keine Entwicklung und keine sozialen Beziehungen. Die Kommunikation der Parteien mit den Wählern will Zustimmung erreichen. Kommunikationsfähigkeit aber bedeutet nicht zu allererst das Training von Kommunikationstechniken, sondern die aktive Beachtung einer sozialen Struktur, in der sich Meinung bildet.

Soll Wahlkampf wirken, reicht es nicht, in Öffentlichkeit und Medien präsent zu sein: Botschaften und Informationen müssen den Wahrnehmungs- und Aufmerksamkeitsmustern der Wähler entsprechen. Das zu erreichen, ist – neben der Überzeugungsarbeit nach innen – ein besonders schwieriger Teil der Aufgabe. Die subjektive Wahrnehmung der Bürger und der Politiker können aus anderen Welten sein. Wenn man z. B. Europaabgeordnete befragt, versuchen sie immer wieder zu erklären, wie bedeutend ihre Tätigkeit sei. Selbst wenn diese Einschätzung völlig den Tatsachen entspräche, wäre sie in Wahlkämpfen völlig unerheblich, solange die »Kunden« diese ausgezeichneten Qualitäten weder kennen noch glauben. Wenn die Wähler davon ausgehen, daß das Europaparlament nichts zu sagen habe und eigentlich nur eine teure Alibiveranstaltung darstelle, verhalten sie sich bei Wahlen nach dieser »Wirklichkeit« – dagegen hilft auch eine Wahlkampagne nur sehr begrenzt.

Einst prägten die Milieus, der soziale Status, Gewerkschaftszugehörigkeit oder Gesangbuch die Wahlentscheidung vor. Die Wahl einer bestimmten Partei erfolgte auch als Konsequenz sozialer Zugehörigkeit. Politik war Teil eines Weltbildes. Doch wenn der Zusammenhang von Weltbildern, ökonomischen Interessen und sozialen Milieus zerfällt und die gesellschaftliche Mobilität zunimmt, wird soziale Integration, die früher »nebenbei« lief, zu einer gesellschaftlichen und politischen Aufgabe ersten Ranges. Soziale Bezüge müssen heute organisiert und gepflegt, Lebensentwürfe entwickelt werden.

Der Philosoph und Soziologe Jürgen Habermas sah schon 1962, daß die Moderne ihre orientierenden Maßstäbe nicht mehr den Vorbildern anderer Epochen entlehnen könne und ausschließlich auf sich gestellt, Normativität aus sich selber schöpfen müsse. Mit diese Analyse wird eine Herausforderung vorgestellt, die auch über 30 Jahre danach weder von der Politik noch von anderen gesellschaftlichen Institutionen auch nur annähernd bewältigt wurde. Im Gegenteil: Die Restbestände ordnender Normativität sind weiter verfallen.

Die Zeiten sind vorbei, in denen die Kirche für Sinnfragen und Moral Orientierung bot und Zweifel nur die Sache von Priestern und Philosophen war. Der Sprachforscher und Kohl-Berater Wolfgang Bergsdorf sieht mit Grausen, daß allen Institutionen mit Mißtrauen begegnet wird: »Kirche, Staat, Justiz, Ehe und Familie, aber auch Arbeit, Tradition und selbst Konzepte wie ›verantwortete Freiheit‹ und ›Vernunft‹ haben ... an Verbindlichkeit und Orientierungsleistung verloren. Zurückgeblieben ist der ›Orientierungswaise‹ ..., der sich verzweifelt um Orientierung bemüht, sie aber nicht findet, weil er allem Institutionellem mißtraut.« Dieser »Orientierungswaise« mißtraut dem Institutionellen aus guten Gründen: Die traditionellen Grundfesten der Gesellschaft geben immer weniger Sicherheit. Sie werden immer öfter als wenig verläßlich erlebt – und sind es auch.

Die meisten Menschen halten ihre in sozialen Beziehungen individuell sozialisierten Kommunikations- und Verhaltensmuster, ihre Wertevorstellungen und Ziele für selbstverständlich, also für gewissermaßen universell und verstehen sie nicht nur als Folge gesellschaftlicher Lernprozesse, die einer bestimmten historischen Situation entsprechen. Es fällt ihnen daher schwer, sich vorzustellen, daß diese Selbstverständlichkeiten nicht mehr gelten sollen, obwohl längst erfahrbar ist, daß sich mit dem technischen und wirtschaftlichen Wandel auch die kulturellen Codes und die Kommunikationsmuster ändern – von den persönlichen Beziehungen über die Berufsarbeit bis zur Politik. Nach dem Erlebnisforscher und Soziologen Gerhard Schulze führt diese Ungewißheit kultureller Orientierungsmuster zur »Schwebe als Grundform sozialer Existenz«. Vorsicht bei der Landung!

Die gesellschaftlichen Rahmenbedingungen ändern sich so schnell, daß das eben Erlernte morgen schon nutzlos sein kann. Daher ist die zunehmende Trennung der Altersgruppen nur konsequent. Sie sind zu in sich differenzierten Gemeinschaften geworden, die den jeweils akuten Stand kultureller, technologischer, ökonomischer und politischer Entwicklung als jene Lebensbedingungen reflektieren, an denen sie sich zu orientieren haben. Die 68er Generation der Revolte und des Folk, Pop, Rock und Blues, die letzte Generation der »Gutenberg-Galaxis«, hat mit den TV-, Video- und Computer-Kids nichts zu tun – auch wenn die Jungen gelegentlich noch die Musik ihrer Eltern hören: Sie hat ihre Funktion als Code der Rebellion verloren.

Die dramatischen Folgen des Einbruchs neuer Umstände in das Zuhause kann unter Zeitraffer in den neuen Bundesländern beobachtet werden: Ein Großteil der Bevölkerung schwankt zwischen Anpassung und Abgrenzung gegenüber dem Westen, zwischen großer Bereitwilligkeit, Neues zu lernen, und der Rückbesinnung darauf, ob die alte Zeit nicht auch etwas Gutes hatte, zwischen CDU und PDS als den politischen Symbolen für das andere und das eigene – nicht für links und rechts nach westlicher Wahrnehmung.

Der Verlust an traditionellen Bindungen verlegt den Prozeß der politischen Meinungsfindung von der Familie, der Kirche, der Gewerkschaft oder dem Wohnviertel in die heute relevant gewordenen sozialen Zusammenhänge. Die sind aber nicht sonderlich stabil: Heute wechselt man den Beruf, den Wohnort, das soziale Milieu, den Lebensstil, die Frau und den Mann, als sei all dies auch schon Teil von Moden, die nicht wirklich berühren. Immer mehr Menschen bewegen sich in ihrer Familie, in ihrem Beruf, im Sportverein und an ihrem tradierten Stammtisch in jeweils unterschiedlichen Milieus, denen sie sich situativ anpassen. Man bewegt sich, der Situation entsprechend, in der man eben gerade ist. Was in anderen Milieus passiert, bleibt unbedeutend.

Es wird zwar auch in Zukunft hierarchische Abstufungen gesellschaftlicher Ebenen geben, die nach Einkommen, Bildung und Informationsverarbeitung differenzieren, aber die Menschen können sich nicht mehr in und aus einem eindeutigen kulturellen Kontext definieren, sondern sie sind sozial unbestimmt.

Heute stehen den Menschen kaum überblickbare Wahlmöglichkeiten für ihre Lebensgestaltung zur Verfügung – wenn sie denn zur Auswahl imstande wären. Sie müßten Risikoabschätzungen treffen, also darüber Gewißheit finden, was die Möglichkeiten jeweils bedeuten und für Konsequenzen haben. Das haben sie nicht gelernt. Aus dieser Unsicherheit folgt ein wachsendes Bedürfnis nach Deutung und Prognose. Nicht von ungefähr boomen Ratgeber für alle Lebenslagen. Die Parteien bieten keine Hilfe, sondern bekommen Probleme, eine angemessene Ansprache zu finden.

Erschwerend kommt hinzu: Die jeweiligen Trends erreichen die unterschiedlichen Milieus nicht zeitgleich. Personen und Gruppen bewegen sich selbst und im Verhältnis zu anderen gewissermaßen auf verschiedenen Punkten der Zeitschiene, sind in einem Bereich up to date, in anderen traditionell. Das alte ist in den Köpfen und Herzen noch vorhanden.

Es gibt ja kein eindeutiges Verfallsdatum, sondern einen schleichenden Prozeß, der je nach der persönlichen Situation in verschiedenen gesellschaftlichen Teilbereichen unterschiedlich schnell abläuft. Und so leben die Menschen ihren Alltag in Ungleichzeitigkeit der Orientierung: Mit den Füßen im Kaufhaus der Zukunft, mit dem Gemüt noch in den 60er Jahren. Damit wird zwar kein autonomes, jedoch ein ungemein flexibles und anpassungsfähiges Individuum verlangt, das sich in verschiedenen gesellschaftlichen Kontexten bewegen kann – ohne dabei irre zu werden.

Welche Rolle bleibt dann der Politik, den Parteien? Im *Spiegel* (52/92) konnte man nachlesen, daß der durchschnittliche Deutsche täglich – wie bewußt auch immer – ca. 1200 Werbebotschaften wahrnehme. Ein deutscher Jugendlicher habe bis zu seinem 20. Lebensjahr bereits ca. 200000 Fernsehspots zu sehen bekommen. Der Esprit-Kommunikationschef sehe in weltumspannenden Firmen wie Coca Cola, Esprit, Benetton und deren Kundschaft »moderne Stämme, soziale Gebilde, zum Teil viel mächtiger als viele Völker auf dieser Erde«. Wenn das auch nur als Trend treffend beschrieben ist, dann schrumpft die Funktion der Parteien als Element von Deutung und Bewußtseinsbildung auf eine schmale »Kundschaft« zusammen.

Immer mehr Menschen suchen Identität durch selbst Gekauftes statt durch selbst Gemachtes. Als ein Element sozialer Verortung hat sich also ein »Markenbewußtsein« entwickelt – was Wunder, daß ein Großteil der Jugend sich nicht für die Parteien interessiert. Dieses Markenbewußtsein schafft aber keine sozialen Gruppen, die über dieses eine Merkmal hinaus auch in anderen Bereichen übereinstimmen. In jedem Konsumbereich ergibt sich eine völlig andere Zusammensetzung der »Gemeinde« – jede und jeder leben parallel in verschiedenen Bereichen.

Doch sogar die Werbung ist in eine Krise geraten – als Branche und in ihrer funktionellen Tauglichkeit. Sie ist so sehr Bestandteil des Alltags geworden, daß man sie nicht mehr wahrnimmt. Sie hat uns so überflutet, daß wir sie ignorieren. Als Folge der Fülle kommt immer weniger an: Ein Drittel der TV-Zuschauer kann sich wenige Minuten nach einem Werbeblock an kein einziges der beworbenen Produkte mehr erinnern.

Nicht nur die traditionellen Haltegriffe sind morsch, auch deren modische Substitute bieten nur für kurze Dauer scheinbar Stabilität. »Wenn Abwechslung zum Prinzip erhoben wird, gerät sie unterderhand zur Wiederholung« (G. Schulze). Mit der zunehmenden Geschwindigkeit von Produktionszyklen verlieren viele Konsumgüter ihre Qualität als »positionelle Güter«, die den sozialen Status und die Zugehörigkeit zu Milieus markieren. Luxus ist passé, wenn die Signalwirkung von solchen Gütern nachläßt – selbst im Konsumismus zerfällt die Ordnung der Zeichen. Der Weg vom exklusiven Besonderen zum Massenartikel wird immer kürzer – manche, wie die bekannte besonders teure Uhr, werden so gut kopiert und diese Kopien so billig verkauft, daß jenen der Spaß verdorben ist, die damit zeigen wollen, was sie sich leisten können.

Wohin man sich wenden wird, nachdem Steigerung und Beschleunigung des Konsumrausches als Erlebnisreize ausfallen, wenn man sich also zu langweilen beginnt, ist noch nicht ausgemacht. Vielleicht kommt eine Periode neuer Askese – sie entspräche nebenbei der ökonomischen Perspektive vieler. Der Markt im Bereich Sinnstiftung und Orientierung ist für Angebote noch offen. Traditionelle Anbieter, wie die Kirchen, suchen nach neuem Design. Esoterik und Psychotherapeuten sind in Mode. Eine neue politische Bewegung aber ist diesseits der Rechten noch nicht in Sicht. Die Rechte bietet Gemeinschaft und die Zurückführung realer Komplexität auf einfache Muster. Das kann von einigen als hilfreich empfunden werden, die für sich sonst keine

Chance sehen, Orientierung zu finden – und meist auch keine haben. Die Rechte hat so ein eingegrenztes aber, aus heutiger Sicht, wachsendes Klientel.

Aktives Mitmischen in der Parteipolitik ermöglicht nur Erlebnisse, die nicht konsumierbar sind, sondern Anstrengung erfordern. Arbeit in Parteien kann dann vielleicht noch für jene attraktiv sein, die mit der Politik ihren ganz persönlichen Aufstieg organisieren, oder für jene, die im Machtkampf eine Art Sport sehen, mit dem sie mehr Spannung in ihr Leben bringen. Für Gemeinschaftlichkeit fehlt den bisher etablierten Parteien die Verbindung mit einer politisierbaren Leit- oder Zukunftsidee unter der sich eine Mitgliedschaft versammeln könnte, die sich – wie das Volk draußen auch – weiter differenziert.

An der Schwelle zum 21. Jahrhundert fühlen sich viele Menschen von der Dynamik ökonomischer und technologischer Entwicklungen an den Rand gedrängt. Das Gefühl der Bedrohung ist ein wesentliches Thema künftiger Wahlen.

## Im Informationsgebirge verirrt

Zukunftserwartungen sind Hoffnungen und Befürchtungen, betreffen das eigene Leben und die allgemeine Entwicklung. Je weniger sich diese Erwartungen auf eigenen Augenschein stützen, desto stärker sind sie von medial erzeugten Ereignissen und von der allgemeinen Stimmungslage geprägt. Die Bürger sind Konsumenten politischer Nachrichten, sind Zuschauer und keine Akteure. Nachrichten sind Mitteilungen aus zweiter und dritter Hand, sind vermittelte Erfahrungen, sind keine selbst gemachten. Sie enthalten nur äußerst selten eine Information, nach der sich zu richten wäre, die den Ablauf des kommenden Tages veränderte.

Was die Gewählten tun, wird dann von den Medien berichtet, wenn sie dabei Aufsehen erregen, wenn sie sich zanken, wenn sie grobe Fehler machen oder ihnen einmal etwas Neues einfällt. Die in den Medien dargestellte Wirklichkeit erscheint als Aneinanderreihung von mehr oder weniger großen Ereignissen und Sensationen, die am nächsten Tag von neuen Besonderheiten abgelöst werden. Selbst der unbedeutende Zank wird zu einem großen Konflikt, zu »innerparteilichem Streit«, zu »Koalitionskrach«. Nach dieser Darstellungspraxis wird für den Konsumenten solcher Informationen nicht mehr nachvollziehbar, warum solcher Streit manchmal Folgen hat und manchmal nicht.

Wirkliche Sensationen sind im Alltag jedoch selten. Auf Dauer wird die künstliche Aufregung in den Medien alltäglich, ermüdet und langweilt. Aufmerksamkeit bedarf dann der Steigerung, das tägliche Waldsterben ist keine Nachricht. Für wirkliche Neuigkeiten bleiben keine Formen der Hervorhebung mehr, sie gehen in der allgemeinen Sensationitis unter. Die Jagd nach Neuigkeiten bewirkt nebenbei, daß die von den Medien vermittelten Ereignisse eine noch größere Geschwindigkeit gesellschaftlicher Entwicklungen suggerieren als wir tatsächlich schon erreicht haben: Weil die Medien täglich voller Neuigkeiten sind, scheint es keine Kontinuitäten mehr zu geben.

Kanzlerberater Wolfgang Bergsdorf sieht das Publikum einer Informationsillusion verfallen und erklärt dies damit, daß bei Nachrichtensendungen im Fernsehen einerseits der Schwierigkeitsgrad an sprachlicher Verständlichkeit extrem hoch sei und die Bebilderung andererseits diese Schwierigkeit scheinbar kompensiere. »Das Wesentliche von politischen Vorgängen läßt sich normalerweise mit Bildern und Filmen nicht darstellen, dennoch glaubt der Fernsehzuschauer, das Wichtigste mitzubekommen. So entsteht in den Köpfen von Fernsehzuschauern ein Bild von der politischen Realität, das mit der politischen Wirklichkeit nichts oder nur sehr wenig zu tun hat, aber zu einer politischen Realität eigener Art werden kann.«

Die Wähler erhalten in den Medien selbst von Bundesministern nur vage Vorstellungen, jedoch keine sachbezogenen Informationen, um sich ein Urteil zu bilden, ob jemand seinen Job gut macht oder nicht. »In der Regel kennt der Wähler nur das Image, das Bild vom Politiker. Er wählt nicht den Politiker, wie er tatsächlich ist, sondern wofür er ihn hält« (U. Sarcinelli). Nur wenige im Volke kennen Rudolf Scharping oder Helmut Kohl persönlich, doch alle wissen sie einzuschätzen. Die Basis dafür ist der von den Medien vermittelte Eindruck mehr oder weniger großer Vertrauenswürdigkeit. Das ist das letzte taugliche Beurteilungskriterium. Die Fernsehzuschauer bekommen in der Tat das Wichtigste mit, doch liegen diese »Informationen« nicht auf einer Ebe-

71

ne, die man bisher als politische ansah. Das Fernsehen aber politisiert das Bild.

In den USA hält man maximal 14% der Wähler für politisch so informiert, daß sie über die Politik ihres Kongreßabgeordneten ein paar vernünftige Sätze sagen können – obwohl in den USA in den meisten Wahlkreisen hoch professionell gemachte Kampagnen durchgeführt werden und als Wettkampfsituation zweier Kandidaten völlig darauf abgestellt sind, die Person der Kandidaten und deren wichtigste politische Ziele bekannt zu machen. Gleichwohl gelten diese 14% als sehr wohlwollend gerechnet und dürften sich von hiesigen Verhältnissen in der Größenordnung nicht unterscheiden. Wesentlich dabei sind nicht die exakten Prozentzahlen, sondern eine Realität politischer Uninformiertheit, die den sachlich informierten, und daher »politisch mündigen Bürger«, als ein idealistisches Konstrukt entblößt.

Die Wähler erhalten zwar von der bedeutenden Tätigkeit ihres lokalen Bundestags- oder gar Landtagsabgeordneten – wenn er nicht gerade Minister, Fraktionsvorsitzender oder Querulant ist – nicht einmal einen oberflächlichen Eindruck. Sie wissen vier Wochen nach den Wahlen nicht mehr, um wen es sich dabei handelt, wer von den lächelnden Plakatgesichtern nun das Mandat errungen hat, was seine Aufgabe ist. Solange aber der einzelne Abgeordnete auch faktisch nicht viel zu sagen hat, ist es auch eingermaßen überflüssig, ihn zu kennen.

Die Medien-Informationen werden im persönlichen Bezug nachgearbeitet. Meinungsbildung braucht soziale Reflexion in Familie, Nachbarschaft, Kirche und Bildungseinrichtungen, mit Berufskollegen und im Verein. Die Medien beeinflussen also nicht in erster Linie direkt durch die Information selbst, sondern sie wirken auf Meinungsbildungsprozesse ein, an deren Ende durchaus auch ein Ergebnis stehen kann, das dem Tenor der Berichterstattung widerspricht. »Entscheidend für die Aufnahmebereitschaft sind die vorherrschenden Bedürfnisse, man erinnert, was den eigenen Bedürfnissen entspricht« (Von Stackelberg). Wenn sich z. B. unterprivilegierte Gruppen darauf verständigen, daß »die da oben sich um uns nicht kümmern«, dann können die Medien und Kampagnen gegen dieses Grundgefühl nur sehr wenig ausrichten.

Die Bürger sind nur situationsbezogen politisch. Bei der Interpretation mischen sich Alltagserfahrungen, bestehende Vorurteile, die Meinung der persönlichen Umgebung und die Kommentierung oder Tendenz in den Medien. Diese Reflexion vor Ort ist Teil eines kommunikativen Rollenspiels und nicht Handlungsvorbereitung. Die Wirksamkeit der Medien erscheint um so größer, je mehr sie einem bestehenden Grundgefühl Ausdruck verschafft.

Die Wähler vergleichen Politiker und Parteien auf der Ebene, auf der sie dies können. Diese Möglichkeiten sind sehr unterschiedlich, sie reichen von schlichten ideologischen Vorurteilen bis hin zu Detailkenntnissen in Einzelbereichen. Projektion ist die wichtigste Wahrnehmungskrücke, wenn die Kenntnisse nicht hinreichen, und verhilft zu einer Meinung.

»Wenn Realität immer nur über Informationsverarbeitungsprozesse konkret erfahrbar ist, dann läßt sich der Anteil der Verzerrung niemals genau bestimmen. In der Praxis kommt es darauf an, daß die Wirklichkeitskonstrukte als plausibel erkannt werden und als Handlungsbasis taugen. Ein Wirklichkeitskonstrukt ist genau genug und wird im allgemeinen als ›wahr‹ akzeptiert, wenn es diesen Kriterien genügt« (W. Schulz). Was als tauglich angesehen wird, entwickelt sich aus sozialen Prozessen, deren Nebenzweck die wechselseitige Bestätigung der gemeinsamen »Wahrheiten« ist. Daher ist, mit Neil Postman ausgedrückt, Wahrheit »so etwas wie ein kulturelles Vorurteil«.

Die meisten Wähler haben zwar eine Idee davon, wen sie wählen wollen, verfügen aber nicht über einen Grundfundus an politischer Bildung, der es ihnen ermöglichte, diese Wahlentscheidung mit mehr Substanz zu begründen als mit medienvermittelten oder traditionsverbundenen Allgemeinplätzen. Sie verlassen sich auf tradierte Bindungen, auf einen in ihrem Milieu entwickelten Kommunikationskonsens und ihr Gespür.

Jenseits eigener Erfahrungen und Kenntnisse vermitteln sich nicht die Fakten, sondern Stimmungen. Für diesen Zusammenhang war Franz Josef Strauß ein wundervolles Beispiel: Wenn er zwei Stunden lang im Bierzelt über die Weltlage im allgemeinen und die deutsche Finanzpolitik im besonderen extemporierte und sich dabei in komplizierte Details verstrickte, schließlich die Essenz aus einzelnen Abschnitten in lateinischen Zitaten und Weisheiten zog, konnte ihm sein Publikum gewiß nicht folgen.

Es war gleichwohl beeindruckt und begeistert. Die Emotion kam rüber: Hier ist einer, der weiß, wo es lang geht, er wird schon recht haben, laßt ihn machen. Auch bei vielen Reden von Willy Brandt, Helmut Kohl, Oskar Lafontaine und einigen wenigen anderen kann die Begeisterung, die sie live auslösten – aus jeweils unterschiedlichen Gründen – oft nicht an der vom Publikum durchdachten Übereinstimmung mit einzelnen Passagen gelegen haben, sondern muß der Haltung entspringen, die sich in Rede und Auftritt zeigen.

Inzwischen ist die schnelle Übermittlung von Informationen auch über große Entfernungen alltäglich. Vom heimischen PC aus sind die umfangreichsten Datenbanken der westlichen Welt erreichbar. Zusätzlich zur real angewachsenen Komplexität der Welt und unserer Gesellschaft sind die Menschen noch mit einer zunehmenden Fülle von Informationen konfrontiert, die zu allererst einmal sortiert und gewichtet – also aufgearbeitet – werden müssen, bevor sie Orientierung liefern. Das wäre kein Problem, wenn die Fähigkeit, diese Komplexität persönlich wie politisch zu verarbeiten, mitgewachsen wäre. Man muß also orientiert sein, um neue Informationen gewichten und einordnen zu können.

Wenn diese Ausgangsorientierung nicht gegeben ist, führt die Fülle und schnelle Erreichbarkeit von Informationen zu mehr Verwirrung und Orientierungslosigkeit und nicht zu einer informierten Handlungs- und Beurteilungsfähigkeit. Es werden also immer mehr Informationen aufgehäuft, die mit der alltäglichen Lebens- und Arbeitswelt nichts zu tun haben. Dabei verlieren sich die Unterscheidungsmöglichkeiten zwischen relevanten und nutzlosen Informationen. So sind die Bürger einer ständig wachsenden Informationsflut ausgesetzt, die sie nicht sortieren können, die ihnen aber Zeit stiehlt.

Die moderne Transparenz macht alles sichtbar; und es ist dennoch nicht zu begreifen. Politik ist für die meisten Bürger eine ferne Welt und rückt immer weiter weg. Wenn die Fakten nicht zu überprüfen sind, wird der öffentliche Streit über Meinungen geführt. Vielleicht sind daher Talkshows so beliebt. Jeder Zuschauer kann sich der einen oder der anderen geäußerten Ansicht anschließen und im eigenen Kreis weiterstreiten – ohne von der Sache selbst auch nur einen Hauch an fundierten Kenntnissen zu haben.

Immer erkennbarer entwickelt sich eine neue gesellschaftliche Vierteilung: die Informierten, die Unterhaltenen und die fachspezifisch Gebildeten, die sich für informiert halten. Nur eine sehr gut informierte Minderheit kennt auch Hintergründe und Zusammenhänge politischer Ereignisse. Die Schere zwischen gut informierten und schlecht informierten Bevölkerungsgruppen geht weiter auseinander. Diese Einteilung bedeutet aber nicht, daß die Unterhaltenen auch alles glauben, was ihnen vorgesetzt wird.

Nach sozialwissenschaftlicher Beurteilung hat sich bei den Wählern das Interesse an der Politik in geradezu dramatischer Weise erhöht. »Obwohl die meisten Leute vom politischen Geschehen objektiv wenig wissen und verstehen, haben sie doch zunehmend das Bedürfnis nach Anteilnahme und Betroffenheit entwickelt. Sie leben, um es salopp auszudrücken, mit ihren partizipatorischen Ansprüchen über die Verhältnisse ihrer politischen Bildung« (W. Schulz). Dies Phänomen ließe sich auch in den Parteien selbst nachweisen. Der Anspruch mitzubestimmen, reicht auch dort weit über die Kenntnisse hinaus.

Es gilt als besondere Qualität unseres demokratischen Systems, daß die Lösung gesellschaftlicher Konflikte kommunikativ, also in Verhandlungen, herbeigeführt wird, und nicht mit Polizei oder Militär. Es setzt das Einverständnis der Regierten voraus. Politiker verfolgen zwar in ihren Sonntagsreden das staatsbürgerliche Ideal vom »mündigen Bürger«, sind aber heilfroh, wenn er sich nicht einmischt. Die politische Abstinenz vieler Bürger widerspricht zwar den Idealen der Demokratie, hat aber, gewissermaßen hinter dem Rücken dieser Ignoranten, einen nützlichen Nebeneffekt. Wenn er all seine Rechte und Möglichkeiten in Anspruch nähme, dauerten Entscheidungsprozesse unendlich lange. Solche Partizipation kostet Zeit und Geld.

Mehr Partizipation bedeutet auch mehr Streit. Wer mehr Partizipation will, muß sich auch um die Regulierung der dann aufbrechenden Konflikte bemühen. Eine breite Mehrheit, die mit dem Grundgefühl lebt, »da kann man doch nichts machen, die machen ja doch was sie wollen«, und nur am Tresen nörgelt, ist leichter zu regieren und zu administrieren als informierte und selbstbewußte Bürger, die Einspruch erheben, mitbestimmen. Ganz abgesehen von den Schwierigkeiten, die solche Bürgereinmischungen mit der offenbar unausweichlichen Neigung verursachen, sich am St. Florians-Prinzip zu orientieren, und immer dafür zu streiten, notwendige Infrastrukturmaßnahmen, wie den Bau einer Müllverbrennungsanlage, doch lieber in einen anderen Stadtteil zu verlagern.

Für die meisten Bürger unseres Landes sind Gesellschaft und ihr Wandel unbeeinflußbare Größen, sind eine Art natürliche Lebensbedingungen mit denen man sich zu arrangieren hat, wenn man unter einigermaßen erträglichen Bedingungen leben will. Ihr Gefühl der Ohnmacht entspricht ihrer realen Situation. Es scheint fast so, als zögen sich die Menschen um so stärker in kleine Nischen zurück, die sie dann ganz genau kennen, je unübersichtlicher die Gesamtlage wird.

Ein Ausweg bietet sich durch die nahezu unbegrenzten Möglichkeiten des Engagements als Zuschauer. In dieser Rolle, so Ulrich Sarcinelli, stehe dem Bürger ein Betätigungsfeld zur Verfügung, »das auf der einen Seite den individuellen Bedürfnissen nach politischer Partizipation entgegenkommt und auf der anderen Seite dem politischen System jedoch nur geringe Kosten verursacht«. Das Geschehen in den Medien zu verfolgen, wird Symbol der Mitgestaltung.

# 7. Zielgruppen: Lockere Bündnisse schaffen

Um sich die Aufgabe von Wahlkämpfern zu verdeutlichen, begebe man sich auf die Bahnsteige eines Großstadtbahnhofes, in ein Fußballstadion, in einen Ferienort auf Gran Canaria: Die beiden Volksparteien möchten mindestens 40% der Bürger mit deutschem Paß dafür gewinnen, die eigene Partei zu wählen. Man kann die Aufgabe auch so beschreiben: Machen Sie ein einziges Plakat für Boß, Prolet, Lehrerin, Ingenieurin, Verkäuferin, Student und Bettler, für Traditionsgefestigte und moderne Orientierungswaisen. Niemand darf das Gefühl haben, gar nicht gemeint zu sein.

Jede Wahlkampfplanung beginnt mit den Grundfragen, ob und wie man es schafft, die bisherigen Anhänger zu mobilisieren, neue dazu zu gewinnen und die Anhänger der Konkurrenz möglichst vom Wahlgang abzuhalten. Um mit der Antwort voranzukommen, werden die Wähler erst einmal nach ihrem bisherigen Wahlverhalten sortiert. Jede der so gebildeten Gruppen bedarf dann spezieller Aufmerksamkeit:

- Die Mitglieder werden motiviert, damit sie in möglichst großer Zahl mithelfen und beispielsweise Flugschriften verteilen. Die Funktionäre an der Basis erhalten im Jahr vor dem Wahltermin Argumentationshilfen und Schulungsmaterialien, damit sie mit den Wahlkampfthemen vertraut, versöhnt und selbst sprachfähig werden. Sie sollen schließlich die Mitglieder in Bewegung bringen, in Einkaufsstraßen und Fußgängerzonen an den Ständen stehen und auf lokalen Veranstaltungen Reden schwingen.
- Die eigenen Stammwähler sind ein kontinuierlich schwindender Kreis. Sie sollen möglichst alle zum Urnengang veranlaßt werden und als Multiplikatoren eine Rolle spielen, um Freunde, Bekannte und Kollegen zu überzeugen. Die Anhänger sind leicht zu aktivie-

77

ren, wenn Politik und Spitzenpolitiker der eigenen Partei sich breiter öffentlicher Zustimmung erfreuen.

- Entsprechend gilt es, die Anhänger anderer Parteien zu demotivieren und zu irritieren, damit ihrer möglichst viele zu Hause bleiben.
- Jenen Wechselwählern, die meist für die eigene Partei stimmen, jedoch abspringen könnten oder schon einmal abgesprungen sind, muß man Festigung geben: »Bei aller berechtigten Kritik: diesmal aber doch noch einmal XYZ!«
- Wechselwähler, die meist eine andere Partei wählen und als zweite Priorität die eigene Partei haben, muß man den Absprung erleichtern: »Das ist eine besondere Wahl, was immer Sie sonst wählten, diesmal XYZ.«
- Wähler, die zwischen anderen Parteien schwanken, kann man weitgehend ignorieren. Sie sind ansonsten Adressaten für Demotivierung: »Bleibt zu Hause.«
- Notorische Nichtwähler kann man im Wahlkampf vergessen.

Nun sind die Wähler nach ihrem Wahlverhalten eingeteilt, doch weiß man noch nicht, welche Personengruppen in welche Kategorie fallen und warum sie sich so entschieden, warum ein anderer Teil der gleichen Gruppe anders wählte und was das bisherige Wahlverhalten für die kommende Wahl bedeutet.

In den USA sind diese auf die Einteilung nach dem Wahlverhalten folgenden Fragen leichter zu umgehen als bei uns in Deutschland, denn dort machen das Registrierungsverfahren und die freizügigeren Datenschutzbestimmungen es möglich, die Wahlbiographie, Beruf, Alter, Einkommenshöhe und Konsumstil eines Großteils der Bevölkerung auf einzelne Personen bezogen zu kennen. Man weiß also, wer potentiell überzeugbar ist, und versucht, die entsprechenden Haushalte nach thematischen Prioritäten in Zielgruppen einzuteilen und sich dann zu überlegen, mit welchem Argument und in welcher Aufmachung man wen anspricht. Dazu genügt es, aus dem eigenen Gesamtangebot jenes Argument oder Konzept auszuwählen, das die günstigste Wirkung verspricht. Man kann sich zwar irren, bewegt sich jedoch mit seinen Bemühungen viel näher an den einzelnen Wähler heran als Wahlkämpfer bei uns.

Diese Zielgruppenbestimmung verführt leicht dazu, den Wählern nach dem Munde zu reden, doch mit einer gewissen dialektischen Hinterlist wird in den Wahlkämpfen der USA die Glaubwürdigkeit der Bewerber immer ein sehr wichtiges Thema mit besonderer Medienaufmerksamkeit. Wer mehr verspricht als er halten kann, gerät schnell an den Pranger.

Jede Kampagne möchte mit den verfügbaren Mitteln möglichst große Wirkung erzielen. In Staaten mit Mehrheitswahlrecht ist dabei der weitgehende Einblick in die individuelle Wahlbiographie von besonderem Vorteil für die Wahlkreiskandidaten. Die Entscheidung läuft auf einen Konkurrenzkampf weniger – meist nur zweier – Personen hinaus. Wer die Mehrheit hat, gewinnt; der andere bleibt zurück. Es gilt also, mit dem vorhandenen Budget auf über 50% der Stimmen zu kommen. Um die Mittelverwendung zu optimieren, ist es sinnvoll, die Wähler nach dem Aufwand zu sortieren, der erforderlich scheint, um sie zur Wahl des eigenen Kandidaten zu animieren.

- Erst werden die herausgepickt, die die eigene Kampagne finanziell und öffentlich unterstützen könnten. Sie werden mit besonderer Sorgfalt und, wenn mit einer erheblichen Summe gerechnet werden darf, auch vom Kandidaten persönlich auf Spenden angesprochen.
- Die zweite Gruppe besteht aus den Mitgliedern der eigenen Partei und den bekennenden Sympathisanten. Sie werden, insbesondere wenn sie jung sind, darauf angesprochen, ob sie die Kampagne nicht als freiwillige Helfer unterstützen wollen.
- Die sicheren Wähler sind nicht das eigentliche Objekt der Kampagne, sondern werden erst in den letzten Tagen vor der Wahl angesprochen, damit sie sich auch wirklich aufraffen und ihr Kreuz machen.
- Die für die Kampagne wichtigste Gruppe besteht aus Personen, die nur einen kleinen Anstoß brauchen, die also meistens die Kandidaten der eigenen Partei wählen, gelegentlich aber auch einen anderen.
- Schließlich folgen jene, die mehr Aufwand erfordern, die man aufsuchen und mehrfach anrufen muß, um sie überhaupt zum Wahlgang zu bewegen oder von den Qualitäten des eigenen Kandidaten überzeugen zu können.

Wenn man rechnerisch eine Mehrheit zusammen hat, kann man den Rest der Wählerschaft ignorieren. Es ist dann effizienter, diese potentielle Mehrheit zu pflegen und zu stabilisieren, als nach Wählergruppen Ausschau zu halten, die schwieriger zu gewinnen sind. Je genauer man das Verhalten der Wähler einschätzen kann, desto leichter ist diese Einteilung vorzunehmen und über die Auswahl und den Einsatz von Werbemitteln zu entscheiden.

In Deutschland läßt der Datenschutz nur eine Wahlstatistik auf der Ebene der Wahllokale zu. Über das Verhalten einzelner Personen wird nichts ausgesagt. Das deutsche Wahlsystem läßt die Parteien nach ihrem Prozentanteil an den abgegebenen Stimmen in die Parlamente einziehen und erzwingt so den ›Kampf‹ um jede Stimme. Die vorhandenen Mittel möglichst effizient einzusetzen, bedeutet, den Aufwand auf jene zu konzentrieren, die man zu den sicheren Stammwählern zugewinnen kann und an der Grenzlinie der Unüberzeugbaren mit seinen Bemühungen Halt zu machen.

Für eine solche Optimierung werden jene Gemeinden oder Stadtbezirke ausgesucht, in denen man besonders viele Anhänger vermutet, die nicht wirklich sicher sind. Zu diesem Zweck sortiert man die Wahlbezirke danach, wie stark die absolute Zahl der Stimmen für die eigene Partei bei den bisherigen Wahlen (insbesondere die der letzten 10 bis 12 Jahre) schwankten. Wichtig sind dann jene Bezirke, in denen die Schwankungen (in absoluten Zahlen) besonders groß sind. Diese Wahlbezirke werden dann nach den soziodemographischen Daten der Bevölkerung untersucht.

Die gewonnenen Erkenntnisse helfen dabei, Wechselwählergruppen zu typisieren, um dann adäquate Themen und Formen der Ansprache zu finden. Sie sind zudem immer dann nützlich, wenn die soziale Struktur des Viertels für die denkbaren Maßnahmen von Bedeutung sein kann, wenn es um die Entscheidungen geht, wo und in welchem Umfang welche Werbemittel zum Einsatz kommen, wo man Veranstaltungen mit viel Prominenz durchführt oder Stände aufbaut.

Für die Festlegung von Inhalten und der formalen Qualitäten der Werbemittel werden Zielgruppen nach soziodemographischen Daten wie Beruf, Geschlecht, Religionszugehörigkeit, Alter, der Größe des Wohnortes definiert – nach den Daten also, die man aus der Wahlberichterstattung im Fernsehen kennt. Dabei wird angenommen, daß diese Daten etwas mit dem Wahlverhalten zu tun haben. Große Bevölkerungsgruppen wählten relativ kontinuierlich dieselbe Partei, weil sich seit der Industrialisierung zwischen einzelnen sozialen Gruppen und Parteien so etwas wie dauerhafte Bündnisse entwickelt haben, die nach wie vor wirken. Klassisch waren die Verbindungen zwischen gewerkschaftlich orientierten Arbeitnehmern und der SPD sowie zwischen katholischen regelmäßigen Kirchgängern und der CDU. Diese alten Koalitionen trugen die bislang beachtliche Stabilität des Wahlverhaltens

Die traditionelle Einteilung der Bevölkerung verband mit einer hohen Plausibilität auch ähnliche ökonomische und soziale Interessen, die emotional besetzt und politisierbar waren. Sie waren gelernt und entsprachen den in Parteien, Gewerkschaften und Verbänden organisierten politischen Strukturen. Selbst wenn man heute großen Gruppen von Arbeitnehmern unter diesem Gesichtspunkt noch – oder in den neuen Bundesländern wieder – einigermaßen ähnliche Interessen unterstellen könnte, so bedeutet dies nicht, daß sie auch gleichermaßen politisierbar und kommunizierbar geblieben sind.

Die organisatorische Bindewirkung der alten Konfliktmuster läßt nach. Die Anzahl der Arbeiter nimmt ab, es mehren sich Angestellte und Beamte, der Mittelstand wächst, das Bewußtsein ändert sich: Ca. 40% der Arbeiter halten sich heute für Angehörige des Mittelstandes, nur noch 10% möchten als »kleine Leute« bezeichnet werden. Solange Klassenparteien die ökonomischen Interessen ihrer Klientel vertraten, konnte vernünftigerweise ein Wahlverhalten angenommen werden, das dieser Interessenlage entsprach. Es war also zu erwarten, daß Makler und Zahnärzte FDP wählten und Arbeiter die SPD.

Bei der weitgehenden Auflösung ihrer historischen Fundamente ist es aber nur konsequent, wenn die Integrationskraft der großen Parteien zerfällt: Der Anteil von CDU und SPD zusammen ist – bei langsam aber stetig sinkender Wahlbeteiligung – von über 90% auf deutlich unter 80% der abgegebenen Stimmen gesunken. Die »große« Koalition wird immer kleiner. Aus den im 3. Kapitel gezeigten Gründen, halten sich die alten Bündnisse in den parteiinternen Machtstrukturen deutlich länger als zwischen der jeweiligen Partei und den entsprechenden Bevölkerungsgruppen außerhalb – und bremsen so notwendige Parteireformen. Nur durch herbe Verluste bei Wahlen könnte in den Parteien der Druck groß genug werden, damit sie zeitgemäße Strukturen und Arbeitsformen entwickeln.

In der Gesellschaft und in den Parteien verschieben sich die Gewichte zwischen neuen Themen, neuen Schichten und den tradierten. Für die SPD ist es besonders tragisch, daß die Orientierungsprobleme der Gewerkschaften kaum geringer sind als ihre eigenen und sich sowohl die Bindung der Arbeitnehmer an die Gewerkschaften wie auch die Bindungen der Gewerkschafter an die SPD lockern.» Insgesamt bestätigen sich frühere Befunde, daß die Arbeiterschaft in ihren Wahlentscheidungen sehr stark von politischen Rahmenbedingungen beeinflußt wird, also keinesfalls als sicheres Stimmenpotential der SPD betrachtet werden kann« (Gibowksi und Kaase zur Bundestagswahl 1990).

Aus heutiger Sicht war es bei Gründung der CDU ausgesprochen hellsichtig, sich nicht mehr auf ein Klasseninteresse, sondern auf ein allgemein konsensfähiges und als dauerhaft vermutetes christliches Weltbild festzulegen. Aus dieser ersten Offenheit hatte sich allerdings erst einmal ein katholisch konservativer Zusammenschluß entwickelt, der die meist größere Hälfte der Gesellschaft kulturell ausgrenzte – eine selbst geschaffene Beschränkung, die sich ganz langsam ein wenig löst.

Auch die Bindewirkungen der Kirchen zugunsten der CDU lassen nach. Damit löst sich sukzessive ein gesinnungsgemeinschaftlicher Werteverbund auf, der als kulturelles Milieu CDU-Anhänger prägte und nachwachsen ließ. Die ehemaligen »Herz-Jesu-Sozialisten« können sich ohne diese Milieubindung auch an der SPD oder den Grünen orientieren, der Mittelstand gleich an der FDP und viele verängstigte Kleinbürger nach rechtsaußen: Außer einigen Traditionsresten und der Machtbeteiligung der CDU hält ihre Wählerschaft nichts mehr zusammen.

In den beiden großen Parteien, so stellten Ursula Feist, Manfred Güllner (heute *Forsa*-Chef) und Klaus Liepelt (damals noch gemeinsam bei *Infas*) schon 1977 fest, unterscheiden sich neue Mitglieder wie Beitrittsbereite hinsichtlich Herkunft, Status, Ausbildung, Fertigkeiten und Einkommen nur unwesentlich. Seither ist die Entwicklung ein gutes Stück in dieser Richtung weitergegangen. Nun unterscheiden sich auch die Nichtwähler soziologisch nicht von den Wählern. Sie enthalten sogar einen großen Anteil von Parteisympathisanten. Man erkennt die Wähler einer Partei nicht mehr, jeder Bundesbürger könnte CDU/CSU, FDP, Grüne oder SPD wählen. Nur einige milieubezogene Konsensbildungen und spezifische Vorurteile begrenzen diese Freiheit noch.

In den statistisch eingeteilten Gruppen hatte bisher eher die SPD oder eher die CDU eine Mehrheit.«Grüne und FDP verfügen in keiner sozialen Gruppe über eine Mehrheit, können also nicht wie die großen Parteien, fest an sie gebundene soziale Gruppen als solche mobilisieren« (W. Wolf). Heute sind die fest gebundenen Gruppen auch für die großen Parteien nicht mehr sicher, und die Bindungen lassen in Zukunft noch weiter nach. Den großen Parteien sind keine gesellschaftlichen Bereiche mehr verblieben, in den sie wirklich dominieren.

Man kann zwar in manchen Schichten des Volkes noch Prioritäten für die eine oder andere Partei erkennen – beim gehobenen konservativen für die CDU, beim den traditionellen Arbeitern für die SPD –, muß aber erkennen, daß in allen Milieus alle Parteien ihren Anteil haben, auf den keine verzichten will. »Der entscheidende Faktor für den Eintritt in das eine oder andere politische Lager ist offenbar nicht mehr materieller Natur« (Fest et. al.). Es hat eher mit kulturellen Milieus zu tun und weniger mit ökonomischen Interessen und sozialen Defiziten. Der Zusammenhang zwischen Katholiken und der CDU war schon immer vor allem ein kultureller und nicht in materiellen Interessen begründet.

Wenn die historischen Begründungen der soziodemographischen Zuordnungen des Wahlverhaltens ihre sozialen, ökonomischen und geistlichen Fundamente verlieren, taugen sie immer weniger zur Erklärung aktueller Wahlentscheidungen und noch weniger als Basis für Prognosen. Wenn man heute feststellt, daß mehr Katholiken CDU wählen als SPD oder mehr Gewerkschaftsmitglieder SPD als CDU, hat sich ein aus der Entstehungsgeschichte unserer Parteien verbliebener Traditionsrest noch einmal statistisch bestätigt. Und was hat man von dieser Kenntnis? Nicht viel, denn wenn heute Arbeiter SPD und Katholiken CDU wählen, kann dies auch Gründe haben, die nichts mehr mit diesem Status »Arbeiter« oder »katholisch« zu tun haben. So suggeriert die Statistik eine Kontinuität, die als Wirkungszusammenhang gar nicht mehr sicher besteht.

Er kann zwar als Traditionsrelikt noch eine Weile bei Wahlen aufscheinen, taugt aber nicht mehr zur Erklärung: Sobald sich neue Konfliktkonstellationen entwickeln oder aktuelle Ereignisse zu neuen Entscheidungen über die persönliche politische Verortung drängen, brechen die Verhaltensmuster dieser Tradition weg, können ehemals treue Wähler der SPD zu den Republikanern wechseln und »gute« Katholiken die Grünen wählen. Wenn die Gewerkschaften »Wahlprüfsteine« veröffentlichen und die katholische Kirche für christliche Wahlentscheidung predigt, dann sind das allenfalls Restrituale der traditionellen Bündnisse.

Wenn Teile der den Parteien zugeordneten Gruppen aus ihrem Verhalten ausbrechen und ihrer Wahlentscheidung andere Kriterien, z. B. die ökologische Misere, zugrunde legen, wenn die Parteien eine eindeutige Interessenvertretung gar nicht mehr bieten, macht eine soziodemographische Einteilung nach dem alten Muster für die Wahlanalyse keinen wirklichen Sinn: Sie konnte nie nach Wahlmotiven scheiden und scheidet jetzt auch nicht mehr nach Sinnzusammenhängen. So bleiben die Emotionen ein Rätsel, die »klassische« Traditionswähler der SPD zu den ›Republikanern‹ umsteigen lassen, die einen katholischen Theologiestudenten bewegen, sich für die Grünen zu entscheiden.

Solange es den Sinnzusammenhang historisch gewachsener Bündnisse gab, waren individuelle Motivationen für die Analyse von Wahlentscheidungen unerheblich. Sie bewegten sich in der Struktur der Bündnislogik. Ob die einzelnen Wähler in Umfragen ihre Entscheidung der besonderen Attraktivität des Spitzenkandidaten, dem Programm, den Klasseninteressen, den Konzepten in einem besonderen Bereich oder mit der eigenen politischen Biographie begründeten, spielte höchstens insofern eine Rolle, als diese Rationalisierungen den Parteien ein Muster für Emotionalisierungen vorgaben, um die Wahlbeteiligung ihrer Anhänger zu erhöhen.

Damals waren die Fragestellungen einfach: Gehen die Anhänger zur Wahl, oder sind sie aus irgendeinem Grunde verärgert oder entmotiviert? Solange die traditionellen Strukturen noch prägend waren, brauchten auch die Volksredner der jeweiligen Seite noch keine großartigen sozialwissenschaftlichen Analysen. Sie waren selbst Teil der politischen Bewegung und konnten ausdrücken, was die Anhänger wollten – weil sie selbst so empfanden. Diese Fähigkeit ist heute in ihrer Wirksamkeit immer mehr auf die engere Mitgliedschaft der jeweiligen Partei reduziert, doch damit richtige Begeisterungsstürme zu verursachen, wird selbst auf

Parteitagen schwierig. Außerhalb dieser gesinnungsgemeinschaftlichen Restbestände in den Parteien, beim gemeinen Wähler also, verfangen diese einmal gelernten Muster nicht mehr.

Heute spielt die Motivation der Wähler für das Verständnis des Wahlverhaltens ein ganz neue Rolle, denn sie fällt aus der alten Bündnislogik. Sie wird damit individuell oder paßt in die Struktur von Milieubildungen, die sich aktuell und modisch jenseits sozioökonomischer Leitplanken entwickeln und wieder zerfallen.

Bei den üblichen Angaben über das Wahlverhalten werden statistische Zusammenhänge ausgewiesen, die aus historischen Gründen über eine gewisse Plausibilität verfügten. Aussagen der Statistiker wie »Arbeiter wählen bevorzugt SPD«, suggerieren einen Wirkungszusammenhang, so als sage man sich, »ich bin Arbeiter, also wähle ich SPD«, »ich bin Katholik, also wähle ich CDU«, »ich bin katholischer Arbeiter, also wähle ich um so eher SPD, je dichter mein Wohnviertel besiedelt ist«.

In den bisherigen Analysen wird das Wahlverhalten der Vergangenheit in die Zukunft fortgeschrieben und sowohl der statistische Zusammenhang wie der soziodemographische Status können für das subjektive Empfinden des so eingeteilten Wählers völlig unerheblich sein. In die ehemaligen Stammwählerbereiche sind inzwischen die anderen Parteien so stark eingedrungen, daß »Stammwähler« schon fast eine aufs Individuum bezogene Kategorie geworden ist.

Die zunehmenden Bindungsverluste in allen institutionellen gesellschaftlichen Bereichen haben »nebenbei« deutliche Konsequenzen für den Nachwuchs. Die Jugendlichen wachsen nicht mehr in jenen Erklärungskontext, der einst Stammwähler prägte. Mit der Auflösung der politischen Bindungen zerfällt auch die diesen Bindungen und Orientierungen entsprechende politische Sozialisation: Hier liegt ein Hintergrund für das mangelnde parteipolitische Interesse der Jugend. Diese Abwendung ist nicht umzukehren: Wenn sich die Jugend wieder einmal politisiert, wird sie das an anderen Konfliktmustern und in neuen organisatorischen Zusammenhängen tun.

Das Bild, das sich Jugendliche von Deutschland machen, ist weitgehend ohne historischen Ballast. Es wächst aus den Umständen, die sie aktuell selbst erleben. Sie tragen nur an ihrer persönlichen Umgebung, an den aktuellen Mühen und Aufgaben. Sie haben daher keine Schwierigkeiten, von überkommenen Institutionen Abschied zu nehmen, deren Verdienste sie nie selbst erfahren haben, die für sie nie Orientierungsgeber waren. Die Jugend erlebt sie nicht mehr selbst, sondern erfährt sie nur noch als Geschichte.

Für Wahlkämpfer kommt erschwerend hinzu: In den neuen Bundesländern haben sich die im Westen noch bestehenden, gelernten Parteiloyalitäten nicht entwickelt. »Die Trennung über die Dauer von zwei Generationen, politische Sozialisierung in konträren politischen Systemen, berufliche Anpassung und Eingliederung in unterschiedliche Wirtschaftssysteme, Teilhabe an politischer Entscheidung auf der einen, politische Bevormundung, ja Unterdrückung auf der anderen Seite haben zu unterschiedlichen Mentalitäten der Deutschen geführt – trotz des gemeinsamen Erbes, von dem aus die beiden deutschen Staaten jeweils ihren eigenen Weg nach dem Kriege nahmen« (U. Feist).

In den neuen Bundesländern sind die überlieferten politischen Bindungen nicht nachgewachsen, bzw. sind mit den politisch-demokratisch erfahrenen Vorkriegsaktiven langsam ausgestorben. Das Verhältnis zu den Parteien muß dort also erst wieder wachsen; und es entwickelt sich auf Basis der aktuellen Situation – ähnlich wie bei der Jugend – und nicht im Bezug auf die BRD-Geschichte.

Die Jugend in ganz Deutschland und auch die älteren »Ossis« sind in ihrem politischen Verhalten viel eindeutiger Repräsentanten aktueller Strömungen als die über dreißigjährigen »Wessis«, die aus ihrer immer wieder bestätigten politischen Sozialisation nur langsam in eine neue Lernphase finden. Insofern sagt die geringe Bereitschaft der Jugend und der »Ossis«, zu wählen und sich in den Parteien zu engagieren, sehr viel mehr über die aktuelle gesellschaftliche Rollenzuschreibung an Parteien aus als das Denken und Verhalten jener »Wessis«, die ihre eigenen in der alten BRD schon erworbenen Gewohnheiten fortsetzen.

Es handelt sich in Ost- und Westdeutschland um zwei politische Kulturen: In den verschiedenen Parteien werden die »Ossis« jeweils zu einer Subkultur, zu einer Minderheit mit entsprechenden Proporzanteilen, so einer Art »Ossiquote«. Das westliche Parteienmodell wurde nur oberflächlich in die fünf neuen Länder exportiert. Wer glaubte, in den neuen Bundesländern entwickle sich schnell eine politische Struktur wie im Westen, hat die Bedeutung sozialer Lernprozesse vernachlässigt.

Die schon oberflächlich sichtbaren Unterschiede sind:

- Die Parteibindung: Im Osten fühlt sich nur ein Fünftel gebunden, im Westen ca. die Hälfte.
- Die soziale Basis der Parteien: Viel mehr Arbeiter als im Westen neigen zur CDU. Die »klassenlose Gesellschaft« hat die Bindung an die Organisationen der Arbeiterbewegung ruiniert.
- Die Ost-Oppositionsparteien PDS und Bündnis 90. Letztere haben sich zwar mit den Grünen zusammengeschlossen, sind jedoch ein durchaus eigenes Gewächs.

Unterschiedliche Gruppen haben schon heute sehr unterschiedlichen Zugang zur Politik, und die Differenzierung wächst weiter: Manche klinken sich völlig aus, andere schimpfen nur herum, andere sind noch in traditionelle Strukturen eingebunden, andere sind informiert, können oder wollen sich aber nicht selbst einmischen, andere kümmern sich um politische Belange in ihrem persönlichen Nahbereich, andere wiederum gehören zu einer neuen Generation politisch Aktiver, die begriffen haben, daß kulturelle und zivilisatorische Qualitäten nicht von selbst entstehen.

Der Verlust an festgelegter Parteipräferenz mehrt die entscheidungsoffenen Wechselwähler: Im Laufe des Wahlkampfes nimmt zwar die Zahl jener zu, die sich entschieden haben, doch wird man mit einer von Wahl zu Wahl wachsenden Anzahl von Wählern zu tun haben, die noch bis zum Urnengang nicht entschieden sind, die erst in der Wahlkabine, unter dem Zwang sich nunmehr für dieses eine Mal festlegen zu müssen, nun tatsächlich ein Kreuz machen. »Langsam ist es an der Zeit, Wechselwähler als die normalen Wähler zu betrachten, die das tun, was sie in einer Demokratie ja auch sollen, nämlich wählen« (Warnfried Dettling). Die Zahl der Wechsel-, Rand- oder Nichtwähler überschreitet 50 % der Wählerschaft. Wie die letzten Wahlen gezeigt haben, ist der Übergang vom Stammwähler zum Wechselwähler ziemlich unkalkulierbar geworden. Wechselwähler sind vielleicht emanzipiert, meist aber verunsichert und Stimmungen unterworfen oder schließen sich dem erkennbaren Trend an.

Wechselwähler sind das eigentlich aufregende Objekt der Bemühungen im modernen Wahlkampf. Das Motiv, das Ihre Entscheidung prägen könnte, wird gesucht. Es geht in der Analyse der Wählerorientierung nicht um grundsätzliche Alternativen zwischen alten Werten und den neuen, sondern stets um die Frage, einen wie großen Anteil die alten Orientierungen noch ausmachen und wie man integrative Kommunikationsstrategien entwickelt, die diese Ungleichzeitigkeiten überbrücken. Politische Orientierung, die aus den Traditionen fällt, sucht sich in aktuellen, emotional wichtigen sozialen Zusammenhängen neue Begründungen.

Die lohnabhängigen Mittelschichten machen rund 50 % der Bevölkerung aus und sind eine wachsende Gruppe mit stark sinkender Parteibindung. Die meisten Wähler rechnen sich selbst zur Mitte. Deshalb zanken sich die Parteien ständig darum, welche nun die wahre Partei der Mitte sei. Sie sind wie ihre Wähler von einer weitgehenden Wertediffusion geprägt und bilden keine homogenen Gruppen mehr. Nach welchen Kriterien man auch immer sortieren will, ob nach Arbeitern oder Angestellten, ob nach Stadt- oder Dorfbewohnern, ob nach Ossis oder Wessis, nach Bildungsabschluß oder Konfession: Es lassen sich damit keine Gruppen beschreiben, die etwas politisch gemeinsam hätten, sich also einheitlich ansprechen ließen.

Die realen politischen Erwartungen der Bürger ergeben sich aus subjektiven Bedrohungsszenarien, die quer durch die bisherigen Gruppen gehen: Ob man sich von Arbeitslosigkeit, von Umweltkatastrophen, von der politischen Entwicklung in der Welt bedroht sieht, korrespondiert nicht mehr zwingend mit den bisher üblichen soziodemographischen Einteilungen.

Die großen Volksparteien haben um ihrer Machtfähigkeit willen unterschiedliche Bevölkerungsgruppen zu integrieren, die ihre jeweilige Eigenart aus der Zugehörigkeit zu Milieus und Schichten, den verschiedenen Standorten auf der Zeitachse und der Qualität der Informationsnutzung gewinnen. Obwohl weiterhin populär, taugt auch das Rechts-Links-Schema nicht mehr, um Wähler zuzuordnen. Es bleibt – mit abnehmender Abgrenzungsklarheit – noch als ein Stück politischer Folklore, dient vor allem noch als Stigmatisierung der radikalen Flügel in gegnerischen Parteien und der Rechtsradikalen.

Wenn sich die traditionsverwobene Parteibindung löst, muß jeder

Wähler neu darüber befinden, was für ihn eigentlich die Kriterien sind, nach denen er seine Wahl bewußt oder unbewußt ausrichtet. Jenseits klar definierter materieller Interessen, die nur sehr wenige parteipolitisch zuordnen können, bleiben dann entweder doch die kulturelle Tradition – hinter welcher Rationalisierung auch immer – oder eine Entscheidung, die stark von aktuellen Themen abhängt.

Um sich der Antwort zu nähern, versucht man neue soziodemographische Einteilungen. In Frankreich kam schon Ende der 70er Jahre die Lebensstilanalyse auf, die in der Bundesrepublik zehn Jahre später zur Einteilung der politischen »Kundschaft« an Bedeutung gewann. Man unterscheidet dabei die Wähler nicht mehr nach Status im Arbeitsprozeß, nicht mehr nur nach den üblichen sozioökonomischen Kriterien, sondern auch nach Lebens-, bzw. Konsumstilen.

Die Sinus-Studie, die im Jahre 1984 für die SPD angefertigt wurde, markierte die Abkehr vom alten Schichtenmodell. Damit folgte die Politik dem Vorbild der Marktforschung im Bereich der Konsumgüter. Der dort vorgelegte Milieuansatz wurde für Studien zum Konsumentenverhalten angelegt und bezieht sich auf Bildungsstand, Einkommen und Werteorientierung. Er wurde inzwischen zur »Lebensweltforschung« weiterentwickelt. Dabei werden vertikale Schichtung und Werteorientierungen zu Lebenswelten kombiniert, wird die Bevölkerung in Gruppen unterteilt, die nach diesen Merkmalen (sub)kulturelle Einheiten bilden.

Die Milieustudie sorgte in der SPD für Aufregung, weil nun auch wissenschaftlich nachgewiesen war, daß ihre Wählerschaft in Lebensstil und Wertehaltung keineswegs homogen ist. Alte und Junge, Frauen und Männer, traditionsgebundene und moderne Arbeitnehmer, Intellektuelle und Arbeiter, Spießer und Progressive und nun auch noch »Ossis« und »Wessis« mit jeweils beachtlichen Unterschieden in Werteorientierung und Konsumniveau leben als potentielle SPD-Wählerschaft nebeneinander her. Auch in ihren politischen Vorstellungen und Prioritäten haben sie nicht viel miteinander zu tun. Die Wählerschaft der CDU ist ähnlich vielfältig

So führt die Zielgruppenbestimmung zu einem merkwürdigen Ergebnis: Eingeteilt nach Tradition (kirchlich oder gewerkschaftlich gebundene Wähler), nach statistischen Daten (Jugend, Alte, Frauen etc.), nach dem Proporz innerparteilicher Arbeitsbereiche (Vereinigungen, Arbeitsgemeinschaften), nach aktuellen politischen Themen (Arbeitslosigkeit, Mieten, Renten etc.) und schließlich auch nach Lebenswelten ergeben diese Wählergruppen schließlich wieder die Gesamtbevölkerung.

Als konkretes Ergebnis dieses ganzen Umwegs bleiben vielleicht Konzepte für einige *Zielgruppenbroschüren*. Sie enthalten politische Angebote, die sich auf ausgewählte Lebenssituationen (in der Schule, beim Arzt, im Beruf, in der Ausbildung etc.) beziehen.

Die Schwierigkeit besteht nun darin, die definierten Zielgruppen mit politischen Themen zu kombinieren, die so stark politisieren und polarisieren, daß man ihnen eine Bedeutung für das Wahlverhalten zurechnen kann. Die soziodemographischen Zielgruppen (z. B. junge Arbeiter oder Rentner) müssen unter kommunikativen Gesichtspunkten keine Gruppe sein, die unter politisch relevanten Kriterien gemeinsam ansprechbar ist. Auch die Einteilung nach irgendeiner besonderen Eigenschaft (als Lehrer, als Familienvater oder was auch immer) garantiert nicht, daß die so Angesprochenen sich in ihrer politischen Entscheidung an diesem Lebensbereich ausrichten.

Selbst wenn viele Wähler ein Thema in einer Umfrage als »wichtig« oder »sehr wichtig« ankreuzen, sagt diese Bewertung noch nicht, daß die Alternativen zwischen den Parteien in diesem Thema für die Wahlentscheidung tatsächlich eine Bedeutung haben. In der Umkehrung bedeutet die subjektive Themenhierarchisierung ja auch, daß es einen Wähler nicht abhalten muß, die Partei XYZ zu wählen, wenn er deren Positionen im ein oder anderen Fall für falsch hält. Es genügt, daß er in dem für ihn entscheidenden Punkt mit ihr übereinstimmt.

Der zunehmende Verlust alter Regeln führt auch dazu, daß immer mehr Wähler keine inneren Konflikte mehr verspüren, wenn sie in einem politischen Thema eher der CDU, bei einem anderen eher der SPD, bei einem dritten eher den Grünen zustimmen. Wir haben in Europa jedoch noch nicht die Offenheit der politischen Kultur der USA erreicht. Dort gilt das Bekenntnis zur einen oder anderen Partei als Frage persönlicher Vorlieben, so wie die einen Basketball und die anderen Football bevorzugen. Das ehrenamtliche Engagement bei den Republikanern oder Demokraten gilt als eine Art honoriger Dienst für

gemeinschaftliche Anliegen – andere engagieren sich bei einem Wohl-
fahrtsverband oder in einer Bürgerinitiative. Es ist durchaus nicht unge-
wöhnlich, auf Parties und im persönlichen Freundeskreis Mitglieder
oder bekennende Wähler beider Parteien zu haben. Die Europäer holen
auf. Auch bei uns wird die Frage, welche Partei man wählt, zu einer
Sache des persönlichen Geschmacks. Parteipräferenzen werden weiterhin an Bedeutung für soziale Zuordnung und Identifikation verlieren.

Die traditionelle Haltung der Wähler war: Ich wähle die Partei XYZ,
weil sie die Interessen von meinesgleichen vertritt. So besehen war das
Wahlverhalten eine Konsequenz sozialer Determinanten, also im
Grunde gar keine Entscheidung. Die Haltung moderner Wähler wäre:
Ich möchte, daß die folgenden drei Aufgaben vernünftig erledigt wer-
den und ich wähle die Partei, der ich das am ehesten zutraue.

Entsprechend dieser Wählerhaltung wurde in den USA eine Zielgruppenbestimmung entwickelt, die nun auch bei uns Fuß faßt. Man
fragt nur noch nach der Zustimmung oder Ablehnung in Bezug auf
einige besonders wichtige Themen oder Fragestellungen. Dies Grundmuster bedeutet: Für jedes Thema sind die Zielgruppen nach den bisherigen Kriterien anders zusammengesetzt. Man teilt die Wähler nach
deren Haltung zu den eigenen Angeboten ein.

Als Folgerung aus dem Zerfall umfassender und identifizierbaren
Bevölkerungsgruppen zurechenbarer Deutungsmuster, schlägt der Poli-
tikwissenschaftler Ulrich Sarcinelli, dem amerikanischen Vorbild fol-
gend, der SPD vor, neue kommunikative Milieus zu schaffen. Das sind
keine sozialen Bündnisse nach tradiertem Muster mehr, sondern an einzelnen Zielen orientierte Deutungskoalitionen, keine langfristige Wer-
tegemeinschaft, sondern Übereinkünfte von Fall zu Fall.

Diese neuen Bündnisse in, zwischen und mit Wählergruppen sind
symbolisch-inhaltlich und sind nicht sehr verläßlich, sondern in ständiger Gefahr, wieder auseinander zu brechen. Es gibt kein egoistisches
materielles Interesse, sie beizubehalten, sondern höchstens so etwas
abstraktes wie politische Vernunft. Daher benötigen sie, um zu halten,
andauernde politisch organisierte Bestätigung. Sie sind keine ideologischen oder verteilungspolitischen Bündnisse mehr, sondern Abreden zu
gegenseitigem Nutzen. Und wenn andere Verbindungen nützlicher
scheinen, wendet man sich diesen zu. Sie müssen also – wie die »Re-

genbogenkoalition« der Demokraten (USA) – von Wahl zu Wahl immer wieder neu organisiert werden. Die NRW-SPD war hierzulande mit ihrem »Bündnis der Vernunft« Vorreiter auf dem Weg zu neuen Wählerkoalitionen.

Die moderne Zielgruppenbestimmung entspricht zwar zunehmend der Wirklichkeit im Volke, doch haben die Parteien ihre innere Struktur noch nicht entsprechend geordnet, tun sich also mit so einer Zielgruppenarbeit schwer. Sie wird in der alltäglichen Arbeit der Parteien noch nach sozialstrukturellen Merkmalen organisiert, nach einer Referatsstruktur, die nach Alter (Jugend, Senioren), Geschlecht (Arbeitsgemeinschaft der Frauen), Beruf (Arbeitsgemeinschaft für Arbeitnehmer, für soziale Berufe, Juristen etc.), Religionszugehörigkeit (Referate für Protestanten und Katholiken) zugeordnet ist.

Diese Merkmale haben mit den in verschiedenen Studien vorgelegten Einteilungen des Volkes nach Konsummilieus nichts zu tun. Sie haben erst recht nichts mit den thematischen Linien zu tun, die heute Einfluß auf das Wahlverhalten haben. So schafft man keine »kommunikativen Milieus«.

# 8. Orakel:
# Demoskopie und Wählerforschung orientieren ungefähr

In Deutschland ist die parteipolitische Orientierung Privatsache und wurde bis in die 70er Jahre hinein strenger geheim gehalten als die Religionszugehörigkeit. Damals machte der junge Soziologe Erwin Scheuch das Paradoxon aus, »daß die Mehrheit der deutschen Bevölkerung behauptet, sich für Politik nur wenig zu interessieren, und daß sich im allgemeinen die Menschen in der Bundesrepublik mit bestimmten politischen Ansichten, Programmen oder Parteien nur schwach identifizieren. Und doch scheint ein Wechsel im Wahlverhalten, die Wahl einer anderen politischen Partei als bisher, von starken Affekten begleitet zu sein.« So ein Wechsel käme gar einer Sünde gleich. Die Zeiten haben sich geändert.

Scheuch fand auch heraus, daß es in vielen Familien nicht gerne gesehen würde, wenn man in eine Familie heiratet, die anders wählt. Dieser soziale Druck war aber nicht öffentlich sichtbar und so entstand der täuschende Eindruck einer großen Homogenität. Die tatsächliche Vielfalt verschwand hinter einer Fassade allgemeiner Angepaßtheit. Die Menschen wollen Ablehnung, Mißachtung und Isolation vermeiden, suchen nach Popularität, Anerkennung und Sympathie. Die Befürchtung, sich zu isolieren, macht viele Menschen vorsichtig. Sie halten mit ihrer Meinung hinterm Berg, äußern sich nur dann öffentlich, wenn sie sich mit ihren Ansichten in guter und möglichst großer Gesellschaft sehen, und scheuen davor zurück, mit Auffassungen aufzufallen, die jenseits des tatsächlichen oder so empfundenen Mainstreams liegen. So verstärkt sich der Eindruck von der Dominanz einer bestimmten Ansicht.

Die konsequente Fortsetzung dieses Gedankens ist die »schweigende

93

Mehrheit«, die sich selbst als Minderheit erlebt, weil sie eben schweigt und in der öffentlichen Meinung keine Rolle spielt. Die Wahlforscherin Elisabeth Noelle-Neumann nannte diesen Zusammenhang »Schweigespirale« und kehrte ihn anläßlich der Bundestagswahl 1976 gegen das Fernsehen: In den Redaktionen und bei den Kameraleuten dominierten SPD-Anhänger und die würden den CDU-Kandidaten Helmut Kohl ständig aus ungünstiger Perspektive aufnehmen und so eine derart günstige Stimmung zugunsten der amtierenden Regierung erzeugen, daß die CDU-Anhänger es nicht mehr wagten, sich öffentlich zu ihrer Partei zu bekennen. Die Allensbach-Chefin konnte sich mit dieser Medienschelte allerdings in ihrer Branche nicht durchsetzen.

Richtig aber ist, daß es nach 1969 auch für eher bürgerliche Kreise gesellschaftlich akzeptabel wurde, sich zur SPD zu bekennen. Es folgte eine richtige Bekenntniswelle. Sie hatte 1972 ihren Höhepunkt, ließ bis zum Wahlkampf Schmidt gegen Strauß 1980 langsam nach und versiegte dann völlig. Damals gehörte es zum guten Ton, sich für Politik zu interessieren, »Politikverdrossenheit« war noch nicht entdeckt. Aber auch in Zeiten großer Zustimmung war bei uns das Verhalten vieler Bürger der USA undenkbar, in Wahlkampfzeiten die eigenen Wohnungsfenster mit Wahlaufrufen und -plakaten zu behängen. So viel Entschiedenheit stellen in Deutschland noch nicht einmal die Parteimitglieder zur Schau.

Die Bereitschaft, sich als Anhänger und Wähler einer Partei zu bekennen, ist im Volke nicht gleichmäßig verteilt, und aus diesen Unterschieden ergibt sich eines der harmloseren Probleme politischer Meinungsforschung. Konservative ältere Menschen und ängstliche Kleinbürger scheinen bei Umfragen häufig ihre CDU-Präferenz zu verschweigen. Dies könnte erklären, warum die SPD in Umfragen sehr oft günstiger abschneidet als bei der dann folgenden Wahl.

Im Zeitalter drastischer Veränderungen wird es immer schwieriger, statistisch verwertbare Merkmale mit politischer Orientierung in Zusammenhang zu bringen. Die Forschung versucht zwar, neue Gruppen zusammenzufassen, wird aber immer wieder von gesellschaftlicher Entwicklung überholt. Jede gesellschaftliche Mobilität wirft die statistischen Gruppen durcheinander. Das ist eine Ursache für die sich mehrenden »Niederlagen« der Demoskopen. Der moderne Individualismus führt dazu, daß schließlich jeder nur für sich selbst repräsentativ ist. Doch auch die Statistik selbst hat ihre Tücken.

Die sicherste Grundlage der Wahlforschung sind die tatsächlich ausgezählten Wahlzettel und der bei der Wahl selbst vorgenommene Mikrozensus. Das ist eine repräsentative Erhebung des statistischen Bundesamtes in 2700 der ca. 80000 Wahlbezirke des Bundesgebietes von heute. Dabei werden, auf die individuellen Wähler bezogen, Alter, Geschlecht und die Verteilung der Erst- und Zweitstimmen erhoben. Die Ergebnisse werden dann auf alle Wahlberechtigten hochgerechnet und gelten als sehr genau. Alle anderen Unterscheidungen, etwa Religionszugehörigkeit, Gemeindegröße oder die Stellung im Arbeitsleben werden aus »Aggregierten« Daten, also aus dem Vergleich der Wahlergebnisse mit den Strukturdaten von Gemeinden gewonnen und sind schon etwas weniger exakt.

Die berühmte Analyse der »Wählerwanderungen«, die an den Wahlabenden den Fernsehzuschauern vorgeführt wird, basiert auf Befragungen von Wählern, die gerade das Wahllokal verlassen (exit polls). Der Vorteil dieser Methode ist, daß man Personen befragt, die tatsächlich gewählt haben. Die Probleme liegen – wie bei der Zielgruppenbestimmung nach soziodemographischen Daten – in der zunehmenden Unsicherheit darüber, für wen die Befragten nun eigentlich repräsentativ sind, und ob die ausgewählten bei vorangegangenen Wahlen »typischen« Wahlkreise auch diesmal für ähnliche Wahlkreise stehen. Besonders problematisch ist es, mit der im Westen entwickelten Bevölkerungseinteilung in den neuen Bundesländern Personen und Wahlkreise »repäsentativ« auszuwählen, denn dort haben sich die Milieus mit ähnlicher politischer Orientierung nicht nach den im Westen bisher gängigen Bindungen entwickelt.

Was neben den Auswertungen des statistischen Bundesamtes an Daten über Wähler und Wahlverhalten auf den Markt kommt, ist das Ergebnis von »repräsentativen« Umfragen. Das ist aber eine Methode mit eingebauten Fehlern. Es kann hier kein Exkurs in die Untiefen statistischer Berechnungsverfahren eröffnet werden, dennoch sind einige grundsätzliche Anmerkungen unerläßlich, um der tatsächlichen Bedeutung inzwischen allgegenwärtiger Demoskopie gerecht zu werden und diesen Umfragen die spielerische Ebene zurück zu geben, die ihnen angemessen ist.

Sie droht verloren zu gehen, da immer mehr Blätter und Sender Voraussagen und Prognosen zu einem festen Bestandteil der Berichterstattung und damit zu einem scheinbar auf Tatsachen gestützten Allgemeingut machen. Die Ergebnisse der demoskopischen Bemühungen werden in schönen Grafiken als Bestandteil farbiger Torten oder in Form roter, grüner, gelber oder schwarzer Türme präsentiert und in Zahlen dargeboten, die bis auf die Stellen hinter dem Komma eine Genauigkeit suggerieren, die keine Grundlage in der Berechnungsmethode hat.

Bei den üblichen Sonntagsfragen werden zwischen 800 und 2000 Personen befragt. Bei 1 200 Befragten steht einer für rund 50 000 Wahlberechtigte. Sie können auf jene Merkmale bezogen, die Fernsehzuschauer aus der Wahlberichterstattung kennen (Alter, Geschlecht, Berufsstatus, Religionszugehörigkeit, Gemeindegröße), kein Abbild der Bevölkerung sein. Man müßte Personen, die in allen Merkmalen übereinstimmen, zu Gruppen zusammenstellen, z. B. also evangelische Frauen im Alter zwischen 25 und 35 Jahren, die im öffentlichen Dienst beschäftigt sind und in Gemeinden wohnen, die weniger als 10 000 Einwohner zählen. Personen, die auch nur in einem der Merkmale abweichen, gehören in eine andere Gruppe. Selbst wenn man nur das Geschlecht, vier Alters- und vier Berufsgruppen miteinander kombinieren will, bekommt man 32 Untergruppen, die man entsprechend ihrem Anteil an der Gesamtbevölkerung aufzufüllen hat.

Bei einer üblichen Stichprobengröße wird dann die jeweilige Anzahl der Befragten derart klein, daß es nach allen Regeln der statistischen Kunst nicht mehr vertretbar wäre, die Ergebnisse hochzurechnen. Ausreichend große Gruppen zu befragen, würde die Kosten deutlich erhöhen, und daher verläßt man sich im demoskopischen Alltag auf das Hilfsmodell » Zufallsauswahl «.

Die mit dieser Methode gewonnene Stichprobe soll » repräsentativ « sein, weil alle Wahlberechtigten die gleiche Chance haben, befragt zu werden. Ob diese theoretisch gleiche Chance sich auch realisiert, hängt vom Auswahlverfahren, von der Erreichbarkeit der Ausgewählten und von der Anzahl jener ab, die die Auskunft verweigern. Tatsächlich fallen regelmäßig über 20 % der zufällig Ausgewählten für die Befragung aus. Als weiterer Unsicherheitsfaktor kommen jene hinzu, die den Interviewern einen Bären aufbinden.

Aber selbst wenn die Auswahl den theoretischen Erfordernissen entspräche, bleibt noch ein grundlegendes systematisches Problem: Bei der Auswahl von 1.200 Personen aus ca. 60 Mio. Wahlberechtigten ergibt sich eine Anzahl an Kombinationsmöglichkeiten, die mehrere tausend Stellen hat. Die Möglichkeiten bei 6 aus 36 sind im Vergleich dazu sehr gering. Jede solche Zufallsauswahl ist ein Einzelereignis und daher von den Resultaten früherer Umfragen ebenso unabhängig wie die Ziehung der Lottozahlen von vorausgegangenen Ziehungen.

Absurde Ausreißer, etwa nur CDU-Wähler zu erwischen, sind rein mathematisch ebenso wahrscheinlich, wie eine Verteilung, die exakt dem kommenden Wahlergebnis entspricht. Extreme Abweichungen sind als Fall unter vielen prinzipiell nicht auszuschließen. Betrachtet man die Ergebnisse ganz vieler Stichproben, so gruppieren sich deren Wahlaussagen nach den Regeln der Normalverteilung um die wirkliche Verteilung im Volke. Die entscheidende Frage ist, wie nahe?

Im Fachbereich Mathematik der Universität Wuppertal hat Fritz Ulmer diese Methode der Zufallsauswahl am Computer simuliert. Er ging dabei vom realen Ergebnis der Bundestagswahl 1987 aus und entnahm nach optimalen Bedingungen (keine Ablehnung der Auskunft, keine falschen Angaben, keine Interviewerfehler) Stichproben der üblichen Größenordnung. Dabei ergaben sich jeweils Abweichungen vom Ursprungsergebnis. Wird dieser Vorgang dann sehr oft wiederholt, bekommt man schließlich Aussagen, wie: »50% der Ergebnisse weichen weniger als 2% vom Ergebnis ab« – oder anders herum betrachtet: »50% der Ergebnisse weichen mehr als 2% vom Ergebnis ab.«

Jede »repräsentative« Auswahl weicht also in ihrer Zusammensetzung mit einer berechenbaren Wahrscheinlichkeit in einer bestimmten Marge von der Grundgesamtheit (= alle Wahlberechtigten) ab. Der konkreten Auswahl bei einer Umfrage sieht man den Grad und die Richtung (größer oder kleiner) der Abweichung nicht an.

Jede aus Umfragen gewonnene und hochgerechnete Zahl ist – von allen anderen Fehlerquellen abgesehen – ein Kompromiß zwischen zwei Größen, die in entgegengesetzte Richtung weisen: Da ist einerseits der Grad an Wahrscheinlichkeit mit dem das Ergebnis innerhalb eines angegebenen Bereiches liegt. Da ist zum anderen der Umfang dieses Bereiches. Man kann nur eine der beiden Größen präzisieren, die andere wird dann ungenauer: Will man eine ganz hohe Wahrscheinlich-keit, daß das Ergebnis der Wirklichkeit entspricht, wird auch der Be-reich breiter, in dem es liegt. Verkleinert man das Spektrum, sinkt die Wahrscheinlichkeit, daß das Ergebnis stimmt.

Als Konsequenz dieser Zusammenhänge müßten die Auskünfte der Demoskopen folgendem Muster entsprechen: Das Ergebnis liegt mit einer Wahrscheinlichkeit von (W)x% im Spektrum zwischen a und b%. Veröffentlicht werden aber Vorhersagen wie: Die CDU steht bei 35,5%. Das beeindruckt die Leser und Zuschauer. Tatsächlich aber müßten die Angaben, den tatsächlichen Möglichkeiten des Verfahrens entsprechend, etwa so lauten: Würde am Sonntag gewählt, läge das Ergebnis der CDU mit einer Wahrscheinlichkeit von 92% zwischen 32 und 39%. (35,5 ± 3,5%) Und für die SPD könnte es entsprechend so aussehen: Die SPD erreicht 36% ± 3,5%, W = 92.

Diese Unsicherheiten sind unausweichliche Begleitumstände solcher Hochrechnungen aus »repräsentativer« Zufallsauswahl. Will man aber die Fehlerquote auf z. B. 1% für die großen und 0,5% für die kleinen Parteien reduzieren, dann sackt nach dem erwähnten Zusammenhang die Wahrscheinlichkeit, daß eine Zufallsauswahl in dieses Spektrum trifft, auf unter 15%. Oder anders ausgedrückt: Mit einer Wahrschein-lichkeit von über 85% ist diese Voraussage falsch.

Erst bei einem Prognosespektrum von 8% für die großen und 4% für die kleinen Parteien wächst die Wahrscheinlichkeit, daß das Ergebnis in dieser Marge liegt, auf nahezu 100%. Je sicherer die Voraussage, desto grö-ßer die Marge, desto banaler also das Ergebnis: Für die sichere Voraussage, die CDU käme, würde am Sonntag gewählt, auf ein Ergebnis zwischen 29 und 45%, braucht man keine teuren Umfragen. Die Antwort auf die immer wieder aufregende Frage aber, ob die CDU oder die SPD gerade vorne liege, bewegt sich meist im Bereich zufälliger Abweichung.

Für die Beurteilung veröffentlichter Umfrageergebnisse bedeutet dieser Unsicherheitsbereich, daß zwei am gleichen Tag vorgenommene Umfra-gen zu deutlich unterschiedlichen Ergebnissen kommen können. Außer-dem können bei den im wöchentlichen oder monatlichen Rhythmus als Trenduntersuchung angebotenen Umfragen große Schwankungen auftre-ten ohne daß auch nur ein einziger Wähler seine Meinung geändert hat.

Sind diese Anmerkungen übertrieben und pedantisch? Keineswegs, wie ein zufällig ausgewähltes und insofern »repräsentatives« Beispiel erkennen läßt: Mitte Juli 1993 wurde von den Agenturen *dpa* und *ap* eine Meldung verbreitet, die der Kölner Stadtanzeiger wie folgt zusammenfaßte: »Während in einer *Forsa*-Umfrage jeweils 29% Kohl und Scharping als neuen Kanzler haben wollten, sprachen sich bei *Infas* 50% für Scharping und 41% für Kohl aus. Bei *Infas* verbesserte sich Scharping gegenüber Juni um einen Punkt, bei *Forsa* sackte er um 11 Punkte ab. Kohl verbesserte sich jeweils um drei Punkte.«

Abgesehen davon, daß *Forsa* diejenigen besonders hervorhebt, die sich weder für den einen noch für den anderen entscheiden, während *Infas* auf die Entscheidung hinarbeitet und die Unentschiedenen also aufteilt – was den Unterschied in der absoluten Höhe erklärt –, sind die völlig unterschiedlichen Trends – die üblichen seriösen Methoden vorausgesetzt – nur als zufällige Addition systembedingter Fehler zu verstehen. So weit kann das Spektrum im Alltag schon gehen. *Die Welt* kündigte den Demoskopen für das Jahr 1994 ein Debakel an.

Die Zusammenhänge von Wirklichkeit und Wahrscheinlichkeit sind den Instituten natürlich bekannt. Man lernt sie in den Grundkursen jeder Statistikausbildung. Was tun? – Nachbessern! Zwischen den Rohzahlen und der Prognose bei der berühmten Sonntagsfrage stecken unterschiedliche Methoden der Gewichtung. Jedes Institut hat dafür ein Geheimrezept entwickelt, das sich öffentlichen Einblicken entzieht.

Die beliebteste Methode ist die sogenannte *Recall-Frage:* Man läßt die Interviewten notieren, was sie denn das letzte Mal wählten und vergleicht die Summe dieser Angaben mit dem tatsächlichen Wahlergebnis. Entsprechend wird die aktuelle Umfrage korrigiert: Hat man im Verhältnis zum letzten Wahlergebnis zu wenig CDU-Wähler in der Umfrage, wird die CDU nach oben gewichtet, hat man zu wenig SPD-Wähler, dann eben die SPD.

Sollte diese Anpassung aber rechnerisch größer ausfallen als nach allen Erfahrungen plausibel anzunehmen wäre, wird sie nach jeweils instituseigenen Kriterien noch einmal verbessert. »Eine fundierte theoretische, wissenschaftliche Grundlage dafür gibt es nicht,« zitiert die *Wirtschaftswoche* einen Herrn Jung von *Basisresearch.* Das ist vielmehr ein Versuch, der schieren Spekulation einen gewissen Anschein wissenschaftlicher Begründung zu verleihen.

Neben dem Problem der »kommunizierenden Röhren« Abweichung und Wahrscheinlichkeit gibt es noch eine ganze Reihe von Fehlerquellen, die mit der Befragung als Kommunikationssituation, der Qualität der Fragen und der Auswahl der Befragten zu tun haben: Wer macht schon seine Auswahl so fehlerfrei wie ein Computer?

Um wenigstens einen minimalen Level wissenschaftlicher Aufrichtigkeit zu wahren, hat in den USA die American Association for Public Opinion Research die sogenannten *AAPOR-Standards* empfohlen. Danach sollen bei der Präsentation von Umfrageergebnissen die folgenden Angaben nicht fehlen:

> Stichprobengröße,
> die für die Umfrage verantwortliche Organisation,
> kompletter Wortlaut der Fragen,
> Stichprobenfehler,
> Grundgesamtheit,
> Methode (schriftlich, persönlich, telefonisch),
> Zeitpunkt und -raum der Befragung.

Wer wieder einmal Umfrageergebnisse zu Gesicht bekommt, wird »mit hoher Wahrscheinlichkeit« feststellen, daß man weder die genauen Fragen noch ein Wort über Stichprobenfehler erfährt.

Anstelle der eigentlich nötigen Auseinandersetzung über Kosten, Nutzen und Funktion von Forschung und Demoskopie, wird in den Medien immer wieder die Frage aufgeworfen, was denn beim Wähler passiere, wenn er die Ergebnisse von Umfragen erfährt. Die Spekulationen blühen bunt vor sich hin. Sie sind allerdings angesichts der Prognosensicherheit einigermaßen unerheblich: »Wer die Veröffentlichung von Umfragedaten für problematisch hält, weil der Bürger in seiner Wahlentscheidung beeinflußt werden könnte, muß erklären, wieso Umfragedaten überhaupt einen Einfluß haben können, wenn der Wähler mündig, d. h. fähig ist, ›sich seines Verstandes ohne Leitung eines anderen zu bedienen‹« (A. Engel). Es kann nicht schaden, wenn man den Wählern solche Zahlen veröffentlicht und ihnen auch noch dazu sagt, zu welchem Spiel sie gehören.

Es macht Sinn, sich so zu verhalten, als wären die Bürger politisch mündig. Jeder sollte sich mit den Informationen versorgen dürfen, die er für seine Wahlentscheidung für maßgebend hält. Und wenn jemand sich an Umfragen orientieren möchte, sollte er dazu die Möglichkeit haben. Da jede Information über Parteien, Politiker, Stimmungen, Themen etc. das Wahlergebnis beeinflussen könnte, zieht man ja nicht den Schluß daraus, solche Informationen zu unterbinden. Und eine saubere Trennung zwischen demokratietheoretisch akzeptablen Entscheidungskriterien und eher abträglichen kann nicht sinnvoll gezogen werden.

Auf die Frage, welche Wirkung es haben werde, daß die Leiter der sieben führenden Umfrageinstitute der CDU/CSU keine Chance geben, die Bundestagswahl (5. 10. 80, Schmidt statt Strauß) zu gewinnen, antwortet ein Herr Tacke von *Emnid* im *Spiegel* (26/80): »Das wird niemand sagen können, wie auch keiner von uns weiß, wie viele Bürger sich an Umfrageergebnissen orientieren, die gerade zu Wahlzeiten häufig veröffentlicht werden. Und wir wissen erst recht nicht, welche Schlüsse diejenigen Bürger aus den Zahlen ziehen, die sie aufmerksam lesen.« Die Effekte veröffentlichter Umfragen sind analytisch nicht sauber von anderen Einflußfaktoren zu trennen.

In den Parteien nimmt man bei prognostiziertem Kopf-an-Kopf-Rennen einen gewissen Mobilisierungsfaktor an. Man erwartet insbesondere Effekte für Parteien, die um die 5 %-Marke kreisen und unterstellt dabei ein rationales Wählerverhalten in dem Sinne, daß niemand seine Stimme »verlieren« möchte. Die Wähler nähmen von Parteien Abstand, denen vorausgesagt wurde, das erforderliche Minimum nicht zu erreichen. Es könnte aber auch anders kommen: So werden aber auch gewisse Mobilisierungseffekte bei den Anhängern vermutet, die alles tun, um der eigenen Partei trotz ungünstiger Voraussagen ins Parlament zu verhelfen.

Es wird also mit Gegenpaaren spekuliert, die einerseits mobilisierende und andererseits demobilisierenden Wirkungen unterstellen. Mögliche Reaktionen sind demnach:

• Defätismus. Die Anhänger einer Partei, der eine Niederlage angekündigt wird oder die keine Chance hat, an die Regierung zu kommen, bleiben in größerer Anzahl zu Hause als bei Wahlen mit Gewinnaussicht. Auf diese Weise kann man z. B. zu erklären versuchen, warum die CDU in NRW bei Landtagswahlen absolut sehr viel weniger Wähler an die Urnen bringt (1990: 3,41 Mio.) als bei Bundestagswahlen (1990: 5,28 Mio.), während die SPD bei Landtagswahlen (1990: 4,6 Mio.) viel näher nahe an ihr Bundestagsergebnis (1990: 5,38 Mio.) heranreicht.

- Lethargie. Das Gefühl, unschlagbar zu sein, kann die Anhänger des erwartbaren Siegers dazu veranlassen, auf ihr Votum zu verzichten.
- Band-waggon-Effekt. Ein angekündigter Sieger zieht unentschlossene Wähler an. Man möchte gerne bei der Mehrheit sein.
- Underdog-Effekt. Man wählt extra den angekündigten Verlierer, damit dem Sieger eine starke Opposition gegenübersteht.

Was aber tatsächlich wirkt, weiß man nicht. Solche theoretischen Modelle bedeuten für Wahlkämpfer eine zusätzliche Belastung: Ähnlich wie bei vielen Instrumenten der Wähleransprache ist ja nicht auszuschließen, daß sie wirken. So muß man sie also berücksichtigen. Wem der Sieg angekündigt ist, der möchte die Wähler der Konkurrenten demotivieren, die eigenen motivieren – und umgekehrt. Ein weiterer Unsicherheitsfaktor bei der Wirkungsanalyse ist, daß das Publikum Umfrageergebnisse selektiv wahrnimmt – nach Maßgabe jeweiliger Bedürfnisse und Interessen.

Die Höhe der Wahlbeteiligung allein bedeutet keinen Gewinn für die eine oder andere Partei. Es kann erhebliche Unterschiede machen, ob mehr Rentner oder mehr junge Leute zur Wahl gehen, ob mehr Arbeiter oder mehr Bauern. Wer Nachteile hatte, lassen die ausgezählten Stimmen erkennen. Nach den Daten den statistischen Bundesamtes und der *exit-polls* kann die Wählerwanderungsanalyse zwar nicht wirklich exakte Zahlen, jedoch einige Anhaltspunkte liefern, welche Wählergruppen zu Hause geblieben sind – mit den zunehmenden Unsicherheiten über die Aussagekraft dieser Daten. Über die eigentlich entscheidende Frage aber kann man nur spekulieren: Warum haben sich viele Hunderttausende so verhalten?

Auch jenseits des Statistikproblems ist der Nutzen der Forschung nicht sonderlich aufregend. Selbst wenn man weiß, daß bisher berufstätige evangelische Frauen über 35, die in Städten mit mehr als 50000 Einwohnern wohnen, bevorzugt SPD wählten, kann man erst einmal nur spekulieren, was man als Wahlkämpfer der SPD tun könnte, um diesen Trend zu stabilisieren und auf andere Frauen auszudehnen oder seitens der CDU, um diese Entwicklung zu eigenen Gunsten zu wenden. Man kann diese Frauengruppe natürlich beforschen und hat dann einige Anhaltspunkte, um die Spekulation zu fundieren. Man bewegt sich dabei immer in einer Unschärferelation: Je genauer man die Motive erforscht, desto kleiner wird die Gruppe, für die die Ergebnisse gelten und damit wird der statistische Unsicherheitsfaktor wiederum größer.

Die Ansicht, was die Wähler in Umfragen als wichtige Aufgabe angeben, entscheide auch ihr Wahlverhalten, ist nicht belegt. Auch für jene, die die Asylfrage als besonders wichtiges Thema angeben, kann die Wahlentscheidung viel mehr von Tradition, von wirtschaftlichen Zukunftsängsten oder anderen Faktoren abhängen. Umfragen tragen zur Verwirrung bei, denn sie fragen Themen so ab, wie die Politik sie vorgibt. Wenn Politik ein Thema eine Weile wichtig macht, wie die CDU die Blauhelm-Frage, dann steigt dieses Thema in Umfragen erkennbar auf der Prioritätenskala der Bürger nach oben. Man erkennt damit aber nur, daß die öffentliche Auseinandersetzung wahrgenommen wurde und das Thema nun allgemein als wichtig eingestuft wird. Man weiß aber nicht, ob sich die eine oder andere Maßnahme in diesem Bereich tatsächlich auf das Wahlverhalten auswirkt. In Umfragen kann man »gemachte« Themen nicht von ganz persönlicher Prioritätensetzung abgrenzen.

Wenn man feststellt, daß sich bei den Wählern in der thematischen Priorität oder im Wahlverhalten etwas bewegt, läßt sich für diese Bewegung eine Theorie entwickeln, kann man für Zusammenhänge plausible Gründe auftun. Wenn man aber die Wähler selbst fragt, bekommt man oft Rationalisierungen zur Antwort, von denen die Befragten annehmen, daß sie als plausible Begründungen durchgehen – »Begründungen«, die sie vielleicht schon von den Kommentatoren am Wahlabend hörten.

Zur Motivfrage gehören auch Spekulationen über die Abhängigkeit der Wahlergebnisse untereinander: Die Bonner Oppositionsparteien mobilisieren zu Landtags- oder Kommunalwahlen stärker als die Bonner Regierungsparteien. Das gilt in den Ländern als ein Problem für die FDP. Das Wahljahr 1994 bietet reichlich Möglichkeiten, solche Zusammenhänge zu deuten. Im Ausgang der Niedersachsenwahl im März, der Europawahl im Juni und der Landtagswahlen im September werden Zeichen für einen Trend gesucht, der Prognosen für die Bundestagswahl zuläßt. Diese Reihenfolge bestimmt die Dramaturgie des Jahres.

Dabei sind die Umfragen oder Forschungsergebnisse selbst viel uninteressanter als die dann von den Parteien und den Medien vorgenommenen Interpretationen. Ist das Ergebnis der CDU in Niedersachsen ein Zeichen für einen deutlichen Aufwärtstrend oder bestätigt sich der Niedergang der Regierung Kohl? Ist die Europawahl Signal für einen Stimmungswechsel? Die sich allgemein durchsetzenden Antworten werden gemacht und nicht erforscht.

Das markanteste Interpretationsereignis dieser Art brachte die niedersächsische Landtagswahl 1986: Obwohl die CDU 6,4% verlor und die SPD 5,6% zugewinnen konnte, galt die CDU als Wahlsieger und die SPD als Verlierer. Als Kriterium für Sieg oder Niederlage war von der SPD selbst, von den Medien und schließlich auch von der CDU einzig die Frage noch für bedeutsam gehalten worden, ob die SPD die Regierung stellen kann. Dies Ergebnis wurde aber nicht erreicht. Die nachfolgende Interpretation »Niederlage« gilt in Analysen zur Bundestagswahl vom Anfang 1987 als eine Ursache für die Trendwende, die den scheinbar unaufhaltsamen Aufstieg der SPD beendete.

## Nur bescheidene Hilfsmittel

Wozu lassen also ernsthafte Menschen, die auf ihr Geld achten müssen, trotz aller Mängel solche Umfragen fertigen? Politische Gremien sind gierig nach Trends. Sie wollen glauben, was ihnen die Wissenschaft vorführt. Das sind Berichte aus einer fernen Welt, die sie nur begrenzt verstehen, von der sie sich aber abhängig fühlen: »Demoskopie als Ersatz für die verlorengegangene Basis der Berufspolitiker« (*Wirtschaftswoche*). Politik sucht in der aktuellen Unübersichtlichkeit nach Ankern. Und dann ist da noch die Befürchtung, daß die Widerparts in den anderen Parteien etwas wissen könnten, was man selbst nicht weiß, und die unstillbare Sehnsucht nach Gewißheit.

Die Methoden der Prophezeiung, vom Orakel bis zum Horoskop, wurden seit Menschengedenken von Machthabern, Feldherren und noch in den 80er Jahren vom Präsidenten der USA genutzt, um für große Vorhaben den richtigen Zeitpunkt zu entdecken. Tatsächlich sind diese Vorhersagen die moderne Variante eines unterhaltsamen Gesellschaftsspiels. Umfragen schaffen eine scheinbar rationale Grundlage für die Lust an Spekulation, sorgen gelegentlich für Aufregung in Parteizentralen und haben mit der Wirklichkeit nur zufällig zu tun.

Umfragen sind eine Art Droge, ein Beruhigungs- oder Aufputschmittel. Die Forscher sind moderne Medizinmänner, die den Stoff herbeischaffen. Während das klassische Orakel sich mit den Geheimnissen des Ortes, des Rituals und des direkten Zugangs zu den Göttern ausstattete, liegt heute die Faszination in den Geheimnissen der Methode und der Kunst der Präsentation. Die mythische Verbindung besteht nicht mehr im direkten Draht zu den Göttern, sondern heißt Wissenschaft. Viel mehr Klarheit als Delphi liefern die Umfragen aber nicht.

Das Wahlkampf-Management in den Parteien kennt natürlich die Probleme der Statistik und die Schwächen von Umfragen. Für ihre Zwecke ist ein Gespür für das Meinungsklima, für Themen, Nöte und Hoffnungen wichtiger als exakte Zahlen.

Die Forschung in diesem Bereich kann einige Anregungen geben, kann auf Entwicklungen und Irritationen aufmerksam machen, bevor sie offensichtlich werden. Umfrageergebnisse dienen als Argumentationshilfe für Dinge, die man auch so durchsetzen wollte. »Auch wenn diese Schilderung satirisch klingt, es kommt in der Wahlkampfpraxis nicht selten vor, daß Forschungsunterlagen nicht mehr als eine Alibifunktion haben, um Entscheidungen zu rechtfertigen, die bereits getroffen worden sind« (P. Radunski). Insofern sind Umfragen wichtige Führungshilfen. Sie bieten den Wahlkampfstrategen Argumente. Sie können im bürokratischen Apparat Partei dazu dienen, Entscheidungen zu legitimieren, aber sie können Entscheidungen nicht wirklich begründen.

Nachdem sie und ihre Wähler sich aus den Traditionen lösten, sind die Parteien erst einmal unsicher, was sie senden sollen. In Zeiten politischer Verwirrung ist daher die Versuchung groß, sich von Umfrageinstituten die eigenen politischen Entscheidungen über Themenstellung und Zukunftsaufgaben abnehmen zu lassen. Aber alle Versuche, sich dies ohne eigene Zielsetzung und Theorie von der Demoskopie zusammenstellen zu lassen, müssen scheitern.

Wenn Politik sich ihre Themen von den Umfragen vorgeben läßt, muß sie wissen, daß sie Objekt einer tautologischen Zirkelkommunikation wird. Angestoßen von der Politik oder als Reaktion auf (Versäumnisse) der Politik wird eine Angelegenheit zum Thema, weil die Medien eine gewisse Resonanz beim Publikum verspüren. Dann beginnt eine Kette von Schlüssen und auch Fehldeutungen, in der sich große Teile der Gesellschaft darauf verständigen, was denn jetzt gerade das große Problem sei. Es kann nicht überraschen, wenn man diese Themen dann auch in Umfragen wiederfindet und zwar genau in der von Politikern angebotenen und von den Medien transportierten Zuspitzung und Polarisierung – siehe Asyldebatte.

Wenn Politik sich nach Umfragen richtet, steigt sie relativ spät in einen gesellschaftlichen Kommunikationsprozeß ein, den sie dann einfach widerspiegelt, statt frühzeitig und im Sinne der eigenen politischen Zielsetzung einzugreifen. Man springt also auf fahrende Züge und gibt sich als Lokführer aus. In Wahrheit kommt man über die Rolle des Schaffners nie heraus, der die Fahrscheine entwertet. Forschung macht nur Sinn, wenn man eine Theorie über Wirkungszusammenhänge hat.

Es gibt in der Zusammenarbeit zwischen Wahlkämpfern und Forschern ein schwierig zu behebendes Kommunikationsproblem: Die Wahlkämpfer müssen den Forschern klar sagen, was sie wissen wollen. Das wissen sie aber oft erst dann, wenn sie einen Entwurf für eine Wahlkampfkonzeption gebastelt haben, für die sie sich von der Forschung Anregung und Hilfe erwarten. Aus Unsicherheit über die gesellschaftlichen Entwicklungen und über die zu diesen Entwicklungen passende eigene Rolle kommen immer wieder einmal große Forschungsaufträge zustande, wie die Partei-Studie der SPD (1993), die mit Wahlkampfüberlegungen nichts zu tun haben. Sie werden als ein Art Grundlagenforschung zwar in den Medien breitgetreten und auch intern vor vielen Gremien präsentiert, doch ihr operativer Sinn erschließt sich nicht.

Es ist ein wichtiges Element professioneller Wahlkampfführung, Forschungsaufträge zu vergeben, die in kommunikativen Problemstellungen interpretierbar sind. Wenn Forschung und Wahlkampfkonzeption nicht von vornherein zusammen gedacht werden, wird sich in der praktischen Umsetzung niemand um diese Studien kümmern. Man kann mit Sicherheit sagen, »daß eine Umfrage niemals Einfluß auf die Wahlkampfführung haben wird, wenn nicht bereits die Fragestellung dieser Umfrage im Kreise des Kandidaten oder der Wahlkampfgremien besprochen worden sind« (P. Radunski).

Wenn man die Grenzen der Forschung im Auge hat und sich klar darüber ist, daß die Wissenschaft nie Vorgaben machen kann, um politische Entscheidungen zu ersetzen, dann lassen sich für das Wahlkampfmanagement einige Anhaltspunkte extrahieren.

Inzwischen hat sich im Verhältnis Parteimangagement und Forschung eine Praxis integrierter Kooperation bewährt: Die Forscher werden an den grundlegenden konzeptionellen Überlegungen beteiligt, ohne selbst Leitungsfunktionen zu übernehmen. »Kein Forschungsprogramm wird ohne die Wahlkampfführung angesetzt, und umgekehrt wird keine wichtige Entscheidung zur Wahlkampfführung getroffen, ohne die Forscher davon zu informieren und sie um Rat zu fragen« (P. Radunski). Dabei hat keine Partei besondere Erkenntnisvorsprünge, die Grunddaten politischer Meinungsbefragung liegen alle Parteien vor. Der mögliche tatsächliche Nutzen der Umfragen und sonstiger Forschung im »Wählermarkt« liegt in der Kunst der Interpretation, denn in diese Interpretationen fließen ganz viel Erfahrungen und Kenntnisse ein, die nicht wissenschaftlich-statistisch, sondern in der alltäglichen Praxis, in theoretischer Reflexion oder schlicht in Gesprächen gewonnen werden. Dabei entsteht dann ein komplexes Bild des sozialen Wandels, zu dem in Umfragen erhobene Daten einige Indikatoren zuliefern können – mehr nicht. Die Hinweise der Forschung regen gelegentlich zu einer wichtigen Idee an, meist ist sie eher Kontrollinstanz und Rechfertigungsinstrument. Ihre Rolle hat aber nichts zu tun mit der Sensationitis ihrer öffentlich vorgeführten öffentlichen Allgegenwart.

Was hülfe es, über die Wähler hunderte Daten zu haben, wenn sich aus diesen Daten keine Vorstellung erfolgreicher Ansprache entwickeln läßt? Eine Produktidee sollte man schon haben, wenn man auf den Markt will. Da die von der Forschung festgestellte Nachfrage nach politischen Angeboten oder Maßnahmen meist selbst das Ergebnis von Kommunikation ist, an der die Parteien, bzw. die Politik insgesamt wesentlichen Anteil hat, ändert sich auch der Gehalt des Wortes »Programm«.

Bisher war das aufgeschriebene Partei- oder Wahlprogramm gemeint. Beide bleiben weitgehend unbekannt. Da Politik sich immer mehr auf Aufgaben bezieht, die sich aus der Kommunikation über gesellschaftliche Entwicklungen und Perspektiven definieren, bezieht sich »Programm« auf die so definierten Ziele und wird zu einem Synonym für Konzept. Wenn die Parteien jeweils die besseren Programme zur Bekämpfung der Arbeitslosigkeit anbieten, entsteht ein Wettbewerb in Kompetenzvermutung und Glaubwürdigkeit, der viel leichter der Forschung zugänglich ist als allgemeine Images. Man kann die Wähler über ein politisches Angebot zu einem relativ konkreten Problem befragen, man kann prüfen, was von diesem Angebot bei den Wählern ankommt, ob sie die Botschaft des »Programms« verstehen.

Auf der Basis allgemeiner Forschung, in Kenntnis der politischen Themenlage und eigener Kommunikationsabsichten geht es darum, für sogenannte Wirkungsvermutungen einigermaßen plausible Voraussetzungen zu schaffen. Dazu werden Wählergruppen nach Kommunikationsmustern so eingeteilt, daß man Signale, also Kommunikationssymbole zuordnen kann. Um schließlich über Werbemittel und Slogans zu entscheiden, muß man ihre persönliche Entscheidungskriterien zeitgemäßer Möglichkeiten der Ansprache kennenlernen.

Dafür bringt man sogenannte Focusgruppen zusammen, das sind nach Schicht und Bildungsstand möglichst homogene kleine Stammtischrunden im Labor. Sie sollen zu einem vorgegebenen Thema diskutieren. Dabei bilden sich entweder ein Gruppenkonsens oder Fraktionen. Die Gruppen sollen möglichst homogen sein, damit die Teilnehmer voreinander keine sozialen Rollenmuster abspielen. Nur wenn man sich unter sich fühlt, sich also mit seinen Auffassungen nicht isolieren kann, kommen die tatsächlichen Ansichten zum Vorschein.

Solche Untersuchungen können für die Wahlkampfführung dabei hilfreich sein zu verhindern, daß ausgesuchte Zielgruppen in Bildern und Broschüren, auf Plakaten und in Veranstaltungen mit Leitbildern konfrontiert werden, die den Eindruck hinterlassen, sie seien eigentlich nicht gemeint. Mit Focusgruppen lassen sich die Wirkung von Botschaften, Slogans, Plakaten und Kandidatenauftritten, die Aufbereitung von Themen, Reden und Inszenierungen für ausgewählte Bevölkerungsgruppen testen.

Diese Tests haben aber mit all den an den Wahlabenden noch vorgeführten Analysen nichts zu tun. Die Wähler werden nicht mehr nach Schichten, Klassen, Geschlecht, Konsumstilen usw. unterschieden, sondern nur noch in ihrer Haltung zu einem politischen Thema bzw. Ziel, also danach, wie weit es für ihre Wahlentscheidung relevant ist und wem sie für die Bewältigung der Aufgabe eher die Kompetenz zuschreiben. Diese Forschungsperspektive deckt sich dann auch mit der zeitgemäßen themenzentrierten Zielgruppenbeschreibung.

Mit dieser Themenorientierung bekommt dann auch die Bezeichnung »Wechselwähler« einen inhaltlichen Aspekt: Auf die wahlentscheidenden Themen bezogen ist das jemand, der entweder unsicher ist, wem er mehr zutraut – also wechseln kann – oder bei einer anderen Partei wichtige Kompetenzen sieht als das vorige Mal und deshalb wechselt.

Demoskopie und Forschung können also mithelfen, damit man verstanden wird. Es kann jedoch nicht darum gehen und wäre auch nutzlos für den Wahlkampf, die politischen Aussagen selbst an der Untersuchung vergangener Wahlen auszurichten. »Was die Meinungsforscher mitbringen, sind Daten der jüngsten Vergangenheit, auch wenn sie noch so frisch sind. Meinungsforscher sind gewissermaßen Historiker. Die Wahlkämpfer aber müssen in die nahe Zukunft denken, sie sind Futurologen. Trends von heute auf morgen fortzuschreiben – das ist das Wagnis der Wahlkämpfer, das ihnen auch der Meinungsforscher nicht abnehmen kann« (P. Radunski).

Die Demokraten (USA) hatten ein Reformprogramm, das sie verwirklichen wollten und für nötig hielten, und sie haben den Slogan »Change for a better America« entwickelt, der die Grundidee des Programms vermitteln sollte. Er wurde in solchen Gruppen daraufhin geprüft, ob er als Zuspitzung des politischen Angebots der Demokraten die Hoffnungen und Erwartungen vieler Bürger anspricht. Focusgruppen können genutzt werden, um dem Volke nach dem Munde zu reden, sie können aber auch dabei helfen, für die beabsichtigten Botschaften eine verständliche Kommunikation zu finden.

# 9. Medien: Täglich am Mainstream arbeiten

Napoleon schuf ein Amt für öffentliche Meinung. Niccolo Machiavelli empfahl seinem Fürsten, bei den Mitteilungen ans Volk mehr auf Wirkung und weniger auf strikte Wahrheit zu achten. Soweit man die menschliche Geschichte zurückverfolgen kann, sind Kommunikation und Deutung immer auch Herrschaftsinstrumente, die bewußt und absichtsvoll eingesetzt werden: am deutlichsten in Religion und Propaganda.

Wer Wahlen gewinnen will, muß die Köpfe und Gefühle der Menschen erreichen. Die Medien sind die Bühne, auf der die Parteien um Aufmerksamkeit und Zustimmung ringen. Dort werden Konzepte und handelnde Politiker gewürdigt oder kritisiert. Die öffentliche Wahrnehmung ist für Politiker das wichtigste Elixier ihrer Selbstbestätigung, taugt als Arbeitsnachweis gegenüber der Parteibasis und als fachlicher Bedeutungsbeleg. Dabei konkurriert jeder Politiker mit den Rivalen in der eigenen Partei, mit den Vertretern anderer Parteien aber auch von Fall zu Fall mit Lobbyisten oder Vertretern von Bürgerinitiativen und Verbänden.

Die Presselage zum eigenen Auftritt wird zum Ausweis der politischen Bedeutung. Wer nicht regelmäßig in den Medien ist, spielt in der politischen Öffentlichkeit keine wirkliche Rolle, und doch ist die Präsenz kein wirklich zuverlässiger Gradmesser für den tatsächlichen Einfluß in der jeweiligen Sache. Da bewegen manche »grauen Eminenzen«, wissenschaftliche Mitarbeiter, Staatssekretäre oder Ehefrauen oft mehr als die politischen Schauturner selbst.

Im Medienzeitalter gibt es keine internen Prozesse mehr: Jede Vorüberlegung, jedes taktisches Kalkül – die Phantasie der Journalisten miteinbezogen – wird Bestandteil öffentlicher Erörterung. Die Medien wägen die Chancen von Kandidaten und wenn sie zu einem Vor-Urteil kommen, beeinflußt dieses auch deren internes Ansehen. Die Öffentlichkeit macht sich ein Bild von den Entscheidungskriterien und der Psychologie der Parteien, und dieses Bild wird zu einem Spiegel, der schließlich auch das Selbstbild bestimmt. Innen und außen sind nicht mehr sauber zu trennen, die kommunikative Durchdringung macht eine wirklich interne Entscheidung zur Fiktion. Diesem Prozeß kann man nicht mehr entgehen. Führende Politiker können nur versuchen, ihrerseits diese Außenwahrnehmung zu beeinflussen. Da sie Karten im Spiel haben, greifen sie ständig ein, um ihre eigenen Chancen zu verbessern.

Politik und Medien sind natürliche Rivalen, aber zugleich auch Verbündete. Sie verbreiten beide Informationen, doch mit unterschiedlicher Zielsetzung. Zugespitzt formuliert steht Propaganda gegen Sensation. Politik wird den Wählern von den Medien vermittelt, und diese Vermittlung ist zugleich ein Selektionsprozeß, der von der Dynamik des jeweiligen Mediums wie von der Fähigkeit der Politik abhängt, jene für die eigenen Zwecke zu nutzen. Die alltäglichen Inszenierungen der Politik sind im traditionellen Sinn aber weder wahr noch gelogen, sondern wirksam und Teil gesellschaftlicher Wirklichkeitsschöpfung.

Nachrichtenauswahl ist ein anderes Wort für Informationssteuerung und hat ihre eigenen Regeln: Nachrichten leben von Aktualität, von Konflikten und Veränderungen. Ein Ereignis gilt als Nachricht, wenn wichtige gesellschaftliche Werte berührt sind, wenn es um Streit, Tod, Krieg, Aggressionen geht, wenn Maßnahmen der Regierung oder Rituale politischen Handelns etwas Neues beinhalten.

Prominenz hat einen besonderen Nachrichtenwert, Macht führt zu vermehrter Medienaufmerksamkeit. Je mächtiger jemand wird, desto mehr Angebote und Anfragen für Medienauftritte erhält er. Das bedeutet: »Die politische Öffentlichkeit gehört den wirklichen Spitzenpolitikern, die entweder in der Regierungsverantwortung oder als Funktionsträger in den Parteiführungen täglich Politik inszenieren. Sie personalisieren ihre Partei und stehen im Bewußtsein der Öffentlichkeit für Konkurrenz und Kampf um die Macht« (E. Wangen). Die Regeln der Medienaufmerksamkeit stärken in den Parteien den Trend zur Personalisierung und Zentralisierung. Unabhängig von Originalität und gedanklicher Schärfe hat eine Aussage des Bundeskanzlers mehr Chance, zur Nachricht zu werden, als die Äußerungen eines einfachen Abgeordneten.

Gelegentlich fällt die Presse selbst auch auf die von ihr geschaffene künstliche Aufregung herein: Im Sommer 1993 kursierten wilde Spekulationen über eine baldige große Koalition, dann folgte ein Gespräch zwischen dem neu ins Amt gewählten SPD-Parteivorsitzenden Rudolf Scharping und dem Bundeskanzler. Bezogen auf diese Zusammenkunft schlagzeilte die FAZ: »Nach dem Gespräch zwischen Scharping und Kohl bleiben Meinungsunterschiede« – als wenn etwas anderes beabsichtigt gewesen wäre. Eine Einigung in allen Punkten wäre für beide ein innerparteiliches Problem, schadete den Möglichkeiten der Profilierung, brächte nichts für den Wahlkampf.

Die einzige Basis, sich zu einigen, wäre in der Tat die Vorbereitung einer großen Koalition gewesen, die zu diesem Zeitpunkt jedoch nur als Medienspekulation »real« war. Auf dem Wege zu einer gemeinsam getragenen Regierung aber hätten beide zur Besänftigung ihrer Parteien hervorgehoben, daß ihre Zugeständnisse eigentlich jenseits der Schmerzgrenze lägen, und betont, sie wären aber über ihre jeweiligen Schatten gesprungen, um für die großen nationalen Aufgaben Fortschritte möglich zu machen.

Die Süddeutsche Zeitung fand beim gleichen Ereignis »Weit und breit kein Brückenschlag – In zentralen Fragen der Politik sind CDU und SPD auseinander wie eh und je«. Der Autor sah nunmehr die Spekulationen über eine große Koalition als erledigt an: »Nach dem Treffen von Rudolf Scharping und Helmut Kohl drängt sich vielmehr die Frage auf, wie diese Konstellation denn funktionieren sollte.« Er glaubte also daran, daß der Zweck des Gespräches Verständigung gewesen sei. Er glaubte aber auch daran, daß die beiden sich aus sachlichen Gründen nicht hätten einigen können, wenn sie es denn gewollt hätten. Es ging jedoch nicht in um Einigung, sondern um Positionierung. Der Sinn des Treffens lag in seiner öffentlichen Darstellung.

Der Soziologe Max Weber stellte 1919 fest, politische Auseinandersetzungen würden »in hervorragendem Maße in der Öffentlichkeit mit den Mitteln des gesprochenen oder geschriebenen Wortes geführt«. Die Zeiten sind vorbei. Die elektronischen Medien haben die Struktur der allgemein gesellschaftlichen und der speziell politischen Öffentlichkeit verändert. Fernsehen ist das meistgenutzte Medium. Wenn man als Politiker etwas vermitteln will, ist es also sinnvoll, dies im Fernsehen zu tun: Man erreicht die meisten Wähler. Ein Politiker, der nicht gelegentlich im TV erscheint, findet in der öffentlichen Wahrnehmung nicht mehr statt.

Die allgemeinen Kriterien der Nachrichtenauswahl gelten für das aktuelle Leitmedium Fernsehen in Zuspitzung und Abwandlung. »Krieg ist fernsehgerechter als Frieden. Gewalt ist fernsehgerechter als Gewaltlosigkeit. Geschehnisse sind fernsehgerechter als Information« (Th. Meyer). Die Wahrnehmung der Politik wird zunehmend von Film und Fernsehen geprägt. Beides sind Guckmedien und keine Denkmedien. »Denken kommt auf dem Bildschirm nicht an, es gibt dabei nicht viel zu sehen ... Politische Ideen lassen sich im Fernsehen nicht erläutern. Seine Form arbeitet gegen den Inhalt« (N. Postman). Im Fernsehen ist das Bild die Botschaft, der optische Reiz dominiert über das Wort.

Das Buch wird als gesellschaftliches Leitmedium abgelöst. Es bleiben nur noch einige wenige Oasen der Reflexion. Selbst wenn die absolute Verkaufszahl der Bücher gegenüber der Vor-TV-Zeit gestiegen ist, so prägen sie heute die öffentlichen Entscheidungsfindungen nicht mehr. Die »maßgeblichen« Zeitungen und Magazine behaupten sich noch, sind aber immer seltener Ort politischer Diskurse, die sich auf die Gestaltung der Politik auswirken.

Wolfgang Bergsdorf beschreibt diese Veränderung als Wechsel von einem Wahrnehmungssystem in ein anderes: »Auf der einen Seite die Welt des gedruckten Worts, mit ihrer Betonung von Logik, Folgerichtigkeit, Historie, gegliederter Darstellung, Objektivität, Distanz und Disziplin. Auf der anderen Seite die Welt des Fernsehens mit ihrer Betonung der Bildlichkeit und des Anekdotischen sowie von Augenblicklichkeit, Gleichzeitigkeit, Intimität, unmittelbarer Befriedigung und schneller emotionaler Reaktion.«

Das Medium Fernsehen fordert bildliche Darstellung und die Kunst der emotionalisierenden Zuspitzung. Politik muß Themen also so politisieren, daß es etwas zu sehen gibt – und sei es den Politiker, der befragt wird. Das gibt der Personalisierung und Symbolisierung neue Möglichkeiten. Die Auswahlkriterien der Medien führen insbesondere im Fernsehen zur Entwicklung von Politstars: Einige wenige, mit hohem Nachrichten- oder/und Unterhaltungswert sind ständig auf allen Kanälen. Sie werden dadurch bekannter und so noch gefragter, eine Spirale nach oben – bis sie abstürzen.

Die Selbstdarstellung der Politik richtet sich darauf ein, daß wichtig wird, was zu sehen ist. Was die Darstellung verändert, verändert die Wahrnehmung und schließlich auch die Sache selbst. Personen, Themen und Prioritäten werden danach sortiert, wie sie im Fernsehen wirken.

Fernsehen ist ein Medium der Vereinfachung. Der Unterhaltungswert von politischen Informationen ist ein unumgängliches Kriterium der Auswahl und prägt den Stil der Präsentation. Dazu paßt auf Seiten der Konsumenten der Trend, die Medien als Freizeitvertreib zu nutzen. Wie bei Boulevardblättern dominiert die Kürze über den Zusammenhang, das Ereignis über den Prozeß und der Konflikt über den Konsens. Unfug und Sachkompetenz werden Unterhaltung. Auch in den öffentlich-rechtlichen Sendeanstalten wird die Darstellung von Politik als Unterhaltung (Infotainment) den Privaten immer ähnlicher. Die politische Wirklichkeit ist nur noch Vorwand für die tägliche Show.

Die Medien sind Teil der Gesellschaft und kein Gegenüber. Sie sind aber auch nicht bloß passiver Spiegel, sondern aktives Element eines sozialen Prozesses, der die Vorstellung von Wirklichkeit prägt. Da unter den Journalisten nichts so aufmerksam beobachtet wird wie die Meldungen der anderen – wichtig ist, was im *Spiegel* in der *FAZ* und in der *Süddeutschen* steht –, ergeben sich kollektive thematische Schwenks, wechselt die Gewichtung der im Grunde immer gleichen Nachrichten aus unterschiedlichen Regionen der Welt. Solche politischen Moden haben einen hohen Grad an Beliebigkeit. Gute Beispiele dafür sind die ökologischen Katastrophen und die diversen Kriege. Was gestern noch ungeheuerlich erschien, ist morgen völlig uninteressant: Who wants yesterday papers? – nobody!

Ausgangslage der Berichterstattung sind Ereignisse: Einige davon finden unabhängig von Medienbeobachtung statt, können von Politikern aber zur Interpretation, Profilierung, für Eingriffe, Erklärungen oder Schuldzuweisungen genutzt werden. Das sind z. B. Todesfälle, Erdbeben, Überschwemmungen, die Ermordung eines Präsidenten oder die Aufdeckung eines Skandals. Andere Ereignisse hingegen werden nur organisiert, damit darüber berichtet wird. Das sind inszenierte Ereignisse oder Pseudoereignisse wie Pressekonferenzen oder politische Verlautbarungen, Entscheidungsverkündigungen oder Fallschirmabsprünge (J. Möllemann).

Schließlich sind mediatisierte Ereignisse solche, die zwar auch ohne Berichterstattung stattfinden könnten oder würden, jedoch auf die Medienwirkung hin gestaltet werden: Parteitage, Preisverleihungen, Konferenzen, Wahltermine, Jubiläen und Eröffnungen aller Art. Dabei sind Ereignisse und Termine, die die Regierung anlegt, für die Opposition Vorgaben, an denen sie sich zwar orientieren muß, die sie aber wiederum zur eigenen Selbstdarstellung nutzen kann.

Diese Unterscheidungen jedoch sind nicht Gegenstand der täglichen Berichterstattung, und so wird, was immer auch passiert, den Lesern, Zuhörern und Betrachtern als scheinbar absichtsfrei präsentiert, als eine Art Naturereignis, das auch ohne Medienpräsenz seinen Gang nähme. Dabei wäre doch das Bemühen um Wirkung ein interessantes Thema: Was wollen die Politiker das Publikum glauben machen? Die Veröffentlichung von Nachrichten oder Berichten ist nicht nur keine unveränderte Kopie von Ereignissen, sondern oft selbst ein Ereignis und auch Ursache für folgende Ereignisse. Die Realität, über die die Medien berichten, ist eine Nebenwirkung der zu erwartenden Berichterstattung. Die Medien wirken also schon vor dem eigentlichen Bericht.

Medienberichterstattung kann in der öffentlichen Wahrnehmung die Qualität von Ereignissen verändern. Das zeigt sich nicht nur besonders deutlich in der Kriegsberichterstattung, sondern sogar bei den als Medienshows angelegten Debatten politischer Konkurrenten. Nach dem ersten großen Fernsehduell in den USA, das am 26. September 1960 zwischen Kennedy und Nixon stattfand, hielt sich das spontane Urteil der Zuschauer die Waage. Erst mit der Berichterstattung und Kommentierung danach, in der Kennedy zum Sieger ausgerufen wurde, setzte sich auch im Volke die Überzeugung durch, er habe gewonnen. Kennedy wurde also von den Medien zum Sieger gemacht.

Die Nachrichtenauswahl ist neben den Kriterien Aktualität, Brisanz, Neuigkeit und dem politischen Gewicht des Akteurs auch noch geprägt von individuellen Karrieremotiven, formellen (Presserecht) und informellen Verhaltenserwartungen (sozialer Kontext), dem politischen Standort der Chefredaktion oder des Herausgebers, den Weisungen von Vorgesetzten und organisatorischen Zwängen (Redaktionsschluß, Platzmangel).

Herausragend ist dabei die Beeinflussung, die mit dem politischen

Standort des Blattes oder Senders, der Vorgesetzten oder der Autoren zu tun hat. Die Theorie der »instrumentellen Aktualisierung« (M. Kepplinger) geht davon aus, daß Journalisten die Auswahl der Informationen auch danach vornehmen, ob und inwieweit sie ihre eigene politische Orientierung oder die der Redaktion bestätigen. Das müsse nicht immer (böse) Absicht sein, denn »Konfliktgegner und Journalisten sprechen Meldungen, die ihre eigene Konfliktsicht stützen, einen höheren Nachrichtenwert zu als Meldungen, die ihrer eigenen Konfliktsicht widersprechen.«

Man muß also seitens der Politik für Meldungen sorgen, die die eigenen Argumente bestätigen und die der Kontrahenten entkräften, denn die finden in den nahestehenden Medien oder bei nahestehenden Journalisten besondere Aufmerksamkeit – und da bei den Wählern ähnlich selektiert wird, kann man so dem eigenen Klientel Festigung geben.

Eine Untergruppe der Medienaufmerksamkeit ist der sogenannte anwaltliche Journalismus. So wird eine Berichterstattung gekennzeichnet, die Politik aus der Warte von Problemen, Sorgen und Hoffnungen einer besonderen Bevölkerungsgruppe betrachtet. Manche sozial benachteiligte Gruppe, der deutsche Wald und das Ozonloch haben ihre journalistische Lobby. Die auf solche Themen eingeschworenen Journalisten können für Politiker zu einer argen Plage werden, weil sie oft penetrante und sachkundige Fragen stellen und in ihren Beiträgen auf problemorientierter Sichtweise beharren, die die Politik insbesondere dann nicht schätzt, wenn ihr keine entsprechende Lösung machbar erscheint.

Politik, die von den Medien vermittelt werden will, muß sich auf deren Regeln einlassen. Und die Medien sind zwar ein indirekter Weg zu den Wählern, sind gefilterte Botschaft – aber täglich und umsonst. Dabei ist die sogenannte »Sekundärkommunikation« von hervorragender Bedeutung. Sie besteht aus zwei wesentlichen Elementen:

1. Wenn eine Kampagne, ein Konzept oder eine Entscheidung nicht nur als Bericht stattfinden, sondern selbst zu einem Medienthema werden, gewinnen sie eine öffentliche Wirksamkeit als PR für den agierenden Politiker oder seine Partei, die als Werbung nicht zu bezahlen wäre. Im US-amerikanischen Präsidentschaftswahlkampf 1992 waren z. B. einige Qualitäten der Clinton-Kampagne, wie die Fähigkeit zur schnellen Reaktion auf Angriffe, immer wieder Thema der Medien. Solche

Aufmerksamkeit kann allerdings auch ins eigene Kontor schlagen. Das bekam die SPD 1987 zu spüren, als die Medien wochenlang darüber diskutierten, daß das laut propagierte Ziel einer eigenen Mehrheit doch nicht sehr realistisch sei, und die von der SPD angebotenen Wahlkampfthemen darüber weitgehend ignorierten.

2. Wenn die thematische Gewichtung einer Kampagne zusätzliche Berichterstattung über die Sache selbst auslöst, wächst im öffentlichen Bewußtsein die Bedeutung des Themas. Mit diesem Zuwachs wiederum hat diese Kampagne eine verbesserte öffentliche Aufmerksamkeit. Wenn man also mit einer Kampagne zur Wohnungspolitik Presseberichte über die Probleme des Wohnungsmarktes, über Schicksale von Mietern und über Auswege auslöst, stützen diese Berichte die Bedeutung der Kampagne.

Je mehr die große Mehrheit der Wähler Politik aus zweiter Hand »erlebt«, sich also an Medienberichten orientiert, desto bedeutsamer wird diese Berichterstattung für das politische Geschäft. Informations- und Kommunikationsmanagement werden daher herausragende Instrumente politischer Führung. Im Zentrum steht dabei die Produktion und Ausgestaltung von Ereignissen mit dem Ziel, Berichterstattung zu mobilisieren. Professionalität bedeutet in diesem Zusammenhang Fähigkeit zur ständigen Ereigniserzeugung.

»Ihre Meinungsführerschaft werden die Volksparteien nur behalten, wenn sie sich zentral in den Medien als kampagnefähig erweisen. Das große Bild der Partei, von ihren Persönlichkeiten wie von ihrer Politik, wird in den Medien dargestellt. Hier müssen die Parteien ein zeitgemäßes Angebot entwickeln, das den medialen Erfordernissen entgegenkommt. Journalisten und Medienberater werden künftig die Arbeit in den Zentralen stärker bestimmen als die klassischen Mitarbeiter der Parteiarbeit« (P. Radunski).

Manch kleine Probleme werden von der Politik zu großen Themen gemacht, manch große Probleme kommen nur am Rande vor: Das öffentliche Geschrei, Gezänk und Gezeter ist kein sicheres Indiz für das Gewicht eines Themas. Man zieht hoch, was man für nützlich und im Sinne des Profils für wirksam hält. Man macht solche Probleme und Aufgaben wichtig, die zu lösen man sich imstande sieht. Was für diese Funktionalisierung eher hinderlich erscheint, soll dann möglichst öffentlich nicht stattfinden, kann aber vom politischen Gegner aufs Tapet gebracht werden.

Den Medien gelingt es nur sehr selten, eigenständig Themen zu bestimmen oder die Politik zu zwingen, sich mit dieser oder jener Frage zu beschäftigen. Die Medien machen im allgemeinen die Themenpriorität der Politik mit und werden so Übermittler absichtsvoll eingespeister Informationen. Die Bundespressekonferenz als Verlautbarungsplatz der Bonner Politprominenz mit fast höfischem Ritual und drei namentlich bekannten kritischen Fragern ist dafür ein sichtbares Symptom.

Die Öffentlichkeitsarbeit der Parteien, Regierungen und Fraktionen zeigt in den Medien Wirkung: »Rund zwei von drei Beiträgen stellen Ergebnisse von Pressemitteilungen und Pressekonferenzen dar« (B. Baerns). Über 70% der Politikberichterstattung basiert auf Stellungnahmen, der Rest auf »Aktionen« in der Bandbreite zwischen dem Durchschneiden von Bändern bei Einweihungen und großen Staatsbesuchen.

Weil Politiker in ihren Gestaltungsmöglichkeiten heute mehr denn je von einer über die Medien wesentlich geprägten öffentlichen Meinung abhängen, müssen sie den Journalisten das Problem, das sie gerade angehen oder wegschieben wollen, immer und immer wieder erklären, bis ihnen diese Erklärung in den Medien wieder entgegenkommt, bis sie sich zur öffentlichen Meinung verdichtet.

Das Fundament dieser Zusammenarbeit ist eine Nähe, die im fast täglichen Kontakt entsteht, aus Gemeinsamkeit bei Essen und Trinken. Die Journalisten neigen dazu, sich aus Auftritten und Ereignissen einen Reim zu machen. Den machen sie sich aber nicht ganz alleine und selbst, sondern im Gespräch mit ihren Kollegen und mit Politikern. Politische Journalisten bekommen wesentliche Teile ihrer Geschichten von Politikern – sei es indirekt aus Pressekonferenzen und Pressemitteilungen, sei es direkt, als mehr oder weniger breit gestreute »Exklusivinformation«. So sind Hintergrundgespräche mit und persönlicher Kontakt zu den meinungsbildenden Journalisten wichtige Instrumente, um Deutungen zu beeinflussen.

Auch die so gefürchteten Rechercheure bekannter Wochenmagazine haben ihre persönlichen Informationsbündnisse mit Spitzenpolitikern. Die Geschäftsgrundlage ist einfach und klar: Du sagst mir etwas, was eine gute Story abgibt, die Auflage und mein Ansehen in der Redaktion fördert, ich gebe Dir Raum für Deine Politik, obwohl ich begreife, was Du tust. Das muß man so nicht wirklich absprechen, sondern ergibt sich in alltäglicher Praxis.

Die »privilegierten« Journalisten mit Zugang zu den Mächtigen sind Teilhaber politisch-strategischer Überlegungen. Jenseits der journalistischen Glanzstunden bei der Aufdeckung von Skandalen, von Korruption oder Selbstbegünstigung, findet die öffentliche Meinungsbildung gemeinsam statt. Für viele Politiker sind Journalisten selbst im parteiinternen Gerangel bessere und verläßlichere Verbündete als sogenannte Parteifreunde. Das Verhältnis beider ist eine Symbiose mit eigener Dynamik. Die direkte Einflußnahme, die gelegentlich auch Schlagzeilen macht, die wütende Kritik eines Rundfunkrates mit Parteifunktion, die meist im Sinne der Parteisache nicht einmal sonderlich nützlich ist, sind eher lächerlich und viel weniger prägend als das systematische und alltägliche Aufeinander-angewiesen-Sein.

Politiker versuchen aber nicht nur, Nachrichten zu beeinflussen, sondern spiegeln sich auch selbst in den Medien. Die Veröffentlichungen werden in Bonn und den Landeshauptstädten zu einer eigenen Wirklichkeit, an der sich die Politiker in ihrer weiteren Interaktion mit den Medien orientieren. Für sie werden die Veröffentlichungen zum entscheidenden Realitätsbezug. Sie achten dabei insbesondere auf die großen Medien, die »meinungsbildend« sind, und auf die jeweilige Lokalzeitung. Die Medien vermitteln der Politik entscheidungsrelevante Informationen, sind aber von Politikern beeinflußt.

So wird der Dialog mit den Journalisten für die Politiker nicht nur Teil aktiver Propagandatätigkeit, sondern zugleich Teil ihres Realitätsbezugs, den sie ja in den Medien wieder bestätigt finden. Politik wird gelegentlich zum Reflex medialer Reflexe, die Politiker selbst ausgelöst haben. Sie sind also auch von einem öffentlichen Klima abhängig, das sie selbst mitprägen. Sie versuchen, das öffentliche Bild mit allen professionellen Möglichkeiten zu beeinflussen – und fallen gelegentlich selbst wieder darauf herein.

Die Bonner Geschäftigkeit weckt gelegentlich den Eindruck, daß die symbiotische Praxis zwischen Medien und Politik auch funktionieren könnte, ohne daß auch nur eine Zeile oder ein Bild das »Bonner Raumschiff« verläßt. Es gibt auf der Politikerseite nur wenige, die nur auf die Wirkung bei den Wählern achten und sich nicht einfangen lassen von der bonninternen Aufregung. Die Korrespondenten wiederum erleben ja nicht die Reaktion ihrer Leser und Zuschauer, sondern – neben ihrer Chefredaktion – vor allem die Politszene in Bonn, und die wird immer mehr zur eigentlichen Zielgruppe der Berichte. Hier trägt man Konkurrenzen aus, hier kann man sich blamieren, hier wird man auf seinen Kommentar angesprochen, hier ist der soziale Kontext auf den es alltäglich ankommt.

Diese Symbiose hat Nebenwirkungen: Viele für die Lebenswirklichkeit der Bürger ziemlich unwichtige Vorgänge erhalten einen hohen Stellenwert, weil sie im Bonner Zirkus Konfliktstoff bieten, weil sie mit der Karriere eines Politikers verknüpft sind, weil sie in Bonn Gesprächsthema sind und so nach den Regeln der Medienaufmerksamkeit zur Nachricht werden.

Doch das scheinbar harmonische Bild hat Tücken: Politik liefert den Rohstoff, doch die Medien suchen sich Neuigkeiten und Konfliktthemen heraus – daher reagiert die Politik auch gelegentlich verärgert. So vermutete Wolfgang Bergsdorf, die Mehrzahl der Journalisten stehe der Union und ihrer Politik ohne Sympathie gegenüber. Er beschreibt damit ein Grundgefühl, das offenbar jede Partei beschleicht. So wird von der SPD die Medienlandschaft als unwirtlich erlebt, während sich die CDU einem »großen Mediendruck« ausgesetzt sieht.

Regierungen fühlen sich immer ungerecht behandelt und beklagen, daß »immer nur« kritisiert werde und die vielen Wohltaten so gar nicht in der Berichterstattung vorkämen. Da staut sich offenbar immer wieder Ärger an, der in gelegentlicher Medienschelte herausplatzt. Dann wird eine bestimmte Sendung als viel zu einseitig, als zu links, zu grün oder zu rechts enttarnt oder gar eine ganze Anstalt beschimpft: Der Vorwurf »Rotfunk« sollte den WDR hart treffen. Als Kontrastprogramm gilt der Bayerische Rundfunk. Diese Schelte ist natürlich auch ein weiterer Versuch der Beeinflussung. In den Parteien werden die Medien also noch oft als Gegenüber wahrgenommen und nicht als der Partner, der sie faktisch meist sind.

Weil die Politiker ihr Medienbild so wichtig nehmen, also kein machiavellistisches Verhältnis dazu haben, sondern ein eitles, kann die gut recherchierte Beschreibung einer Intrige, die öffentliche Kritik an der Amtsführung oder eine gezielte Indiskretion in den Parteizentralen und Politikerbüros für hellste Aufregung sorgen. Eine dauerhaft schlechte Presse oder chronische Nichtbeachtung seitens der Medien kann das Ende einer politischen Karriere bedeuten.

Politiker reagieren auf Medienberichte fast hysterisch und überschätzen die Wirkung von Berichterstattung. Diese Fehlbeurteilung macht eine wesentliche Basis des politischen Einflusses der Medien aus. Die unmittelbare Verhaltensrelevanz von Medienberichten ist in Wirklichkeit jedoch gering – auch was die Wahlentscheidung betrifft. Es muß sich viel Unmut ansammeln, bis es in der Wählerschaft zu Neuorientierung und Verhaltensänderungen kommt.

»Die Politiker leben im Fernsehzeitalter, aber handeln sie auch danach?« fragt Peter Radunski und gibt die Antwort dazu: »Wer Arbeits- und Terminpläne führender Politiker kennt, kann sich nur wundern, wie niedrig der Stellenwert von Fernsehauftritten darin ist.« Daran hat sich seit diesen Anmerkungen von vor über zehn Jahren nur wenig geändert: Einige wenige Politiker sitzen heute zwar öfter in Talkshows, doch Gremiensitzungen füllen noch immer einen ganz anderen Zeitraum als die öffentliche Darstellung der Politik.

Im politischen Alltag tun sich unsere Politiker schwer mit der »Diskrepanz zwischen Entscheidungs- und Aufmerksamkeitsregeln« (N. Luhmann). Auch wenn Politiker sich nicht bewußt darstellen, geben sie öffentlich ein Bild ab, und nicht immer ein gutes. Information und PR sind nicht separiert zu denken. Sie bilden, was immer die ursprüngliche Absicht war, einen Wirkungszusammenhang – bei manchen einen negativen, weil sie mit ihren gut gemeinten Vorhaben niemanden recht begeistern können.

Es ist auch nach wie vor bei unseren Politikern üblich, sehr unvorbereitet in solche Sendungen zu gehen. Sie glauben, daß ihre Kompetenz für die paar Fragen allemal ausreiche. Die Bereitschaft, sich einer Schulung für Medienauftritte zu unterziehen, ist zwar gestiegen, aber nach wie vor unterentwickelt. Viele Bundestagsabgeordnete leben in der Vorstellung, sie müßten schon von Amts wegen talentierte Kommunikatoren sein, dürfen also keinen Bedarf an Training anmelden. Manchen wird es so ergehen, wie dem ehemaligen US-Vizepräsidenten Hubert Humphrey, der bekannte: »Der größte Fehler in meinem politischen

121

Leben war meine Unfähigkeit zu lernen, wie ich das Fernsehen richtig benutze.«

In den USA wird an Medien- und anderen öffentlichen Auftritten mit großer Sorgfalt gearbeitet. Ronald Reagan hat da sicherlich neue Standards gesetzt, doch gehörte gründliche Vorbereitung solcher Auftritte seit den 60ern zur Grundausstattung des politischen Geschäfts. In Frankreich ist die Ausbildung für Auftritte in Medien und Öffentlichkeit Bestandteil des Studiums an den Elitehochschulen.

Der politische Alltag ist eine dauerhafte Medienkampagne und prägt den Eindruck, den die Bevölkerung von den Parteien hat. In der Dauerberieselung bestätigen sich die bisherigen Interpretationen immer wieder, bis sie sich als Common sense festigen. Sie ist entscheidender als ein besonderer Wahlkampfauftritt. Die Nachrichtenübermittlung im Laufe einer Legislaturperiode ist viel prägender für die politische Einstellung der Bürger als die sechs Wochen des offiziellen Wahlkampfes und die mit Anzeigen und Plakaten gekaufte Kommunikation.

Was im Wahlkampf vereinfacht und zugespitzt werden soll, muß zuvor vom Volke »gelernt« sein. Die Kampagne ist dann eine Fortsetzung der alltäglichen Praxis mit besonderen Mitteln. Kampagnen sind Werbeaktionen in einem laufenden Prozeß.

»Die ›Botschaft‹ jedes Mediums oder jeder Technik ist die Veränderung des Maßstabs, Tempos oder Schemas, die es der Situation der Menschen bringt« (M. McLuhan schon 1964). Das Fernsehen brachte die visuelle Vermarktung, der Computer verändert Information noch einmal. Wir sind auf dem direkten Weg in das Zeitalter digitaler Informationsverarbeitung, und dieser Schritt ist nur mit so grundlegenden historischen Ereignissen zu vergleichen, wie mit der Entwicklung des Buchdrucks. Nur geht heute diese Umwälzung viel schneller vor sich und ist sofort global.

»Die Digitalisierung macht alle Medien ineinander übersetzbar ... Ein Kinofilm, ein Telefonat, ein Brief oder der Artikel in einer Zeitschrift – sie alle lassen sich digital per Telefonleitung übertragen oder per Koaxialkabel, via Glasfaserkabel, Mikrowelle, Satellit, Rundfunk oder über physische Speichermedien wie Disketten oder Magnetkassetten. Wem das nicht Revolution genug ist: Mit der Digitalisierung wird der Inhalt zur Modelliermasse, zu Plastik – jede beliebige Mitteilung, jedes Geräusch und jedes Bild läßt sich mit allem möglichen umwandeln, editieren. Was wird dennoch analog bleiben? Nur die menschliche Konversation von Angesicht zu Angesicht – die dadurch eventuell neue Wertschätzung erlangen wird« (S. Brand).

Bisher wird insbesondere das Fernsehen, weil man die Bilder mit eigenen Augen sehen kann, als besonders glaubwürdig erlebt. Digitalen Bildern kann aber man es nicht ansehen, ob sie manipuliert sind. Wir bekommen also in Kürze im Fernsehen Geschichten erzählt, die nur noch als Geschichten funktionieren, deren Übereinstimmung mit der Wirklichkeit rein zufällig ist, bzw., die nur noch eine eigene Wirklichkeit besitzen. Noch ist offen, wie mit der kommenden Technologie Wahlkämpfe noch zu gestalten sein werden, wie politische Kommunikation funktionieren kann.

Der absehbare Übergang zur Digitalisierung aller Informationsverarbeitung läßt deutlich werden, daß der aktuelle gesellschaftliche Wandel – so drastisch und schnell er erscheinen mag – noch längst nicht am Ende ist. Es sieht eher so aus, als wären wir am Anfang eines von einer neuen Schlüsseltechnologie geprägten Zeitalters. Bisher hat nur die Science-fiction Literatur Vorstellungen von menschlichem Leben unter künftigen Kommunikationsbedingungen entwickelt.

Die Fragen, die sich aus der technologischen Revolution, aus digitaler Informationsverarbeitung und der Flut technischer Bilder für das Selbstverständnis der einzelnen wie für den inneren Zusammenhalt von Gesellschaften stellen, sind noch nicht erfaßt. Politik, die Zustimmung braucht, bewegt sich künftig in Kommunikationskontexten, die noch unsicherer sind als die heutigen.

»Man kann ohne Übertreibung sagen, daß die Zukunft der modernen Gesellschaft und die Stabilität ihres Innenlebens zum Großteil von der Aufrechterhaltung eines Gleichgewichts zwischen der Macht der Kommunikationstechniken und der Reaktionsfähigkeit der einzelnen selbst abhängt,« meinte Papst Pius XII. im Jahre 1950 (nach McLuhan). Ob er höhere Eingebungen über die Entwicklungen hatte, die noch kommen werden?

# 10. Worte und Zeichen: Die Massen erreichen

Sollen Wahlen Sinn machen, muß es etwas zu wählen geben. Wenn Wahlkampf beim Wähler ankommen will, gilt es den Eindruck zu erwecken, daß es für ihn einen Unterschied macht, wer regiert. Die Wähler müssen zwischen den Projekten, Themen und Zielen, die ihnen wichtig sind, und den Angeboten der Parteien eine Verbindung herstellen können, damit diese Angebote auf die Wahlentscheidung Einfluß haben können.

Damit ein Thema den Wähler motiviert zur Wahl zu gehen, obwohl er das eigentlich nicht wollte, oder ihn anregt, eine andere Partei als sonst zu wählen

- muß er in dieser Sache eine Vermutung oder Kenntnis der unterschiedlichen Positionen der einzelnen Parteien haben,
- muß das Thema für ihn so wichtig sein, daß andere Themen deutlich in den Hintergrund treten. Es wird sich tatsächlich oder vermeintlich um eine existentielle Frage handeln.

Das können Konzepte sein, die mit ökonomischen Belangen zu tun haben: Die Partei, die Arbeitslosenhilfe abschafft, wird bei den Arbeitslosen nicht viel Freunde haben. Das können aber auch Fragen von Moral, Sitte oder das Gefühl der Bedrohung sein. Die für das Wahlergebnis entscheidende Frage ist nicht, was den Menschen allgemein wichtig ist, sondern, was ihnen so wichtig ist, daß sie ihre Wahlentscheidung davon abhängig machen. Das sind aber für verschiedene Bevölkerungsgruppen sehr unterschiedliche Beweggründe. Wenn also katholische Arbeiter CDU wählen, ließe sich rückschließen, daß ihnen die am Glauben orientierten Werte wichtiger erscheinen als das am materiellen Interesse orientierte Angebot der SPD.

Je entfernter die politische Meinung von den jeweiligen eigenen und erfahrbaren Interessen weg ist, desto stärker sind die Auffassungen einzelner von der öffentlichen und veröffentlichten Meinungs-, Mythen- und Imagebildung abhängig. Die meisten Bereiche der Politik sind für die Wählerinnen und Wähler nur mittelbar erfahrbare Wirklichkeit, und demgemäß wechselt sehr schnell, wen sie hier für die Lösung eines Problems für kompetent halten. Je unübersichtlicher und undurchschaubarer die Gesellschaft wird, desto mehr konstituiert sich das Gefühl von Bedeutung über deren wirksame Inszenierung.

Jenseits akuter materieller Nöte sind die Themen, die den Menschen »unter die Haut gehen« beeinflußbar, also das Ergebnis öffentlicher Kommunikation. Nicht mehr die Wirklichkeit selbst, sondern ihre Interpretation, die Kommunikation prägt das Bewußtsein und wird so zum Schlüssel politischer Macht: »Nicht die Taten bewegen die Menschen, sondern die Worte über die Taten. Derjenige, der die Ideen hat und der für sie auch die richtigen Begriffe wählt, hat die Macht über das Denken der Menschen« (H. Geißler). Oder anders ausgedrückt: »Tatsachen sind schwerer zu verändern als Meinungen über Tatsachen« (W. Bergsdorf).

Je mehr die Wahlentscheidung von akuten Stimmungslagen abhängig wird, desto wichtiger wird es für die Parteien, auf diese Stimmungslage selbst aktiv Einfluß zu nehmen und ihr Thema zum entscheidenden Maßstab zu stilisieren: Ob sich die SPD in der öffentlichen Auseinandersetzung an einer CDU-Vorgabe wie »Deutsche Blauhelme in alle Welt« messen lassen muß oder die CDU an dem SPD-Thema »Sozialer Friede in Deutschland«, macht für das öffentliche Meinungsklima einen deutlichen Unterschied.

Erfolgreiche Kommunikation hinterläßt beim Empfänger den Eindruck, verstanden zu werden. Dieser Eindruck wird von einer Ansprache und von Problemdeutungen geweckt, die der Wahrnehmung der Zuhörer entsprechen. Wer die Wähler erreichen will, muß ihre Bedürfnisse ansprechen. Diese Grundregel gilt schon, wenn es um die bloße Aufmerksamkeit geht, wenn sie bemerken und sich merken (»lernen») sollen, was man ihnen sagt. Da in der Regel nur jene Informationen wahr- und aufgenommen werden, die Gefühle auslösen, nutzt erfolgreiche politische Werbung immer die Verbindung von Argument und Emotion.

Was wollen die Wähler? Auf einer allgemeinen Ebene ist diese Frage ganz einfach zu beantworten: Die Wähler wollen vor allem Sicherheit und keine Störung durch weltpolitische Großereignisse. Die Wähler wollen die Ziele erkennen und das Zutrauen zu den Fähigkeiten der Politik haben, daß sie auch imstande ist, diese Ziele zu erreichen.

»Sicher in die Zukunft« ist also das heimliche Hauptthema aller Wahlkämpfe. Was jeweils als Konkretion für dieses Hauptthema taugt, folgt aus dem aktuellen Bedrohungsempfinden. Die Negation erleichtert den Weg zur Antwort: Weg mit Verunsicherungen und Zukunftsängsten – was immer deren Hintergrund sei: von der realen Bedrohung durch Arbeitslosigkeit oder überhohen Mieten bis zur Projektion ganz subjektiver Nöte auf die Weltlage.

Daraus ergeben sich drei weitere Fragen:

1. Wovon fühlt sich eine so große Anzahl der Wähler so verunsichert, daß dies zu einem politischen Faktor wird?

2. Was ist die politische Antwort, die das Problem löst und auch als Problemlösung vermittelbar wird?

3. Wie kann das so vermittelt werden, daß die positive Erwartung sich mit der jeweiligen Partei und deren Personalangebot verbindet?

Diese Fragen scheinen einfach zu beantworten, doch man weiß tatsächlich nur wenig über den Prozeß, der ein Thema so weit politisiert, daß es Einfluß auf die Wahlentscheidung gewinnt. So sind die obigen Fragen eigentlich nur für den Wahltag richtig gestellt. In den Phasen davor ist es hingegen die vordringliche Aufgabe der Parteien, für ihre jeweiligen Themen, Ziele und Konzepte diese Bedeutungszuweisung in der Öffentlichkeit durchzusetzen, so daß wichtig erscheint, was sie anzubieten haben.

Welches politische Bewußtsein trifft der Wahlkämpfer am Vorabend des Wahlkampfes bei den Wählern an? Sie sind mehr oder eher weniger gut informiert und orientiert, haben unabhängig davon allein schon durch die Gewichtung der Medienberichterstattung ein in geraumer Zeit gewachsenes Gefühl dafür, was die wichtigsten Aufgaben sind. Sie kennen die aktuellen politischen Moden und haben medial vermittelte »Erfahrungen« mit der Kompetenz der Parteien und Politiker. Je mehr der Einfluß sozialer Bindungen abnimmt, je weniger politische Primärerfahrungen zum Alltag gehören, desto mehr ist politische Meinung eine Folge modischer Stimmungen, also schwer vorauszusagen und leicht zu beeinflussen – ohne Gewähr allerdings für das Ergebnis.

Der Wettbewerb der Parteien findet auf einem Markt weitgehend uninformierter Kunden statt (s. Kapitel 6) und trifft dort auf eine scheinbar paradoxe Situation: Die Wähler sind zwar nicht sachkundig, aber urteilsfähig. Wenn ein Wähler also das Gefühl hat, daß eine Partei seiner Zukunftsperspektive mehr nützt als andere, und er dafür auch noch Argumente auftut, ist diese »Wirklichkeit« für ihn eindeutig genug, um eine Wahlentscheidung zu begründen. Was die Wähler wissen (können) und worüber sie eine Meinung haben, fällt weit auseinander. Nach einer Polemik des Soziologen Joseph A. Schumpeter »fällt der typische Bürger auf eine tiefere Stufe der gedanklichen Leistung, sobald er das politische Gebiet betritt ... Er wird wieder zum Primitiven. Sein Denken wird assoziativ und affektmäßig.«

Es gilt im Wahlkampf, diesem uninformierten Volk ein Angebot zu machen, das es versteht und akzeptiert, das seinem Lebensgefühl entspricht. Werbung und Wahlkampf versuchen in Bezug auf gelernte Deutungen Projektionen zu animieren. Wahlkampf ist immer Handlungs- und Deutungsangebot zugleich – auf der Basis realer oder in Kommunikationsprozessen »erzeugter« Bedürfnisse.

Alle Parteien entwickeln ihre Politik nicht mehr aus großen gesellschaftlichen Perspektiven, sondern nur noch aus der Negation bestehender mißlicher Umstände, Krisen und Katastrophen. Auf der Basis von Gespür und Erfahrung und mit Hilfe der Forschung entsteht eine Theorie über die Erwartungen zahlenmäßig relevanter Wählergruppen. Im kommunikativen Wettbewerb kommt es auf die Fähigkeit an, einen Vorgang, ein Problem, ein Ereignis so zu definieren, daß die zugehörigen Maßnahmen in den eigenen Zuständigkeits- oder Kompetenzbereich fallen.

»In der Politik ist nichts realistischer als der Streit um Worte. Ein Wort an die Stelle eines anderen zu setzen heißt, die Sicht der sozialen Welt zu verändern und dadurch zu deren Veränderung beizutragen« (P. Bourdieu). Was er meint, erklärt er am Verhältnis des alten Wortes »Arbeiterklasse« zu den modernen Euphemismen, wie »die kleinen Leute«, »die einfachen Schichten«, »der Mann auf der Straße«, »der Durchschnittsfranzose«. Mit den neuen Bezeichnungen wird der Klassenkonflikt als Ordnungsmuster gesellschaftlicher Hierarchie aufgegeben.

Der »richtige« Begriff schafft das Beschriebene in den eigenen Deutungskontext. Dies muß allerdings vom Volke gelernt werden, und das Grundmuster des Lernens ist die Wiederholung – bis diese Sicht der Dinge als vertraute Sprachformel zum Common sense wird. Es reicht nicht, dem Wähler einmal zu sagen, was man ihm übermitteln möchte, denn die Wähler lernen langsam. Deshalb muß die Botschaft in allen denkbaren Varianten wiederholt werden: »Die Flut der sich über die Bürger täglich ergießenden Informationen ist so gewaltig angeschwollen, daß nur die Nachricht eine Chance hat, beim Bürger anzukommen, die permanent und mit gelassener Sturheit wiederholt wird« (W. Bergsdorf). Diese Wiederholungen müssen auf eine emotionale Bereitschaft treffen und in die Alltagskommunikation der Wähler übergehen. Sonst sind sie nutzlos.

Politiker können noch so oft in den Medien auftreten, können sich drehen und wenden, sich auf dem Kopf stellen und auch sonst alle Mühe geben, das Volk zu unterhalten, dem Wähler zu gefallen – wenn man ihnen nicht glaubt, ist die Mühe vergebens. Schlechte Politik wird mit der Zeit auch bei guter PR entdeckt.

Themen, die da sind, müssen also interpretiert werden. In der Auseinandersetzung um den sogenannten Streikparagraphen (§ 116 AFG, 1986) wurde den Gewerkschaften »Klassenkampf« vorgeworfen, die Gewerkschaften konterten mit »Klassenkampf von oben«. Die kommunikativen Zuspitzungen hatten nicht nur Vereinfachung zum Ziel, sondern waren Teil des Wettbewerbs darum, wer sich mit seiner Interpretation in der Öffentlichkeit durchsetzt.

Im Fall des Streikparagraphen hätte es dramatische Konsequenzen gehabt, wenn es einer Seite gelungen wäre, ihre Definition eindeutig zur allgemeinen Sichtweise zu machen. Die Testfrage war: Ist die Streikfähigkeit der Gewerkschaften noch ein positiver Wert? Wenn die Antwort in der Bevölkerung keine sonderliche Aufregung mehr verursacht, haben die Arbeitgeber ihren Standpunkt in der Gesellschaft durchgesetzt und die Gewerkschaften an Zustimmung derartig eingebüßt, daß sie ihre Funktion nicht mehr ernsthaft ausüben könnten.

Die Parteien ringen daher täglich darum, welche Sicht der Dinge zum gesellschaftlichen Konsens gemacht werden kann, wer also in den relevanten Fragen Träger des Mainstream wird. Man muß erreichen, daß die eigenen Erklärungsmuster an den Stammtischen und Arbeitsplätzen zu allgemeinem Nicken führen. Wenn die klassischen Deutungsmuster ausfallen, wird die Auseinandersetzung immer weniger grundsätzlich, sondern zur Arbeit am Kompetenzprofil. Es ist das Ziel aller Parteien, das eigene politische Angebot für möglichst viele Menschen als das richtige und taugliche Zukunftssicherungsprogramm zu vermitteln. Es müssen also Erwartungen geweckt werden, zu deren Erfüllung man sich anbieten kann.

Der Streit um die Definition ist Teil von Machtkämpfen. Er gewinnt um so mehr an Bedeutung, je weiter sich der jeweilige Sachverhalt von der unmittelbaren Erfahrungswelt der Bevölkerung entfernt. In immer mehr gesellschaftlichen Bereichen wird die Definition des Themas zum eigentlichen Kern der politischen Auseinandersetzung. Die Debatte über die Sache selbst aber bleibt Expertenrunden vorbehalten, die unter Ausschluß der Öffentlichkeit verhandeln. Die zunehmende Trennung zwischen der Expertenwelt und öffentlichem Diskurs macht die Beteiligung der Öffentlichkeit zu einem Teil gezielter Machtstrategie.

Zum Beispiel scheitert eine Drogenpolitik Politik in NRW, die auf Metadonprogramme setzt, solange kommunikativ, wie die öffentliche Debatte vom Gegensatz harte oder weiche Welle – als Symbolisierung einer Haltung – bestimmt wird. Und wenn sie kommunikativ scheitert, scheitert sie letztlich auch wirklich. Die SPD müßte also in der Öffentlichkeit »Wirksame Hilfe« oder »effiziente Problemlösung« oder die Reduzierung der Beschaffungskriminalität als entscheidende Beurteilungskriterien durchsetzen, um mit ihrer Politik die Zustimmung der Mehrheit zu gewinnen und sie in dieser Akzeptanz auch mit Erfolg umsetzen zu können.

Der Versuch der SPD in Bonn, die Asylfrage als Teil der Gesamtproblematik Einwanderungspolitik zu behandeln, und die Probleme mit einem Einwanderungs- bzw. Einwanderungsbehinderungsgesetz anzupacken, mußte scheitern, solange die CDU sich mit der Darstellung durchsetzen konnte, eigentlich sei die SPD am Asylproblem schuld, weil sie sich der Grundgesetzänderung verweigere.

Erfolgreich für die Regierung scheint auch der Blauhelm-Einsatz der

Bundeswehr in Somalia die politische Debatte beeinflußt zu haben – so erfolgreich, daß die Vermutung naheliegt, dies sei der eigentliche Zweck der Übung gewesen: Die Bevölkerung in deutschen Landen lernt, daß es völlig harmlos sei, wenn »unsere Soldaten« irgendwo in der Welt »ihrem Job« nachgehen. Um einen solchen Lernerfolg zu erzielen, war es wichtig, daß keinem dieser Soldaten etwas zustößt, daß sie von der dortigen Bevölkerung freundlich aufgenommen wurden, daß sie bei wichtigen humanitären Aufgaben zu beobachten waren.

Nachdem die entsprechenden Bilder die deutschen Wohnzimmer erreicht hatten, konnte der Verteidigungsminister das deutsche Kontingent wieder nach Hause holen. Es mußte ihm sogar daran gelegen sein, die Operation schnell zu beenden. Wäre noch ein Unfall passiert oder die deutschen Soldaten in Kampfeshandlungen verwickelt worden, hätte das schöne Bild schaden genommen, könnte das Lernziel im Volke nicht erreicht werden.

»Read my lips – keine Steuererhöhungen«. Diese Beteuerung von George Bush im Wahlkampf 1988 war ein gelungener Coup, wurde ein eigenes Thema, ein Sieg nach Punkten und zeigte die Ohnmacht des Diskurses gegen das Klischee: Kaum jemand glaubte Bush, doch die Wähler störte das nicht. Sie wollten glauben und vertrauten auf das Image, Konservative könnten mit Geld umgehen. Diese Kompetenzvermutung zugunsten der Republikaner hat eine deutliche Parallele zu Helmut Kohls Versprechungen zur Bundestagswahl 1990. Die Wähler wollten, was er versprach, und dieses Versprechen lag in der Struktur bisher gepflegter Vorurteile zugunsten der Union. Der SPD hätte man solche Versprechungen übelgenommen.

Kohl hat aber wie seinerzeit Bush das Klischee so weit überstrapaziert, daß es als Darstellungsmuster unbrauchbar wurde. Bush konnte 1992 keine solchen Versprechungen mehr machen. Alle Versuche wurden sofort mit der Erinnerung an »read my lips« verknüpft und mußten unterbleiben. Bush blieb schließlich nur noch die außenpolitische Erfahrung als kommunizierbarer Pluspunkt.

Die Kampagne der CDU steckt 1994 in einem vergleichbaren Dilemma: Im günstigsten Fall kommt sie mit der Darstellung durch, daß man 1990 die Probleme in der Tat unterschätzt habe. Der Aufschwung lasse länger auf sich warten, als man versprochen habe, nun aber sei man auf dem Wege der Besserung. Deshalb sei es gerade jetzt nicht günstig, die Regierung zu wechseln. Aber der Grundvorschuß an Kompetenzvermutung in Sachen Wirtschafts- und Finanzpolitik, der den Konservativen gleichsam naturwüchsig zugebilligt wurde, hat tiefe Risse bekommen.

Wenn ein Thema neu definiert wird, so bezeichnet man die damit verbundenen Wirkungen bei den Bürgern als *Priming Effekt.* Die neue Bewertung des Themas verschiebt auch Beurteilungen über einige Politiker, denn deren Kompetenz wird immer im Verhältnis zu dem artikulierten Aufgaben gewichtet. Ein Sozialpolitiker kann leicht Punkte machen, wenn sozialpolitische Themen die öffentliche Debatte bestimmen oder wichtige Themen wie Arbeitslosigkeit als sozialpolitische erörtert werden. Er verliert hingegen, wenn Wirtschaftspolitik dominiert, und herausragende Themen wie Arbeitslosigkeit als Aufgaben der Wirtschaftspolitik verhandelt werden.

Welcher Aspekt den Wählern bedeutsam erscheint, ist die zentrale Frage für Kommunikationsmanagement. 1987 boten die Christdemokraten Arbeitslosigkeit und Renten als ökonomische Themen an. Sie sprachen über die Zahl der Beschäftigten, nicht über die Arbeitslosen. Der SPD ging es zu Beginn um gesellschaftlichen Konsens, um gesellschaftlichen Dialog zur Bewältigung von Krise und Konflikten. Das Wahlprogramm bot die Versöhnung von Arbeit und Umwelt als Zeichen für die Auflösung der internen Kontroverse zwischen Ökonomie und Ökologie.

Im weiteren Verlauf folgten Umweltpolitik und Arbeitslosigkeit, die Verschärfung der sozialen Probleme. Schließlich wurde der Versuch unternommen, einige Reformideen zu popularisieren: »Mehrheit für ... (dies und das) ... SPD!« Die Grünen warben mit Umwelt, Anti-Atomenergie und sozialen Fragen. Die FDP betonte insbesondere ihren Beitrag zur ökonomischen Leistungsbilanz.

»Vergleicht man die Themenstruktur der Fernsehberichterstattung mit den Themenprioritäten der Parteien, so kann man feststellen, daß sich die Regierungsparteien CDU und FDP mit ihrem zentralen Wahlkampfthema ›Konjunktur‹ durchsetzen konnten ... Die Arbeitslosigkeit wurde von keinem Sender besonders herausgestellt. Dies bedeutete für die SPD, daß sie mit einem ihrer wichtigsten Wahlkampfthemen kaum journalistische Resonanz fand. Im Konflikt zwischen Regierung und Opposition, ob die konjunkturelle Entwicklung oder die Arbeitslosigkeit der relevante wirtschaftliche Problemaspekt war, setzte sich somit die Sichtweise der Regierungsparteien durch. Die Oppositionsparteien konnten mit ihrem Umweltthema, das vor allem von den Nachrichtenmagazinen der privaten Sender aufgegriffen wurde, einen gewissen Erfolg verbuchen ... Insgesamt kann man feststellen, daß es den Regierungsparteien CDU und FDP gelang, die Themen der Wahlkampfkommunikation zu bestimmen. Die SPD konnte sich mit ihren Wahlkampfhemen nicht durchsetzen« (Mathes und Freisens).

Arbeitslosigkeit, Rentensicherheit, Umweltschutz und Abrüstung, die eigentlich großen Themen, beherrschten weder die Auseinandersetzung im Wahlkampf noch die Medienberichterstattung. In den Medien insgesamt wurde hingegen viel über den Wahlkampf selbst, über die von der CSU eingebrachte Forderung, Strauß müsse Außenminister werden, und insbesondere über die SPD-interne Strategiedebatte berichtet, ob das Wahlziel nun die eigene Mehrheit sei oder ob 43% auch als »ganz schön« bezeichnet werden könnten. Die SPD wurde von der immer und immer wieder aufgeworfenen Frage gebeutelt, ob denn das angegebene Wahlziel glaubwürdig sei.

Das sieht auf den ersten Blick gut für die Regierung aus, denn deren Themen waren die Themen der Berichterstattung – sie wurden aber überwiegend kritisch dargestellt. Die Kritik machte sich insbesondere an Helmut Kohl fest, der im gesamten Wahlkampf im Volke keine sonderliche Begeisterung auslöste. Die thematische Hegemonie bedeutet also nicht zugleich, daß man sich auch mit seiner Bewertung durchsetzt. Die CDU verlor gegenüber 1983 mehr als 4% der Stimmen.

»Ideal für eine Partei ist es, ein Sachproblem zum Leit- bzw. Hauptthema zu machen, das in der Öffentlichkeit auf größtes Interesse stößt, daher den Wahlkampf inhaltlich tragen und das gleichzeitig mit ideologischen und machtstrukturellen Argumenten verbunden werden kann. Zum Leitthema können ein bis drei weitere wichtige Themen hinzukommen. Die Konzentration auf ein oder sehr wenige wichtige Themen fördert die werbliche Durchschlagskraft des Wahlkampfes. Weitere Nebenthemen lassen sich zur Illustrierung der Hauptaussage einsetzen. Sie sind meist zielgruppenorientiert« (W. Wolf). Das Leitthema muß die Botschaft tragen und dazu für eine große Zahl der Wähler von Bedeutung sein, Polarisierungsmöglichkeiten bieten und ins eigene Kompetenzprofil passen.

Was jeweils gerade besonders wichtig ist, erhellt die Frage nach der größten Verunsicherung, die Sorgenhierarchie. Dies ist die erste und einzige Unterscheidung, die für Wahlkämpfer wirklich relevant ist, denn Sorgen und Ängste prägen auch die Aufmerksamkeit für hoffnungsvolle Botschaften.

Als Leitthemen taugen, je nach aktueller Lage und Stimmung, die wesentlichen Bereiche von Sicherheit: Wirtschaft, soziales Netz, Kriminalität, Außenpolitik/Frieden und, wenn gerade eine Umweltkatastrophe die Schlagzeilen beherrscht, auch die Ökologie. Clintons Sicherheitsangebot 1992 lautete Wirtschaft, Arbeitsplätze und Ausbildung als ein gemeinsames Paket – »It's the economy, stupid« –, ergänzt von der Renovierung der Krankenversicherung. Bush bot noch das klassische Sicherheitsangebot des Kalten Krieges, die Außenpolitik.

In der Bundesrepublik waren und bleiben Wirtschaft und Arbeitsplätze auf Bundesebene die Leitthemen des Sicherheitsgefühls. Doch auch sie werden bei jeder Wahl über andere Indikatoren kommuniziert. Mal taugt dafür Infrastruktur, mal Ausbildung oder Wissenschaft, mal der Wert der DM, um die entscheidende wirtschaftspolitische Kompetenz vorzuweisen. Aus dem Bereich Wirtschaftspolitik ist also leicht ersichtlich, daß das in Umfragen erfaßte Thema nicht einfach auch das wirkliche Thema ist. Es setzt sich immer aus vielen Teilbereichen zusammen, für die jeweils den einzelnen Parteien unterschiedliche Kompetenzen zugeschrieben werden. So eröffnet sich ein weiter Raum für kommunikative Offensiven: Welche Partei schafft es, einen großen und wichtigen Politikbereich in ihre Zuständigkeit zu holen?

Sozialpolitik bewegte sich bislang im Bereich der »Geschenke« und Versprechungen und gerät zunehmend in den Sog neuer Verteilungsfragen. Ökologie und Wertewandel sind mit der Vereinigung in den Hintergrund geraten, bleiben aber als Thema erhalten. Innere Sicherheit ist zwar ein Dauerthema, taugt jedoch nur für ein begrenztes Publikum als Darstellungsfolie. Sie wird nur aus aktuellen Anlässen ein allgemeines Thema der ersten Kategorie. Neuere Themen, wie Bürokratie, Qualität staatlicher Verwaltung, EG und der Zustand der Politik sind Nebenschauplätze, können jedoch wichtig werden, wenn kein anderer Druck dominiert.

Die Wähler suchen also Sicherheit und Zukunft, mit unterschiedlicher Gewichtung je nach aktueller politischer Konjunktur – und jeweils in Abwendung von Unsicherheit, Perspektivlosigkeit etc. Die konkreten Themen füllen diese nach der emotionalen Erwartung definierten Motive. Wirtschaft ist ein herausragender Aspekt für beide Komponenten, für Sicherheit und Zukunft: Vorsorge auf gutem Fundament, Symbol für Kompetenz und Tatkraft.

Die SPD vermutete auf ihrem Parteitag im November 1993 in der Arbeitslosigkeit und in der Angst vor dem Verlust des Arbeitsplatzes die aktuelle und für 1994 in den Empfindungen dominierende Bedrohung. Die SPD hat mit dem Thema »Arbeitsplätze« einerseits an ihr altes Image als Partei der Arbeitnehmer angeknüpft, zugleich aber in der aktuellen schwierigen wirtschaftlichen Situation ein Signal gesetzt, das quer durch alle Schichten und Milieus gehört wird, das unabhängig vom Geschlecht oder der Größe des Wohnortes an Bedeutung gewonnen hat. Es geht diejenigen an, die derzeit keinen Arbeitsplatz haben, diejenigen, die schon wissen, daß sie ihn in Kürze verlieren werden, und jene, die sich nicht ganz sicher fühlen, ihren auf Dauer zu behalten. Und wer kann sich heute schon ganz sicher sein? Dazu kommen jene, die aus sozialer Verantwortung, politischer Vernunft oder einfach aus Angst vor dem Zerfall des inneren Friedens dafür sind, politisch zu intervenieren, wenn der Markt nicht allen bezahlte Arbeit verschafft, die sich darum bemühen.

Bei den anderen Parteien setzte sich schnell die Erkenntnis durch, daß die SPD die Erwartungen vieler angesprochen hatte. Die FDP zog daher noch in der Woche dieses SPD-Parteitages nach und präsentierte das Schaffen von neuen Arbeitsplätzen als ihr Thema für 1994. Die CDU ließ nicht lange auf sich warten. Helmut Kohl kam in seiner Silvesteransprache darauf. Wirklich große Themen hat heute keine Partei auf Dauer exklusiv. Und wenn man sich auf diese Weise auf das vordringliche Thema geeinigt hat, wird die Kompetenz für die entsprechende Aufgabenbewältigung zum Wettbewerbskriterium.

Außerhalb der engen Kreise des Wahlkampfmanagements grassiert in den Parteien noch immer die Hoffnung, Wahlkampf sei eine Zeit der

Politisierung, in der sie den »Medienfilter« umgehen könnten. Das ist nur sehr begrenzt machbar. Zwar erleben bei öffentlichen Veranstaltungen mehr Menschen Politiker live als sonst, zwar gibt jede Partei etwa die Summe für Anzeigen, Broschüren und Plakate aus, die dem Preis zweier Postkarten an jeden ihrer Wähler entspräche, doch die Wirkung von all dem wäre ohne Medienresonanz äußerst gering. Erst die Medien übermitteln die politischen Botschaften einem breiten Publikum, erst die Medien liefern Grundeinschätzungen des politischen Angebotes. Die eigentliche Wahlkampagne kann nur für vorher gelernte Profile, Ziele und Lösungen mobilisieren, zuspitzen, wiederholen und popularisieren.

»Die Klage, der Wahlkampf sei themenlos gewesen und habe die Probleme, von denen der Bürger eigentlich betroffen sei, nicht zur Sprache gebracht, gehört ... nun schon zur Dauerkritik professioneller Wahlkampfbeobachter ... Tatsächlich stehen die Intensität, mit der die Parteien ihre wahlprogrammatischen Aussagen diskutieren und die Vielzahl der in größeren Wahlkampfreden angesprochenen Themen in einem auffälligen Gegensatz zur vergleichsweise einfachen Struktur der Themen, die die öffentliche Wahlkampfkontroverse, d. h. medienvermittelte politische Kommunikation bestimmen« (U. Sarcinelli).

Dieser Wandel von programmatischer Güte in populistische Schlichtheit ist die unausweichliche Konsequenz massenmedialer Vermittlung: Wer bei einer breiten Mehrheit der Wähler ankommen will, muß politische Inhalte auf einfache Botschaften reduzieren. In der politischen Kommunikation treffen zwei Entwicklungen aufeinander, die in dieselbe Richtung weisen: Die Welt und die Politik sind in so hohem Maße komplex und unübersichtlich geworden, daß ihre Vermittlung ohne Vereinfachung nicht mehr möglich ist. Zugleich haben wir mit dem Fernsehen ein Leitmedium, das seinerseits komplexe Sachverhalte auf in Bildern vermittelte Emotionen reduziert. Wer in diesem Medium transportieren will, muß vereinfachen.

Wahlkämpfer müssen Komplexität für ein breites Publikum reduzieren, denn wenn sie Wahlkampf nur für ihresgleichen machen, erzielen sie nur ein schmales Ergebnis. Der Zwang zu popularisieren, verändert dann auch die Politiker selbst: »Die Parteiagitatoren und Propagandisten alten Stils weichen parteipolitisch neutralen Werbefachleuten, die angestellt sind, um Politik unpolitisch zu verkaufen ... Die Widerstände, die in manchen Parteien erst nach mehrfachen Wahlniederlagen gebrochen wurden, verraten, daß die Wahlregisseure den Schwund an eigentlich politischer Öffentlichkeit nicht nur zur Kenntnis nehmen, sondern mit vollem Bewußtsein selbst betreiben müssen« (J. Habermas). Die SPD tat sich besonders schwer, diskutierte immer wieder die Alternative »Wählermanipulation oder sozialistische Politik«.

Da für die Bürger bedeutsame, praktische Unterschiede zwischen den Parteien im Grundsatz kaum zu erkennen und im Detail auch zu kompliziert sind, um für Nichtfachleute nachvollziehbar zu sein, bleiben für die Vermittlung politischer Konzepte und Unterschiede nur Zuspitzung, Inszenierungen und Personalisierungen. Erfolgreicher Wahlkampf muß Emotionalisierung und Rationalisierungsangebote liefern, denn die Emotion allein taugt im sozialen Kontext der Wähler nicht zur Entscheidungsbegründung. Das überzeugendste Argument ist eines, das die Menschen selbst benutzen, aber dies ist ein gelerntes, also Ergebnis von Kommunikationsprozessen und Berichterstattung.

Da man längst weiß, daß eine Aussage nicht schon deshalb wirkt, weil sie in politisch-instrumentellem Sinne wahr ist, und daß, was wirkt, nicht wahr sein muß, geraten Wahlkämpfer in ein grundsätzliches moralisches Dilemma, aus dem sie nur entkommen, wenn sie Wege finden, wie Wahrheit auch wirken kann. Das Versprechen »Die Renten sind sicher!« wirkt, solange es geglaubt wird, muß aber nicht den Tatsachen entsprechen. Und wenn es nicht geglaubt wird, wirkt es auch dann nicht, wenn es wahr sein sollte.

Die Analyse von Stimmungsschwankungen vor Wahlen zeigt, daß die Zusprache von Kompetenz in hohem Zusammenhang steht mit der Siegesvermutung. Wenn also die Wähler meinen, die SPD habe gute Chancen, werden ihr auch zunehmend Kompetenzen zugesprochen. Das ist sozusagen die Rationalisierung des *» Band waggon Effekts «*. Die Leute wollen nicht nur bei den Gewinnern sein, sondern für diesen Wunsch auch noch eine plausible Begründung haben.

In der Umkehrung folgt daraus: Wenn in der Bevölkerung das Gefühl sich breit macht, Kohl werde die nächsten Wahlen verlieren, dann werden ganz viele Indizien seines Versagens zusammengetragen, die kleinste Schwäche, der geringste Fehler, wird zum Symptom des

Niedergangs. Eine einigermaßen realistische Machtperspektive ist also ein Element erfolgreicher Inszenierung. Deshalb tun alle Parteienvertreter nach den Wahlen meist so, als hätten sie die Wahlen gewonnen.

Der politische Bereich wird in den Konsumbereich integriert. »Vielleicht sind wir inzwischen tatsächlich an dem Punkt angelangt, an dem nicht mehr die Programmatik, sondern die Kosmetik das Gebiet ist, auf dem sich der Politiker wirklich auskennen muß« (N. Postman). Für Hans-Georg Betz zeigt sich auch in der Politik eine Entwicklung von Selling zu Marketing: »Selling von Politik heißt, die Wähler von der Richtigkeit bereits vorgefaßter Programme zu überzeugen, auf die die Wähler wenig Einfluß haben. Marketing heißt dagegen, bereits in der Bevölkerung vorherrschende Stimmungen und Ansichten abzurufen, zu kanalisieren, zu konkretisieren und in griffige Schlagworte und programmatische Fragmente umzusetzen. Der amerikanische Präsidentschaftskandidat verdankte seinen Erfolg zum großen Teil dieser Strategie einer konsumentenbewußten Politikvermittlung.« Das Instrumentarium »Marketing« kann natürlich auch von rechts-populistischen Flötenspielern, wie dem österreichischen FPÖ-Vorsitzenden Haider genutzt werden.

Die ehemals bürgerliche Öffentlichkeit hat sich nicht verflüchtigt, weil es keine Informationsvorsprünge und keine Bildungsprivilegien mehr gibt, sondern weil Kommunikation Marketing geworden ist und sich an die Massen richtet. Das ist die Kommunikation, die heute Öffentlichkeit ausmacht. Die ehemals bildungsbürgerliche ist nicht mehr öffentlich bestimmend, sondern in einige elitäre Publikationen abgedrängt. Vorsprünge an Wissen und Kenntnissen spielen nur noch bei den Rivalitäten unter den Kenntnisreichen selbst eine Rolle, aber nicht mehr öffentlich.

Die Sinn- und Deutungsproduzenten sind nicht Gegenstand öffentlicher Erörterungen. Die Intellektuellen sind kein relevanter Markt, geraten folglich an den Rand. Sie haben Massenmedien und Politik schon je verachtet und ziehen sich nun, da niemand sie zu brauchen scheint, in ihre Nischen zurück. Wenn sie das untereinander besprechen, erreicht das nur eine kleine Teilöffentlichkeit.

Der moderne Zwang zur Vereinfachung verführt dazu, den Wählern immer wieder die Befriedigung aktueller Erwartungen zu signalisieren.

Damit geraten Politiker in die dauernde Versuchung, den Wählern aktuell unangenehme, aber langfristig unausweichliche Wahrheiten möglichst so lange vorzuenthalten, bis die Verantwortung jemand anderem zugeschoben werden kann. Die von Freud einst gepriesene Kulturleistung des Verzichts auf kurzfristige Bedürfnisbefriedigung, um langfristige Ziele zu erreichen, die eine wesentliche Grundlage abendländischer Arbeitsethik ausmacht, wird damit unterminiert.

# 11. Inszenierungen: Die Wirkung ist das Ziel

Jede allgemeine Verständigung benötigt Symbole, die komplexe Zusammenhänge auf kurze Nenner bringen, die Zuordnungen und Unterschiede deutlich machen. Symbole sind, wie einst die rote Fahne, Erkennungszeichen. Politik der Symbole ist das Zentrum moderner politischer Massenkommunikation geworden. Sie verweisen oft auf reale Entsprechungen, gelegentlich sind sie bloßer Schein.

Konsumgüter, Geschmack, Bildung und Akzent sind Symbole sozialer Unterschiede, Kleidung ist Symbol der Zugehörigkeit zu einer sozialen Schicht – unabhängig davon ob man sich dieser Wirkung bewußt ist oder nicht, ob man sie absichtsvoll einsetzt oder sich in der eigenen Selbstwahrnehmung nur »natürlich« verhält. Symbolische Politik ist einerseits Kunst der Vereinfachung, ermöglicht die Popularisierung hoch komplexer Sachverhalte und Zusammenhänge, kann aber auch Vortäuschung von Handlungskompetenz sein und so anstelle des eigentlichen Handelns treten.

Politiker spielen öffentliche Rollen. Sie sind Projektionsobjekt und an Wirkung orientierte Darsteller – wie gut oder schlecht auch immer sie diese Funktion ausfüllen. Richard von Weizsäcker etwa hat sich als Bundespräsident zu einem Staatsschauspieler erster Güte entwickelt und wirkt bis weit in die politische Linke hinein glaubwürdig als Repräsentant von Anstand und Würde.

In der Ausgestaltung einer derartigen öffentlichen Rolle wirken eine Fülle von Details zusammen. Jedes dieser Elemente wirkt, weil es in unserem kulturellen Kontext gedeutet werden kann. Die Kleidung, der Sprachgebrauch, das Auftrittsgebaren, Gestik, Mimik, das volle weiße Haar und selbst die Gattin sind solche Zeichen. Schon eine poppige Brille würde das ganze Bild zerstören. Ein Kandidat, der sich auf einem Plakat gemeinsam mit Frau und Kindern zeigt, signalisiert: »Ich bin

Familienvater«. Er zielt damit auf die Rolle Landesvater: Ihm kann man vertrauen, er kümmert sich um uns. So ein Plakat paßt nicht zu hemdsärmeligem Auftritt. Die vielen Zeichen, die von einem Kandidaten ausgehen, müssen also ein konsistentes Bild abgeben und in den Zusammenhang jener Interpretation passen, die man von den anliegenden Aufgaben vornimmt. Der »große Aufbruch« und ein freundlicher Landesvater etwa passen nicht gut zusammen.

Die Wähler führen mit den Politikern kein Bewerbungsgespräch, sehen keine Zeugnisse ein. Die vorhandenen Fachleute, die ja in der Sache oft mehr verstehen als die meisten Politiker, sind vom Volk nicht als Prüfer bestellt. Für die Parteien stellt sich die Aufgabe anders herum: Wie verdeutlicht man in einem besonders wichtigen Thema den Wählern die eigene Kompetenz, obwohl sie von der Sache nichts verstehen?

Symbole sind Teil einer »Deutungskultur«. Mit ihrer Hilfe gelingt es, komplexe Zusammenhänge auf einfache Alternativen zu reduzieren, die auch mit mageren Kenntnissen zu begreifen sind. Wirtschaftspolitik gilt als herausragendes Entscheidungskriterium der deutschen Wähler, doch kaum jemand weiß, was ein Wirtschaftsminister täglich tut. Im Urteil der Wähler über die Wirtschaftspolitik einer Regierung drücken sich vielmehr Erwartungen über die allgemeine wirtschaftliche Entwicklung und die individuelle Perspektive aus, zeigen sich optimistische oder pessimistische Zukunftsprognosen.

Jenseits der Fachdebatte besteht »Wirtschaftspolitische Kompetenz« also in der Fähigkeit, Hoffnung auf Wahrung und Mehrung des Wohlstands zu vermitteln. Diese positive Erwartungshaltung benötigt Indizien. Das können Personen sein wie Ludwig Erhard, Karl Schiller oder Helmut Kohl, das können aber auch Sachthemen sein, die zum Symbol für positive Zukunftsentwicklung stilisierbar sind. Welches Thema jeweils aktuell wirtschaftliche Kompetenz signalisieren kann, hängt von den Aufgaben ab, die als besonders dringlich betrachtet werden: Haushalt, Defizit, Finanzen, Aufwertung, Außenpolitik für neue Märkte, Berufsausbildung oder Technologie und Forschung.

Die vom »Superminister« Karl Schiller 1971 veranlaßten Aufwertungen der DM und er selbst wurden zu Symbolen wirtschaftspolitischer Kompetenz – obwohl (oder besser: weil) ein Großteil der Bevölkerung die wirtschafts- und finanzpolitischen Zusammenhänge nicht durchschaute. Die Aufwertung geriet zum Zeichen der Stärke, wurde Balsam für das schwankende Selbstbewußtsein der Westdeutschen.

Ein wundervolles Großereignis dieser Art von Kompetenzzuweisung war die Stimmabgabe in den neuen Bundesländern bei der Bundestagswahl 1990. Viele Ostdeutsche bauten bei der Wahlentscheidung auf die eigenen Wünsche. Ihre Projektionen konnten nicht von langjährigen Erfahrungen mit den BRD-Parteien korrigiert sein. Helmut Kohl wurde für sie Symbol westlicher Kompetenz und westlichen Wohlstands.

»Die symbolische Produktion der Weltbilder reduziert die unübersichtliche Vielfalt auf einfache Begriffe und Anschauungen. Sie erzeugt eine gemeinsame Sicht der Welt und damit ein Mindestmaß an Zustimmung zu ihr. Damit gewinnen die politischen Spezialisten zugleich die Freiheit, im einzelnen das Nötige zu tun, ohne es, was keiner verstünde, so erklären zu müssen, wie es abläuft. Was überhaupt noch steuerbar ist im komplexen System, kann nur auf diese Weise geschehen« (Th. Meyer). Die plakative Kurzform umgeht konkrete Festlegungen.

Symbole in der Politik wecken Vorstellungsbilder von Wirklichkeit. Jeder Wähler muß sich seine eigene Perspektive damit ausmalen können. In diesem Projektionsangebot liegt der Schlüssel zu dem Geheimnis, warum es in Wahlen immer wieder gelingt, viele Menschen zur Zustimmung zu veranlassen, obwohl Wahlkämpfe ständig als substanzlos und inhaltsleer kritisiert werden und Politik einen grauenhaften Ruf hat.

Symbolische Gesten sind Teil des politischen Alltags. Angefangen von ganz großen Zeichen, wie dem Warschauer Kniefall Willy Brandts, über kleinere Ereignisse, wie dem Händchenhalten von Kohl und Mitterand, bis zu taktischen Manövern, wie dem Besuch des Verteidigungsministers Rühe in Somalia im Juli 1993. Er versuchte damit, die innenpolitische Diskussion zur Blauhelm-Frage als kleinkariertes Gezänk zu blamieren, das den großen internationalen Ereignissen völlig unangemessen sei.

Doch das politische Geschäft ist nicht nur voll solch großer Momente: Schiffstaufen, Einweihungen, Grundsteinlegungen zeigen die Verbindung mit einem Veranstalter, zu Berufsgruppen und Teilöffentlichkeiten, Händeschütteln, das »Bad in der Menge«. Die Teilnahme auf Karnevalsitzungen und Schützenfesten läßt Volksnähe erkennen: »Seht her, ich bin einer von euch, wählt mich!« Es ist die große Sehnsucht der meisten Politiker, vom Volk als seinesgleichen angesehen zu werden. Schöner als Ludwig Erhard in seiner Standardrede im Wahlkampf 1965 kann man dies kaum ausdrücken. Er meinte: »So wie ich hier vor Ihnen stehe, bin ich ein Querschnitt von Ihnen allen.«

Symbole taugen aber nicht nur zur Selbstdarstellung, sondern auch zur Attacke gegen die Konkurrenz: 1988 nutzten die Republikaner George Bushs die Verschmutzung des Hafens von Boston sowie den Rückfall eines Freigängers als symbolische Zeichen des politischen Versagens. Sie bestritten damit erfolgreich die Glaubwürdigkeit des Gegenkandidaten Michael Dukakis, der sich als erfolgreicher Macher in Szene gesetzt hatte. 1992 versuchte die Bush-Kampagne hingegen erfolglos, die sexuelle Treue Clintons, seine Wehrdienstvermeidung und den Genuß einer Marihuana-Zigarette als Zeichen für charakterliche Defizite zu politisieren.

Die symbolischen Akte der Wähler ihrerseits können bemerkenswerte Zuspitzungen erfahren: So wurde in Frankreich das Referendum zu den Beschlüssen von Maastricht nicht zu allererst als Abstimmung über die Sache, sondern als ein Votum über das Vertrauen in den Präsidenten genutzt.

Ein wichtiges Instrument der politischen Kommunikation sind Scheinpolarisierungen. Dafür sind die wichtigsten politischen Grundbegriffe unserer Gesellschaft schon von beiden großen Volksparteien genutzt worden. »›Emotionale Reizwirkung‹ strahlten in allen Wahlkämpfen seit 1949 besonders die Begriffe Freiheit, Sicherheit, Fortschritt und Friede aus. So formulierte die CDU 1965: ›In dieser modernen klassenlosen Gesellschaft werden wir den Weg in ein wiedervereinigtes Deutschland gehen, in einem Europa des Friedens, der Freiheit und des Fortschritts‹ (W. Wolf).

Freiheit, Sicherheit, Partnerschaft und Ausgleich sind seit Adenauer Schlüsselbegriffe der Binnenintegration, Erhard prägte Gemeinschaftswerk, nivellierte Mittelstandsgesellschaft und Konzertierte Aktion. Dann dominierte die sozial-liberale Reformrhetorik: Demokratisierung, Wandel, Fortschritt, Frieden, Abrüstung, Friedenspolitik, Entspannungspolitik und Zusammenarbeit. Das sind alles interpretationsfähige Formeln, die versuchen, Zeitgeist und Mainstream auf den Begriff zu bringen.

Der von Genscher und Lambsdorff eingeführte und von Kohl übernommene, einst sehr flexible, mit allerlei Wünschen besetzbare Begriff *Wende*, unter den jeder seine eigenen Zukunftswünsche unterbringen konnte, wurde zu einem kommunikativen Bumerang, weil eben auch die Enttäuschungen nicht ausbleiben konnten. Das ist aber ein Grundschicksal jeder wirklich guten politischen Parole: Sie mobilisiert viel und muß eben dadurch auch viel Enttäuschung nach sich ziehen. Auch aus der »geistigen und moralischen Führung«, mit der Helmut Kohl 1982 drohte, ist nichts geworden.

Die Stilisierungen in der Politik können reale Grundlagen haben oder aber den Sinn, Mängel zu kaschieren. Das Symbol kann eine reale Entsprechung haben oder als Ersatz für unterlassenes Handeln stehen. So gehört »die Erzeugung von Begünstigungs- und Belastungsillusionen zum strategischen Arsenal von Politik. Eine nominell starke Steuerprogression mit zahlreichen Schlupflöchern mag den einkommensschwächeren Schichten einen hohen Grad von Verteilungsgerechtigkeit suggerieren« (H.D. Schlosser). Werden die Mittel knapp, treten an die Stelle der materiellen symbolische Wohltaten. Wenn die Handlungsspielräume enger werden, wächst die Versuchung, symbolische Befriedigung statt Problemlösung anzubieten. »Im kritischen, wenn auch häufigen Grenzfall stellt symbolische Politik ein Handeln zur Schau, das nichts Wirkliches verdichtet und auf nichts Wirkliches verweist« (Th. Meyer).

Ob es um potemkinsche Dörfer oder um wirkungsvolles politisches Handeln geht, ist für das Publikum nur schwer zu unterscheiden. Dem Symbol sieht man nicht an, ob es für eine Politik steht, die tatsächlich stattfindet oder an Stelle einer Politik, die dann unterbleibt.

Je weiter sich Politik von Wirklichkeiten entfernt, die im Volke aus eigenen Erfahrungen nachvollziehbar sind, desto symbolischer werden in der Wahrnehmung der Bürger die Unterschiede zwischen den Parteien. So scheint schließlich gleichgültig oder nur in spontanen Launen der Wähler bedeutsam, wer regiert. Je ähnlicher die Konzepte, je geringer die Handlungsspielräume, desto drastischer wird die Inszenierung kleiner Unterschiede.

Zu den Inszenierungen gehören die Zeremonien der Macht, die ausgerollten Teppiche, die Staatskarossen, die Präsidenten und anderswo Könige ebenso, wie die Darbietung heftiger Kontroversen in Themen, die eigentlich ohne Gegensätze sind. Zu diesen Inszenierungen gehören auch Großveranstaltungen, die offensichtliche und Nebenzwecke verfolgen.

Der CDU-Parteitag 1991 in Dresden z. B. machte sich einzig und allein die innerparteiliche Versöhnung der Blockflöten mit den »Reformern« in den neuen Bundesländern zum Thema. Das wurde als für alle Deutschen in Ost und West stellvertretende Integrationsbemühung zelebriert. Wie die Medienresonanz zeigte, konnte die CDU damit tatsächlich die veröffentliche Meinung bestimmen – eine gelungene Ablenkung von all den schwierigen Fragen, die die reale Lage der neuen Bundesländer aufwarf.

Wir leben politisch in einer Scheinwelt: Die Politiker kommunizieren mit ausgewählten Symbolen symbolisch über Handlungen, die sie nicht vornehmen. Das Volk beteiligt sich symbolisch, indem es fernsieht und sich über die dargebotene Symbolik so erregt, als wäre es unmittelbar berührt. Diese Art der Aufregung scheint in jüngerer Zeit allerdings drastisch nachzulassen, wird von gelangweiltem Schulterzukken ersetzt.

Für die Verständigung über Politik bedarf es in den neuen Bundesländern anderer Symbole und Zeichen als im Westen: Die Zigarettenreklame »Go West« hat im Osten keine Chance gegen »Der Geschmack bleibt – f6«. Kompetenz zeigt sich im Osten einmal moralisch-aufrecht, wie bei Regine Hildebrand und Wolfgang Thierse, oder als formale Sachkunde, wie beim »Wessi« und Professor Kurt Biedenkopf.

Gesucht wird nach Personen, die stellvertretend etwas tun. Die Erwartung richtet sich auf eine »demokratische« Fortsetzung der fürsorglich-entmündigenden SED-Politik, wobei die in diesem Sinn vergleichbaren, gewerkschaftlich-sozialdemokratischen Strukturen nicht aufgebaut und eingeübt wurden. Zugleich sind »Gerechtigkeit« und »Solidarität« als begriffliche Signale realsozialistisch abgenutzt. Das Unbehagen an der Vergangenheit und die neue Lage trennen die Menschen nicht sofort von ihren in der Vergangenheit sozial gelernten Kommunikationsmustern.

Die öffentlichen Zuspitzungen vor dem Wahltag suggerieren tiefgreifende Kontroversen, unversöhnliche Widersprüche, die jeweils anderen werden als das Ende Deutschlands und der Untergang geordneter Staatsfinanzen dargestellt. Das ist viel Theater zur Darstellung kleiner Unterschiede. Wirksamstes Instrument der Dramatisierung ist die Werteaufladung: Ein unterschiedlicher gesetzestechnischer Ansatz wird zu einem Grundsatzkonflikt zwischen Gut und Böse aufgeblasen.

Eine Kampagne kann ein Versuch sein, Zustimmung für politische Vorhaben zu mobilisieren. Sie müssen dann als *die* Lösung für ein empfundenes oder besser tatsächliches Problem dargestellt werden. Eine Kampagne kann aber auch ein Versuch sein, nur jene Punkte anzusprechen, die den demoskopisch ermittelten Erwartungen einer breiten Mehrheit entsprechen. Inszenierte Themen und tatsächliche Herausforderungen sind nicht notwendig identisch.

Das öffentlich sichtbare Handeln der Politik hat auch dann Inszenierungsaspekte, wenn es einen realem Zweck verfolgt und sogar etwas nützt. Selbst organisierte und inszenierte »Ereignisse« sind z. B. Reisen ins Ausland, Gipfelgespräche, die Terminierung eines Skandals, der Untersuchungsausschuß, Parteitage, Pressekonferenzen und sonstige Auftritte. All dem kann nicht von vorneherein ein gemeinwohlorientierter Nutzen abgesprochen werden, doch werden immer auch kommunikative Ziele transportiert.

Die Inszenierung von Bedeutung führt zu demoskopisch meßbar veränderten Gewichtungen (Ausschläge jenseits des Zufallsbereichs) bei den Bürgern. Ein Beispiel dafür war die von der CDU geführte Kampagne zur Grundgesetzänderung beim Asylparagraphen. Sie setzte dieses Thema über Wochen an die Spitze der Prioritätenliste der befragten Bürger, es schien selbst jenen brisant, die in ihrem täglichen Leben nie einen Asylbewerber bewußt zu Gesicht bekommen. Danach verschwand das Thema in der Versenkung, wurde von anderen abgelöst – ganz so, als sei mit dem Ende des Parteienstreits die Aufgabe, Einwanderung zu steuern und die dahinter liegenden Probleme zu lösen, ebenfalls erledigt.

Die Medien machten das Spiel der CDU mit – ahnten sie doch ein Thema, das der SPD heftige Krämpfe verursachen mußte. Die SPD spielte dann auch mit und antwortete prompt »Grundgesetzänderung

NEIN« – womit sie sich auf die von der CDU vorgegebene Fragestellung einließ und eine Grundregel des kommunikativen Wettbewerbs verletzte: Wer gewinnen will, muß selbst definieren, um was es geht.

Die Kampagne zum Asylparagraphen war keine unabhängige Einzelaktion. Die Funktion des Themas lag sicher darin, von eigenen Schwächen in anderen Bereichen abzulenken. Wichtiger war es jedoch, die SPD als eine Partei vorzuführen, die unfähig ist, auf veränderte Umstände angemessen zu reagieren. Der Streit zum Asylrecht gehört ebenso wie der über die Blauhelm-Einsätze der Bundeswehr zu einer grundsätzlichen Auseinandersetzung um eine neue Positionierung deutscher Politik nach innen wie nach außen:

- Wie weit soll deutsche Politik sich an deutschen Interessen ausrichten?
- Wo bremsen moralische Ansprüche, welche sind das künftig (noch), wo sind die Grenzen?
- Sind die Deutschen wieder ein »normales« Volk wie alle anderen auch?
- Wann ist der richtige Zeitpunkt, was ist ein brauchbarer Anlaß, um wieder ein Stück »Aus dem Schatten des Dritten Reiches« zu treten?

Die Konservativen führen diese Auseinandersetzung nicht als »Diskurs«, sondern mit der normativen Kraft faktischer Beschlüsse und Gesetze. Die Auseinandersetzung um solche Neuerungen wird jeweils zur einer Grundsatzdebatte um die Rolle Deutschlands in der Welt, zur neuen Verantwortung Deutschlands, symbolisch überhöht. Die SPD soll in der Rolle des Bremsers festsitzen.

Die von Wolfgang Schäuble Ende 1993 angeschobene Debatte um Bundeswehreinsätze im Inneren erreicht als Thema mehrere Ebenen – unabhängig davon, ob er diese neue Aufgabe der Armee wirklich will: Es markiert den starken Staat als Antwort auf die Ängste im Volke; es könnte die SPD in interne Auseinandersetzungen treiben und paßt in den Kontext der »Normalisierung« – anderswo darf die Armee ebenfalls als Mittel der Innenpolitik genutzt werden.

Ein taktisches Argument wird fallengelassen, sobald es seinen taktischen Sinn verliert. Es geht darum, gewählt zu werden. Jedes Thema ist auch Instrument für diesen Zweck. Wer erinnert sich noch an die große »Lagertheorie«, mit der Heiner Geißler 1987 die Öffentlichkeit beschäftigte? Der Ansatz hieß, es gebe in Deutschland auf absehbare Zeit zwei etwa gleich große politische Lager. Bei Wahlen gebe es nur jeweils innerhalb dieser Lager Verschiebungen. Diese Argumentation wurde seitens der CDU als Entmutigungsargument gegen die SPD gebraucht: Ihr habt außer den Grünen keinen Partner, ihr könnt keine regierungsfähige Mehrheit gewinnen. Und es war ein Versuch, die FDP- Wähler mit dieser Koalition zu identifizieren, um der FDP einen erneuten Absprung zu erschweren.

Damals gab es ein riesiges Theater um diese Theorie – heute ist sie Makulatur – und nicht nur wegen der deutschen Einheit. Je mehr die Grünen als Drohpotential ausfallen und, in Hessen etwa, zu einem Pluspunkt werden, oder wie in Baden Württemberg sogar als Koalitionspartner der CDU denkbar sind, muß sich auch die CDU wieder aus der Gefangenschaft begeben, nur mit der FDP koalitionsfähig zu sein.

Ist eine Auseinandersetzung unangenehm, schwer zu handhaben, in der vorgebrachten Form nicht zu gewinnen, dann empfiehlt sich

- die Umdefinition des Problems. Auch hier paßt die Asyldebatte. Wenn schon das Problem nicht wirklich lösbar ist, muß es so definiert werden, daß es dem eigenen Lager etwas nützt, daß man also eine Empfindungsmehrheit auf seiner Seite hat. Man definiert das Problem also nicht als soziale oder moralische, sondern als dringliche verfassungsrechtliche Frage, der sich die SPD über lange Zeit verweigert habe;
- ein Themenwechsel: Sagt ein Bischof etwas zur Politik, kann man sich über seine vielleicht kritische Äußerung auslassen, oder, wenn eine Reaktion in der Sache peinlich, konfliktträchtig oder sonstwie unerfreulich wäre, die Frage in den Vordergrund rücken, ob die Kirchen sich hier eigentlich einmischen dürfen;
- das Kreieren neuer Nachrichten mit Themen oder Personalien. Die Heitmann-Story diente scheinbar der Integration der »Ossis«, half der CDU aber gegen die »Reps« und überdeckte für eine gute Weile die Erörterung von Wirtschaftskrise und steigender Arbeitslosigkeit. Der Vorschlag, Bundeswehr im Inland einzusetzen, und die gezielte

»Indiskretion«, Biedenkopf wolle den Kanzler stürzen, sind in diesem Sinne Nachrichtenschöpfung;

- das Opfern eines Sündenbocks;
- der Gegenangriff auf einem verwandten Feld: Den Vorwurf, Stefan Heitmann sei als Rechtsaußen zur nötigen Integrationsarbeit nicht imstande, konterte die CDU mit der Anmerkung, Johannes Rau sei gegen Berlin als Hauptstadt und versuche den Umzugsbeschluß des Bundestags zu hintertreiben. Beabsichtige Botschaft: Der ist auch nicht besser;
- die Umwertung: Das Thema ist unwichtig, falsch gewichtet etc., wichtig hingegen ist ... So versucht die CDU, die seinerzeit gegen die SPD/FDP-Regierungen immer wieder einen Schuldenwahlkampf versuchte, nunmehr deutlich zu machen, daß der Wirtschaftsstandort Deutschland und der Aufbau der neuen Bundesländer im Vordergrund stehe und angesichts dieser großen Aufgabe seien die Staatsschulden eher sekundär.

Zum Zwecke der Ablenkung haben sich auch Themenverschiebungen bewährt, der intensive Streit also über ein Nebenthema, wenn in der zentralen Frage keine Lösung erreichbar oder durchsetzbar scheint. Der Bundeskanzler stellte 1990 die einfache Frage »Wollt Ihr die Einheit?« und fügte hinzu, sie koste nichts und mache alle glücklich – ohne auch nur mit einem Satz zu erläutern, was das JA für praktische Konsequenzen haben kann und wird. Lafontaine hingegen redete vor allem über diese Konsequenzen. Kohl konnte vielen Wählern beibiegen, daß jemand, der über Konsequenzen redet, die Einheit nicht wollen könne. Damit machte er die Wahl zu einer Abstimmung über die Einheit. Der Wahlkampf verlief dann nach der schlichten Regel: Der Wunsch schlägt die Mahnung.

Es gibt wirksame Wahlkampfthemen und wichtige Aufgaben der Politik. Beide Bereiche können sich decken, müssen es aber nicht. Und wenn sie sich im Prinzip decken, kann es kommunikative Verschiebungen geben, etwa wenn man einen Randbereich zum Hauptthema macht. Ein gutes Beispiel für dieses Verfahren, das sehr hilfreich sein kann, um Handlungs-, Entscheidungs- und Umsetzungsunfähigkeiten zu vernebeln, ist die »ökologische Herausforderung«. Hier gilt der Satz zwar längst, daß wir keine Deutungs- sondern Handlungsdefizite haben, und doch versuchen die Regierungen in Bund und Ländern den aktuellen Handlungsbedarf immer wieder mit der Formel zu umgehen, daß ein bestimmter Wirkungszusammenhang noch nicht hinreichend erforscht sei. Man macht den Stand der Forschung und nicht die notwendigen Maßnahmen zum Thema und bringt so das eigentliche Problem aus der öffentlichen Wahrnehmung.

Konrad Adenauer war ein Meister unter den Nebelwerfern: Seine Dauerempfehlung »Keine Experimente« bedeutete: Laßt bloß die SPD nicht regieren. Er appellierte so zwar an die Bedürfnisse nach Sicherheit und Kontinuität, entwarf aber kein Leitmotiv für seine eigene Politik: »Die von Adenauer geführten Bundesregierungen (haben) objektiv eine Politik getrieben, die auf den verschiedensten Feldern durchaus auch Experimentiercharakter hatte und zu – wie immer zu beurteilenden – tiefgreifenden Veränderungen der westdeutschen Gesellschaft führte« (H.D. Schlosser).

1969 wurde zwar *Reform* zum Schlagwort des Zeitgeistes, doch das Brandtsche Angebot *mehr Lebensqualität* wurde von einem großen Teil der Wählerschaft materiell verstanden, als Zuwachs an Lebensstandard, Einkommen und Konsum. Die SPD hat keine großen Anstrengungen unternommen, dieses Mißverständnis zu korrigieren. Es muß von jeder Partei als ausgesprochener Glücksfall angesehen werden, wenn eine ihrer wichtigsten Losungen von verschiedenen Bevölkerungsgruppen im Sinne der jeweils eigenen Wünsche interpretiert wird.

1993 waren u. a. die folgenden semantischen Kunstgriffe im Einsatz: *Mehr Internationale Verantwortung* bedeutete deutsche Soldaten in aller Welt. *Der große Lauschangriff* wurde von der CDU zur Nagelprobe der inneren Sicherheit genutzt und von der FDP zum Test auf die Festigkeit liberaler Grundsätze.

Die Forderungen nach einer *ehrlichen Debatte über die Altersversorgung*, nach der *Senkung der Arbeitskosten* und nach *Eigenverantwortung* waren schon gar nicht mehr vornehme Umschreibungen für Kürzung, Einschränkung und Lohneinbußen. Und dann kam der *Standort Deutschland* als großer Rahmen für Lohnkürzungen, Arbeitsintensivierung und Lockerung des sozialen Netzes. Er förderte das Ende vieler scheinbar unumstößlicher gewerkschaftlicher Wahrheiten der letzten

Jahrzehnte. Die FDP wollte zu gleichen Zwecken »das soziale Netz überschaubar machen« und »mehr Anreize zur Eigenverantwortung« schaffen.


## Die Schlammschlacht

Der Politikberater und erfahrene Wahlkampfmanager Joseph Napolitan erzählt zur Einstimmung in sein Thema »Negative Campaigning« die folgende Anekdote: »Ein männlicher, weißer Präsidentschaftskandidat, dem vorgeworfen wird, eine schwarze Geliebte und mit der mehrere Kinder gezeugt zu haben. Die Opposition hat ihn offen als Atheisten, Fanatiker und Revolutionär angegriffen, dem überdies noch zuzutrauen sei, daß er die Staatsschulden nicht auf Heller und Pfennig zurückzahlen würde. Und all diese Vorwürfe trafen mal mehr mal weniger zu. Doch das war im Jahre 1800 und Thomas Jefferson wurde gewählt.«

In den USA ist es üblich, aus persönlichen »Verfehlungen«, wie einer Scheidung, einer Geliebten, der Umgehung des Armeedienstes (Clinton), dem Kontakt zu übel beleumdeten Personen (Mafia), einem schlechten Zeugnis, einer Lüge oder was immer sich auffinden läßt, ein Charakterbild zu zeichnen. Diese Art der Angriffe und die entsprechende Verteidigung wird wie eine sportliche Veranstaltung wahrgenommen, in den Medien bewertet und kommentiert. Das allgemeine Grundmuster solcher Angriffe wurde von Clinton gegen Bush als Frage aufgeworfen: »Wie kann er ein Problem lösen, das er nicht versteht?«

Sobald jemand seine Kandidatur anmeldet, gehen die Beauftragten des oder der Konkurrenten in die Archive und durchforsten jeden Lebensbereich nach eventuellen Verfehlungen. Und sie übersehen selten etwas. Wenn man also selbst weiß, daß es den einen oder anderen dunklen Punkt gibt, empfiehlt es sich, eine gute Abwehr parat zu haben. Engholms Strategie, den Kopf in den Sand zu stecken und gespannt darauf zu warten, daß die Geschichte Stück für Stück ausgegraben wird, war rundum das Gegenteil einer offensiven Verteidigung.

In den USA wird beim Konkurrenten auch gezielt nach programmatischen Äußerungen gesucht, die aus Sicht der aktuellen Kampagne zu einer Belastung werden können: »John Volpe ist gegen das von Präsident Kennedy vorgeschlagene Medicare Programm. Chub Peabody ist dafür!« Dieser Satz, so berichtete Napolitan auf einer Tagung des AAPC (US-amerikanische Vereinigung der Politikberater) voller Stolz, wurde im Wahlbezirk jedem über 60jährigen eingetragenen Wähler in der Woche vor der Wahl zugesandt und half 1960 dem von ihm vertretenen Herausforderer mit 3500 Stimmen gegen den Amtsinhaber zu gewinnen, der sonst kaum gewichtige Schwachpunkte bot. Der Angriff bezog sich auf eine polemische Äußerung Volpes, die er einen Tag zuvor in einer weit entfernten Ecke der USA gemacht hatte.

Kritik wird festgemacht an der Amtsführung, an Aussagen oder Entscheidungen, an unerfüllbaren oder nicht eingehaltenen Wahlversprechen, an der Weigerung, Stellung zu beziehen oder die Finanzen (in den USA wichtig: Geldgeber) offenzulegen, an der Ignoranz gegenüber den Problemen bestimmter Menschen(gruppen), an fehlender Kompetenz für das angestrebte Amt, an Ungereimtheiten und Widersprüchen. Mit der Formel »Das ist keiner von uns« wendet man sich gegen den Import von Bundesprominenz bei Kommunal- oder Landtagswahlen. Kritisiert werden kann auch die mangelnde Kenntnis des Lebens der normalen Leute: 1974 wurde im französischen Präsidentschaftswahlkampf Giscard d'Estaing damit vorgeführt, daß er nicht wußte, was eine Karte für die Pariser U-Bahn kostet.

Bill Clinton wäre fast über eine Geliebte gestürzt, die ihrerseits die günstige Gelegenheit ergriff, um sich selbst in die Medien zu bringen. Clinton stellte jedoch der Öffentlichkeit die Frage, was denn seine früheren »Seitensprünge« mit den aktuellen großen Problemen des Landes zu tun haben, und ging gemeinsam mit Frau Hillary vor die Presse. Sie erklärten: »Wir hatten schwierige Zeiten, wir haben darüber gesprochen, wir haben das gemeinsam verkraftet.« Das war riskant, entsprach aber offenbar dem Empfinden breiter Massen, geriet zum Vorbild für die Bewältigung privater Aufregungen, die man inzwischen auch in den puritanischen USA haben darf. Die Entgegnung der Clintons wurde zu einem eigenen Thema in den Medien.

Der »Daisy-Spot« hat in den USA große Berühmtheit erlangt und wird immer wieder zitiert, wenn es um Negativspots geht. Tony Schwartz produzierte ihn für Präsident Lyndon B. Johnson und gegen Barry

Goldwater: Ein kleines Mädchen zupft ein Gänseblümchen und zählt dabei laut, dann sind die Augen des Mädchens groß im Bild. Eine militärisch klirrende Stimme zählt dagegen: 10–9, ... –1–Null: der berühmte Atompilz. Durch den Lärm dringt die Stimme des Präsidenten: »Darum geht es – entweder wir schaffen eine Welt, in der alle Kinder Gottes leben können, oder wir sind zum Untergang verdammt. Wir müssen uns entweder gegenseitig lieben – oder wir müssen sterben.«

Die Bewertung Napolitans: »Das ist ein cleverer Spot. Er enthält nichts, was mit Goldwater zu tun hätte. Schwartz gelang es vielmehr, die Gefühle anzusprechen, die die Leute schon gegen Goldwater hatten.« Er hatte u. a. vorgeschlagen, in Vietnam taktische Atomwaffen einzusetzen.

Solche negativen Kampagnen laufen bei uns nur sehr schwerfällig. Trotzdem gelang auch hierzulande einmal ein Spot, der in der Qualität an die US-amerikanischen heranreicht. 1972 griffen Harry Walter und Michael Pfleghaar die wankelmütige Haltung Barzels an, die eine Folge CDU-interner Orientierungsschwierigkeiten war: Der Kopf Rainer Barzels wie ein Wetterhahn auf einer schmalen Säule, groß im Bild: »Barzel war erst für die Ostverträge, dann – der Kopf dreht sich – gegen die Ostverträge, dann – der Kopf dreht sich – wieder dafür, dann – Drehung – Enthaltung – Drehung – Enthaltung – Drehung Enthaltung!

Direkte Angriffe gegen eine Person sind sonst bei uns nicht üblich. Solange einer nicht mit dem Strafrecht in Konflikt gerät, erpreßbar scheint oder sich allzu dick Vorteile unter den Nagel reißt, läßt man die Politiker auf der Ebene »Charakter« in Ruhe. Man gibt sich sachlich, und da zuweilen auch deftig aber im Sinne der Sache. Doch Ausnahmen bestätigen die Regel: 1961 versuchte die CDU, den SPD-Kandidaten Willy Brandt als Person anzugehen, ihn als Mann unklarer Herkunft, als Kämpfer gegen das eigene Volk darzustellen, und brachten den intimen Briefwechsel mit einer Journalistin unter dem Titel »... da war auch ein Mädchen« unters Volk. Auf diese Schläge unter die Gürtellinie reagierten Medien und Öffentlichkeit allerdings eher pikiert, statt sich über Brandt zu echauffieren. Auch einige Angriffe gegen Wehner (»einmal Kommunist, immer Kommunist«), gegen Adenauer (als »Kanzler der Alliierten«) oder Geißler (als »der größte Demagoge seit Goebbels«) sind eher Ausnahmen. Ansonsten folgen die Attacken dem stereotypen Muster: »Hat im Amt versagt, muß zurücktreten.«

Berühmt und berüchtigt wurde der Versuch Barschels, seinem Herausforderer Engholm Dreck aufs schöne weiße Hemd zu zaubern. Das war aber kein direkter Angriff, sondern der Versuch, nach dem Motto, irgendwas bleibt schon hängen, Gerüchte zu lancieren. Sonst sind in der Bundesrepublik eher Ausfälle und Unterstellungen gegen die politische Richtung insgesamt an der Tagesordnung, wie »Alle Wege des Sozialismus führen nach Moskau«, »Freiheit statt Sozialismus«.

Kommt eine Partei im Wahlkampf absehbar in arge Bedrängnis oder in eine aktuelle Verlegenheit, greift man auch bei uns zu härteren oder weniger feinen Methoden. Man kann doch noch letzte Winkel an Privatleben und »Sünden« der Vergangenheit ans Licht zerren. Man kann auch:

- mit provokanten Behauptungen Themen in die Welt setzen, die alle andere aktuellen Fragen und Themen überdecken, die Medien beschäftigen;
- Vorwürfe wiederholen, auch wenn sie sich als unsinnig erwiesen haben. So behauptet die CDU in NRW immer wieder, die SPD wolle die Gymnasien abschaffen;
- jemand für etwas verantwortlich machen, was nicht in seiner Kompetenz steht: Die Bundes- bzw. Landesregierung ist grundsätzlich Sündenbock für alle Übel in unserem Land;
- den Gegner einen Lügner nennen. Bis er vor Gericht das Gegenteil beweisen kann, ist die Wahl vorbei;
- Tatsachen entstellen: z. B. die 68er Generation für die Steigerung der Gewaltbereitschaft von Jugendlichen verantwortlich machen;
- Vorwürfe von Dritten erheben lassen, die »natürlich rein gar nichts« mit der eigenen Sache zu tun haben: Die Industrie schaltet Anzeigen gegen die SPD – was kann die CDU dafür?

Was macht man gegen diese ganzen Anwürfe? Joseph Napolitan empfiehlt:

- Die Reaktion muß umgehend und mit Nachdruck kommen, bei unlauteren Methoden muß man den Gegenkandidaten öffentlich persönlich verantwortlich machen: »Die machen eine Schmutzkampagne, lenken von den wirklich wichtigen Fragen und ihrer Inkompetenz ab.«

- Man kann einen Gegenangriff starten (Themenwechsel), sich von glaubwürdigen und honorigen Personen eine Ehrenerklärung geben lassen.
- Man darf Wahrheit nicht abstreiten, nicht selbst zur Entkräftung die Unwahrheit sagen, denn es kommt alles raus.
- Den Gegnern Angiffsmaterial aus der Hand schlagen, zuvorkommen, sofort eine gute Begründung liefern, nicht erst Stück um Stück, wenn einem nichts anderes mehr übrig bleibt.

Erfolg oder Mißerfolg solcher Angriffe hängen vor allem an der Qualität der Reaktion. Die Clinton-Kampagne reagierte sofort und deutlich. Sie konnte den Deutungswettbewerb für sich entscheiden. Michael Dukakis versuchte hingegen die Angriffe der Bush-Kampagne zu ignorieren, sprach, statt einer postwendenden Antwort, nur über die eigenen Themen. Er unterschätzte die Wirksamkeit eines sich verselbständigenden Angriffs und reagierte zu spät – so spät, daß die Frage nach seiner Fähigkeit, auf Anschuldigungen zu reagieren, zu einem eigenen Thema und zu einem Zeichen von Schwäche wurde. Er galt schließlich als einer, der die Backe hinhält.

Negativwerbung hat einen hohen Aufmerksamkeitsgrad und dient vor allem zur Demobilisierung der Anhänger des Gegners.

Die immer wieder eingerichtete Schiedsstelle für ordentliche Wahlkampfführung folgt der Vorstellung, ein Parteivertreter werde zum neutralen Tugendwächter, sobald er den offiziellen Kampfplatz verlassen hat. Tatsächlich wird diese Schiedsstelle selbst zu einem Forum des Wahlkampfes, auf dem man versucht, die jeweils anderen an den Pranger zu stellen. Da die »Fehlleistungen« sowieso Gegenstand öffentlicher Erörterung werden, kann man die Frage, ob sich dies oder das gehöre, gleich vor den Wählern ausmachen.

# 12. Personalisierung:
# Der Spitzenkandidat ist Programm

Je weiter ein politisches Thema von erfahrbaren Interessen oder Wahrnehmungsbereichen entfernt ist, desto stärker sind die Auffassungen einzelner von der öffentlichen Meinung, von Mythen- und Imagebildung abhängig. Je mehr die gewohnten Bündnisse von Wählergruppen und Parteien zerfallen, desto mehr muß Politik auf neue Art präsentiert und verständlich gemacht werden. Diese Präsentation wird von all den Elementen gesellschaftlicher Veränderung gemeinsam erschwert, die in diesem Band bisher Erwähnung fanden:

- Das ideologische Grundmuster sortiert nicht mehr und taugt nicht mehr zur Reduktion von Komplexität.
- Der Zerfall der alten sozialen Milieus und Bindungen löst auch gewachsene Muster der politischen Meinungsbildung und Vergewisserung auf.
- Die wachsende Komplexität gesellschaftlicher Wirklichkeit schafft Orientierungsprobleme, die Parteien und Gesellschaft zugleich ereilen.
- Die Medien produzieren täglich politische »Wirklichkeit« aus zweiter Hand, die, selbst Beeinflussungen und Trends unterworfen, zur Orientierung nicht taugt, sondern Orientierung verlangt.
- Das Fernsehen übermittelt Bilder, keine Zusammenhänge.
- Symbole und Sprachformen verlieren an Haltbarkeit, sind schnell wechselnden Moden unterworfen.

All diese kommunikativ bedeutsamen Elemente des gesellschaftlichen Wandels drängen gemeinsam auf eine einzige Konsequenz hin: Je stärker sich die alten Parteibindungen lösen, desto unvermeidlicher werden charismatische politische Führungspersönlichkeiten, die imstande sind, die Hoffnungen einer kurzen Epoche zu tragen. Je komplexer und undurchsichtiger die Politik wird, um so stärker wächst die kommunikative Bedeutung hervorgehobener Einzelpersönlichkeiten. Sie erlauben emotionalen Bezug und Identifikation mit einer als Autorität angesehenen Person und die bietet so Orientierungserleichterungen.

Die Parteien müssen sich nicht zu allen komplizierten Sachfragen äußern, sondern machen eine Person zum Programm. Sie deckt die wesentlichen inhaltlichen Fragen ab und trägt das aktuelle Kompetenzprofil der Partei. Sie und nur sie kann die verschiedenen politischen Einzelmaßnahmen zusammenbinden und den Anschein erwecken, das Angebot einer Partei wäre etwas einigermaßen ganzheitliches und in sich stimmiges. Das einzige wirklich aussagekräftige politische Symbol der Parteien werden Personen sein, deren mehr oder weniger große Glaubwürdigkeit und die ihnen zugeschriebene Fähigkeiten.

Die Personalisierung politischer Konflikte und Entscheidungen erleichtert nebenbei auch den Medien die Arbeit. Sie versuchen, möglichst viele politischen Vorgänge und Abläufe auf Personen und deren Handeln oder Scheitern zuzuspitzen und damit die Komplexität tatsächlicher Entscheidungsabläufe drastisch zu reduzieren. Auch jemand, der alle Tageszeitungen und Wochenmagazine liest, der sich alle Politsendungen von Fernsehen und Rundfunk antut, bekommt von der deutschen Politik nur ein sehr eingegrenztes und auf einige wenige Personen reduziertes Bild, das eigentlich keine Prozesse kennt, sondern nur Konflikte und Ergebnisse, deren Sinn und Zustandekommen nicht nachvollziehbar wird.

Wer also keine eigenen Kenntnisse von politischen Abläufen in Parteien und Bürokratien hat, sein Bild von der Politik nur aus den Medien bekommt, kann diese Politik nicht wirklich verstehen. Selbst ein diplomierter Politologe, der nie eine Partei und Behörden von innen sah, hat keinen Schimmer davon, was da wirklich vor sich geht. Und wenn man die Struktur und die funktionellen Zusammenhänge nicht versteht, kann man sich, wie gehabt, nur an Personen orientieren.

Wenn aber selbst die politisch informierten Bürger die Reduktion auf Personen nötig haben und von der Politik und den Medien täglich so beliefert werden, daß sie sie als Grundlage ihres Urteils immer mehr brauchen, dann hat die große Mehrheit der Wähler außer der Personalisierung überhaupt keine Chance, Politik zu ordnen. Die Wähler wollen daher wissen, wer für die jeweilige Partei spricht.

Politik, Parteien und Programme werden über die Personen wahrgenommen, die sie tragen. Wenn man den Personen nicht zutraut, die von der jeweiligen Partei präsentierten Konzepte umzusetzen, helfen auch die schönsten Programme nicht, den Wähler zu Kompetenzvermutungen anzuregen. Die Zuspitzung der politischen Alternativen auf den Wettbewerb zweier Personen um die Kanzlerschaft, um den Sessel des Ministerpräsidenten oder des Oberbürgermeisters also, den manche als bösen Einfluß des US-amerikanischen Wahlzirkus kritisieren, ist nichts weiter als die unausweichliche Konsequenz der Notwendigkeit zur Vereinfachung und einer auf Bilder orientierten Medienlandschaft.

Personalisierung ist die für die Politik verbliebene Möglichkeit, relativ verwickelte Prozeduren in der Darstellung zu vereinfachen und den Wählern zu vermitteln: Hier ist eine Person, die kann das vernünftig regeln. Das Wahlsystem der USA fördert diese zugespitzte Wettbewerbssituation, während unsere, scheinbar noch an Parteien und deren Programmen orientierte Prozedur, die tatsächlichen Mechanismen der Kommunikation eher verschleiert.

Der Spitzenkandidat personifiziert die Politik seiner Partei. Er erreicht mehr Aufmerksamkeit als Beschlüsse, Programme oder Veranstaltungen. Er wird selbst Gegenstand der Wahlentscheidung – auch zum Nachteil seiner Partei: Kurt Schumacher und Franz Josef Strauß z. B. polarisierten und schreckten einen Teil des Publikums.

CDU/CSU und SPD treten jeweils mit dem Anspruch auf, den künftigen Kanzler zu stellen, die FDP präsentiert meist den zweiten Mann der künftigen Regierung mit einer kleinen Mannschaft weiterer Minister. Nur die Grünen versuchen noch, mit einem unpersonalisierten Politikangebot anzutreten, doch sie sind dabei nicht ganz Herr ihrer selbst: Die Medien picken sich einfach einige Personen heraus und machen sie zu Repräsentanten. Dabei zeigt sich: Entweder die Parteien erwählen sich ihre Medienstars selbst oder die Medien suchen sich welche – ohne dabei auf innerparteiliche Demokratiekonzepte zu achten.

Die veränderte Kommunikationssituation verändert auch die Parteien selbst. Mitgliederbefragungen und Vorwahlen z. B. ergeben sich aus dem irreversiblen Trend zur Personalisierung. Die Parteien entwickeln sich zu Hilfsorganisationen für ihre Politstars und zerfallen intern in lockere Bündnisse themenzentrierter oder an speziellen Interessen orientierter Gruppen und Unterorganisationen. Dabei verwischen sich dann die Grenzen zwischen innen und außen, reduzieren sich auf weniger formale Prozeduren, bei denen Nichtmitglieder ausgeschlossen sind.

Mit dem Trend zur Personalisierung schwindet die Rolle der Partei(en). Nur für die noch verbliebenen Stammwähler ist die Partei wichtiger als der Spitzenkandidat, aber »die Veränderlichkeit des Wahlverhaltens wird, wenn man vorsichtig schätzt, zu mindestens 50 % vom Duell der Spitzenkandidaten bestimmt, um so mehr, je stärker ein Kandidat bzw. beide Kandidaten wirken« (W. Wolf). Immer dann, wenn das Wahlverhalten aus der Tradition fällt und Wechsel möglich sind, sowie für die Mobilisierbarkeit der Anhänger spielt der Spitzenkandidat eine hervorragende Rolle.

Die Stammwähler wählen zwar definitionsgemäß stets ihre Partei – auch wenn sie den sprichwörtlichen Besen als Kandidaten aufstellt –, doch tun sie dies mit unterschiedlich hoher Begeisterung und können auch schon einmal aus Frust zu Hause bleiben. Sie sind zwar dann keine richtigen Stammwähler mehr, doch gerade diese Enttäuschten sind bei den großen Parteien zur aktuellen Problemgruppe geworden. Sobald auch nur die geringsten Zweifel aufkommen, ob man denn diesmal zur Wahl gehen solle, wird die Wirksamkeit des Spitzenkandidaten zu einem wesentlichen Mobilisierungsfaktor.

Die Personalisierung erleichtert die Sprachfähigkeit der eigenen Anhänger, hilft bei der »Argumentation« vor Ort: Wenn man sich darauf verständigen kann, daß der eigene Spitzenkandidat in Ordnung ist, dann braucht man um die Details des Parteiprogramms nicht mehr viel zu diskutieren. Die Identifikation mit einer Person, die man aus dem Fernsehen kennt, fällt auch den Parteimitgliedern viel leichter als die Auseinandersetzung mit einem Programm, das man weder im Detail kennt, noch selbst zu begründen vermag.

»Die Bundestagswahl 1980 lieferte das Beispiel einer ganz auf die Auseinandersetzung zwischen den beiden Kanzlerkandidaten zugespitzten Wahl, bei der im Zuge des Wahlkampfs fast alle Sachfragen an Interesse verloren« (Noelle-Neumann). Der dabei nur magere Vorsprung von Helmut Schmidt gegen Franz Josef Strauß könnte zwar als Argument gegen die Wirksamkeit der Spitzenkandidaten herhalten. Doch dieser Wettkampf ist 14 Jahre her, die Rahmenbedingungen für politische Kommunikation haben sich seither drastisch geändert, die Parteiidentifikation ist gesunken, etc. Strauß war ein Demobilisierungsfaktor für liberale CDU-Wähler, die auch schon einmal anders gewählt hatten, und brachte einige davon zur FDP.

Schmidt aber war sehr beliebt bei jenen, die ihn nicht wählten, beim Klientel der CDU. In den eigenen Reihen hatte er deutliche Gegnerschaften bei den Linken und bei den Gewerkschaftern. Der sozialdemokratische Kanzler war nicht nur der Anti-Strauß, sondern zugleich auch der Raketen-, der Atomkraft- und der Sozialabbau-Schmidt.

Im Prinzip geht es in Wahlkämpfen um Konzepte und Personen. Für die Konzepte aber bedarf es kommunikationsfähiger Symbole – und das geeignetste Symbol ist also eine Person. 1969 warb die CDU: »Auf den Kanzler kommt es an.« Die SPD propagierte in der Schlußphase 1976: »Zieh mit, wähl Schmidt«. Peter Radunski beschreibt 1980 die Person des Spitzenkandidaten als das eigentlich ausschlaggebende Kriterium für Sieg oder Niederlage bei Wahlen.

Der Spitzenkandidat wird nicht als Person Helmut Kohl oder Rudolf Scharping wahrgenommen, sondern ist ein Angebot für Projektionen. Er entspricht dabei einem archaischen Grundmuster: Er ist der Held und Retter, der Macher, der Reformer und der Moralist oder der nette Mann von nebenan, der charismatische Führer oder der Landesvater – allesamt Abwandlungen klassischer Männer- und Vaterrollen. »Der archaische Herrscher gefiel sich darin, sich als ›Vater‹ seiner Untertanen betrachten zu lassen (»Väterchen Zar«), und darin liegt etwas von Entmündigung, das nicht zum Wesen des Politischen gehört. Aber ein gewisses Recht bleibt dem Symbol ›Vater‹ selbst in aufgeklärten Republiken überall da, wo die Regierungsspitze führt und nicht nur den Majoritätswillen ausführt« (Hans Jonas).

Kirsch und Mackscheid unterscheiden drei Politikertypen nach der Struktur des Verhältnisses zwischen dem Politiker und seinen Anhängern: »Unter dem Amtsinhaber verstehen wir jenen Politiker, dessen Welterfahrung und Wertengagement in Ausmaß und Inhalt mit dem seiner Wähler identisch ist. Der Staatsmann ist jener Politiker, der kraft seiner inneren Souveränität seinen Wählern den Weg zu einer reicheren Weltbegegnung und einem reiferen Wertengagement eröffnet. Der Demagoge schließlich ist jener, der die Bürger zu seiner eigenen Enge und Ängstlichkeit verführt, in die arme Welt seiner eigenen Analyse und Wertung lockt.«

Kommunikator klingt schöner als Demagoge, aber auch schon ein bißchen unanständig. Wir Deutschen sind belastet: Der Geist des Joseph Goebbels könnte seiner Gruft entwischen oder ein »Rattenfänger« durchs Land ziehen. So wird die Debatte über politische Kommunikation – jenseits politischer Bildung – doch lieber nicht geführt, sondern, wie Prostitution, mit der ganzen Politik und dem Wahlkampf in einen Tabubereich ausgesondert.

Als Kirsch und Mackscheid 1985 ihre Darstellung publizierten, frohlockte die linke Öffentlichkeit, sah sie doch diesen unsern Bundeskanzler Helmut Kohl leibhaftig als »Amtsinhaber« am Werke. Man bekam nun von konservativen Autoren eine Erklärung dafür geliefert, warum man ihn schon immer nicht mochte: Er ist einfach so, wie seine Wähler, wie dieses kleinbürgerliche, tüchtige, aber spießige Deutschland, dem man doch so gern entrinnen möchte. Statt einer Entwicklung zu mehr Toscana kamen die neuen Bundesländer hinzu, die in Kohl die Personifizierung für Aufstieg und Wohlstand zu erkennen und sich in seinem Weltbild geborgen glaubten.

Mit diesem ganz vorsichtigen Versuch von Kirsch und Mackscheid, die Struktur von Identifikation zu entschlüsseln, die sich zwischen Spitzenpolitikern und Wählern ergeben, könnte man wegkommen von jener linken Analyse des autoritären Charakters, die immer auch Teil einer ideologischen Auseinandersetzung und ein Stück Selbstrechtfertigung war. Warum sollten sich die Deutschen auf einen Reformkurs einlassen, der allemal Unsicherheiten mit sich bringt, wenn die Linke signalisiert, eigentlich das ganze Deutschland nicht zu mögen? Ist es da nicht konsequenter, sich um einen »Amtsinhaber« zu scharen, der nicht mehr zusagt, als die Veränderungen in möglichst engen Grenzen zu halten? Wer neue Ufer anstrebt, muß erst einmal Vertrauen erwerben, sonst kommt niemand mit. Und das Vertrauen muß größer sein als bei einem »Amtsinhaber«, denn Veränderung beunruhigt.

»Als ›vertrauenswürdig‹, oder ›charismatisch‹ oder ›glaubwürdig‹ bezeichnen wir häufig einen Politiker, der Gruppen anzusprechen vermag, deren Interessen mit seinen eigenen Überzeugungen, seinem gesellschaftlichen Umfeld und seiner Ideologie nichts zu tun haben. In der modernen Politik käme es einem Selbstmord gleich, wollte ein Politiker darauf beharren, daß man sein Privatleben aus dem Spiel läßt, wenn er sagen würde: Kümmert euch darum, ob ich gute Gesetze mache oder sie gut ausführe und was ich vorhabe, wenn ich im Amt bin. Statt dessen geraten wir in Entzücken, wenn ein französischer Präsident mit einer Arbeiterfamilie zu Mittag ißt, auch wenn er ein paar Tage vorher die Lohnsteuer erhöht hat. Und wir glauben, ein amerikanischer Präsident sei ›natürlicher‹ und ›zuverlässiger‹ als sein in Ungnade gefallener Vorgänger, weil der neue Mann sein Frühstück selbst zubereitet« (R. Sennett).

Ein Kanzler soll verantwortungsbewußt, glaubwürdig und tatkräftig sein. Angriffe auf den Gegenkandidaten werden immer versuchen, eine dieser drei Grundqualifikationen in Frage zu stellen. Man kann diese Eigenschaften unterschiedlich positiv oder negativ stilisieren, man kann jeweils auf die Person bezogene Symbole für oder gegen diese Qualitäten auftun. Strauß galt zwar als tatkräftig, aber nicht als verantwortungsbewußt und nicht als glaubwürdig. Die Linke hielt Schmidt für nicht verantwortungsbewußt, denn er wollte nachrüsten und setzte auf Atomenergie. Die Konservativen behängten ihn mit der parteiinternen Kritik und bezweifelten so seine Möglichkeiten zu entschlossenem Handeln.

Helmut Kohl polarisierte anders: Bei den Linken konnte er keine der gefragten Eigenschaften aufweisen, die Rechte zweifelte häufig an seiner Tatkraft. Seit er dem Osten blühende Landschaften versprach, gerät seine Glaubwürdigkeit ins Zwielicht. Scharping aber hat bis zur Wahl erst einmal damit zu tun, sich zu positionieren.

»Da sich Personen-Images nicht nur leicht gestalten, sondern auch gut kommunizieren lassen, können über positive Images am ehesten noch Loyalität und Gefolgschaft erzielt werden« (W. Schulz). Jeder Wahlkampfmanager sucht nach dem wirksamsten Mittel, das Wahlergebnis seiner Partei zu optimieren, und das wirksamste Mittel ist nun mal die Person des Spitzenkandidaten – selbst wenn der Wettbewerb nur darum gehen sollte, wer das kleinere Übel sei.

Die Arbeit an dessen Bild ist ein wesentlicher Teil der Wahlkampfvorbereitung. Grundlage ist dabei die Analyse von tatsächlichen Stärken und Schwächen sowie die des Images, das Profil also in den Augen der Wähler. Image ist eine Kombination von Charakter, Stil und Erscheinungsbild. Die US-amerikanische Öffentlichkeit erwartet als Konsequenz der als Wettlauf angelegten Wahl von den einzelnen Kandidaten Aussagen zu den wichtigen Fragen. Sie sind Teil des jeweiligen Profilierungskonzeptes. Die Bevölkerung will vor allem wissen, was das für ein Mensch ist, der sich um ein Amt bewirbt. Diese Frage schiebt sich auch bei uns in der Bedeutung zunehmend in den Vordergrund.

Da man tatsächliche Schwächen oder Eigenarten nicht wegzaubern kann, muß man sie umdeuten: Aus langsam wird bedacht oder gründlich, aus konfliktscheu wird die Fähigkeit zur Integration, aus fett wird barock, Aussitzen wird Beharrlichkeit. Bei der Imagegestaltung werden die positiven Seiten herausgearbeitet und Schwächen verdeckt oder als Tugend stilisiert. Die Stärken werden in Bezug gesetzt zu der Haltung, die man von jemandem erwartet, der die wichtigsten anstehenden Aufgaben zu erledigen vermag. Zeiten schwerer Krisen verlangen nach anderen Typen als Phasen mit üppigen Spielräumen. Und wenn die Parteigremien in ihrer Weisheit eine Lusche oder jemanden aufstellen, der eher abschreckend wirkt, dann steht der Partei sehr wenig zur Verfügung, um diesen Nachteil auszugleichen.

In den USA wird die Arbeit am Image wesentlich ernster genommen als bei uns. Hier scheuen sich die Spitzenkandidaten häufig noch, ihre Wirkung auf die Wähler und dabei insbesondere die Schwächen als schlichte Fakten anzuerkennen, die der internen Erörterung zugänglich sind und aus denen sich Korrekturempfehlungen und Lernaufgaben ergeben können, die also keine unangemessenen Eingriffe, nicht als eine Art Kränkung zu bewerten sind.

Das Bild der CDU ist, was die Kandidaten anbetrifft, in den letzten Jahren etwas eintönig: Helmut Kohl, Kohl und noch mal Kohl. Bei der SPD gab es nach Helmut Schmidt eine Reihe sehr unterschiedlicher Personen: Jochen Vogel, Johannes Rau, Oskar Lafontaine und nun Rudolf Scharping.

Helmut Kohl ist bekannt, der Eindruck ist bleibend und nicht leicht zu korrigieren. Rudolf Scharping kam 1993 aus der Provinz auf die

Bundesebene und war außerhalb von Rheinland-Pfalz und der SPD ein weitgehend unbekannter Mann. Das Volk muß ihn langsam kennenlernen. Sein Image zu gestalten, ist im Jahr vor der Wahl eine der wichtigsten sozialdemokratischen Aufgaben. Diese Möglichkeit zur Neugestaltung kann in Zeiten des Umbruchs von Vorteil sein. Man kann den Herausforderer zur richtigen Person für die aktuellen Aufgaben stilisieren – wenn er das mit sich machen läßt. Es gibt jedenfalls keine bereits verfestigten Urteile, die erst abgeräumt werden müßten.

Styling, Präsentations- und Auftrittsformen werden soweit auf den Massengeschmack eingestellt, wie der Hauptdarsteller es trägt und gestattet. Zugleich darf man diese Anpassung nicht übertreiben. Wenn einer zu glatt daherkommt, mögen ihn die Massen auch nicht. Man sucht nach »Persönlichkeit«, ein bißchen Seele muß noch spürbar sein, sonst ist er zu entfernt. Bei der Imagegestaltung darf man auch nicht zu eindeutig werden. Jede Wählerin, jeder Wähler muß den eigenen Wunschkandidaten entdecken können.

Helmut Kohl birgt nach all den Jahren als Bundeskanzler noch immer eine Art Geheimnis. Obwohl er scheinbar schon immer regiert, gibt es von ihm nur verwischte Konturen. Er ist präsent, im Fernsehen bildfüllend und doch merkwürdig uneindeutig. So läßt er den Betrachtern reichlich Projektionsmöglichkeiten – selbst für die politischen Gegner.

Für die CDU ist es 1994 entscheidend, ob sie das damit doch in engen Grenzen deutbare Bild des Helmut Kohl auf die aktuell drängenden Aufgaben hin retuschieren kann. Damit schafft man keinen neuen Kohl, hebt nur aus dem bekannten Image einige Merkmale stärker hervor: Er ist dann jemand, der viel Erfahrung und internationales Standing hat. Das ist jemand, dem man bei Sturm das Ruder anvertraut. (Die Metaphern aus der Seefahrt sind auf Politik bezogen sehr beliebt: Mannsbilder.)

Die Opposition hingegen stellt Kohl als einen Mann fürs schöne Wetter dar, er werde sich treu bleiben und damit Deutschland weiter in die Krise wirtschaften. Mit Kohl könnten die notwendigen Korrekturen nicht erfolgen. Deshalb müsse er dringend von einem jungen und tatkräftigen Mann abgelöst werden, der nicht nur wisse, was zu tun ist, sondern auch Kraft und Entschlossenheit für die notwendigen Kurskorrekturen habe, der die schwierige Wegstrecke durchstehe.

Der Wahlkampf selbst ist auch ein Test auf die Entscheidungs- und Integrationsfähigkeit eines Spitzenpolitikers. Macht er dabei einen guten Eindruck, gibt das den Wählern zwar keine Garantie, daß er ein kompetentes Kabinett zusammenstellt und ein guter Bundeskanzler wird, doch zeigt sich auf der Basis alltäglicher Erfahrung im Wahlkampf so viel von einer Person, daß man sich einen Eindruck – ein Bild – machen kann. Mehr Möglichkeiten bietet unser System nicht – ein Examen für Regierungsämter ist nicht vorgesehen.

Bei Newcomern scheint es üblich, daß sie sich mit einem Buch vorstellen. Diese Arbeit soll vor allem die Journalisten und die »Meinungsführer« beeindrucken und ist Teil der Vermarktungsstrategie. Die Präsentation der Vita soll einem kommenden Stern Konturen verschaffen, die ins aktuelle Anforderungsprofil passen.

In einer hoch differenzierten Gesellschaft muß Politik nicht nur sehr verschiedene Teilöffentlichkeiten erreichen, sondern auch ein sehr breites Spektrum an Fähigkeiten vorweisen. So wird es immer schwieriger für eine einzelne Person, all die für einen Wahlerfolg notwendigen Signale zu tragen. Der Spitzenkandidat bedarf der Ergänzung durch andere Personen.

Das klingt auf den ersten Blick widersprüchlich: Einerseits unausweichliche Zuspitzung auf den Spitzenkandidaten, andererseits Ergänzung durch andere Personen. Diese anderen aber dürfen nie als Rivalen wahrgenommen werden, sie dürfen noch nicht einmal auf der gleichen Ebene stehen. Sie müssen dem Spitzenkandidaten folgen. Dann gehört die Mannschaft zum Kandidaten, ist Teil und zugleich Ergänzung seines Images. Dieses Bild eines Vorstandvorsitzenden, der das Gesamtunternehmen Partei repräsentiert und der zugehörigen Vorstandsmitglieder, die für Teilbereiche zuständig sind und sich dem Vorsitzenden gegenüber zu verantworten haben, erfordert eine schwierige Balance. Das Team besteht oft auch aus abgehängten Konkurrenten oder einigen eitlen Spezialisten, die nie in den Verdacht geraten dürfen, illoyal zu sein.

Auf seiten der CDU präsentiert sich Helmut Kohl als pragmatischer und aufgeklärter Hüter einer zivilisierten Zukunftsordnung im europäischen Rahmen. Er zelebriert sich als unerschrockene Führungsfigur und zum Handeln bereit, als Symbol von Kontinuität und Sicherheit. Wer ihn kippen will, hat Schwerstarbeit vor sich – innerparteilich und bei

Wahlen. Den Kontrastpart spielt Wolfgang Schäuble. Er versucht, die vormaligen Rollen von Heiner Geißler und Alfred Dregger in sich zu vereinen und spielt den rechten Wadenbeißer. Er umreißt die Angriffslinie gegen die SPD: »Die sozialdemokratische Politik ist Ausdruck ihrer institutionellen Verantwortungslosigkeit« – in anderen Worten: Sie macht Vorschläge, die sie nur machen kann, weil sie nicht regiert und ihre Konzepte nicht auch umsetzen muß.

Ansonsten gibt es nur noch Volker Rühe als Begleitschutz für Helmut Kohl. Norbert Blüm scheint irgendwo verschwunden und Pflegeversicherungsvertreter geworden, der Umweltminister – einst als Symbol der Öffnung für neue Themen eingeführt – ist abgetaucht. Rita Süßmuth, Heiner Geißler, Kurt Biedenkopf sind profilierte CDU-Politiker, die zwar nicht als Freunde Kohls gelten, ihn aber trotzdem in der Wirkung flankieren. Kohl hat aber seine innerparteilichen Rivalen so klar auf die Seite gedrängt, daß die CDU solange mit ihm steht und fällt, wie er ihr Vorsitzender und Spitzenkandidat ist.

Die SPD hat sich entschieden, dem Parteivorsitzenden fachorientierte Mitstreiter an die Seite zu stellen. Sie führen als Team unter dem Spielleiter Scharping das Stück auf: Wir erobern jetzt das Kanzleramt. Man kann sich an 1969 erinnern fühlen. Auch damals trat die SPD in einem Mannschaftswahlkampf auf, und die CDU behauptete: »Auf den Kanzler kommt es an.« Ob mit oder ohne Team: Kompetenz für die aktuellen Herausforderungen heißt die Inszenierung.

So ganz neu ist der Trend zur Personalisierung allerdings nicht. Er bekommt nur in der aktuellen Entwicklung neue Dimensionen: Bis 1966 war die Politik der Union in hohem Maße um die Personen Erhard und Adenauer zentriert. Die CDU galt als »Kanzler-Wahlverein«. Sie war, von heute aus betrachtet, in diesem Sinne eine sehr moderne Partei, dem neueren Reformvorschlag Radunskis einer »Fraktionen-Partei« nicht unähnlich. Adenauer war ein Naturtalent kommunikativer Vereinfachung komplexer Sachverhalte.

Die CSU löst sich nur mühsam aus dem Schatten des Franz Josef Strauß. Adenauer und Strauß repräsentierten auf durchaus unterschiedliche Weise autoritär-patriarchalische Parteiführer, die ihre Partei führten, wie die alten Unternehmer ihre Firmen. In der Arbeiterbewegung war der Generalsekretär der Partei oft besonderes Symbol des Programms einer Ära und in einer autoritär-zentralistischen Struktur meist sehr mächtig.

Diese ehemaligen Parteiführer waren leibhaftige Repräsentanten, Träger und Machtzentren der aktuellen Politik ihrer Partei und noch keine medialen Kunstprodukte mit Image- und PR-Berater, waren zwar Objekt für Hoffnungen, Projektionen und Widerwillen, aber im Interessengeflecht verortbar. Es war entschlüsselbar, wofür sie standen, was sie wollten und wen sie vertraten. Die modernen Parteiführer sind Manager mit Zeitvertrag, nehmen ihr Amt nicht mehr mit in den Tod.

Also ist viel weniger die Tatsache der symbolischen Funktion von politischen Führern das eigentlich Neue – die Deutschen haben Erfahrungen mit Kaisern, Königen, Fürsten und Herzögen, mit den Reichs- und Bundeskanzlern. Neu ist der Funktionsschwund der Parteien, der Verlust an ideologischer Klarheit, die Unübersichtlichkeit, der gesellschaftliche Wandel und die Medienentwicklung.

Die Grundbotschaft aller Wahlkämpfe steht auch 1994 im Zentrum: Was ihr auch für Sorgen und Hoffnungen habt, bei unserem Spitzenkandidaten (und seinem Team) seid ihr in guten Händen – deshalb wählt XYZ.

# 13. Strategie:
## »Wechsel« kämpft gegen »Weiter-So«

Es gibt keine Dankbarkeit in der Politik. Die Verdienste von gestern haben nur die Funktion, Kompetenz für Zukunftsaufgaben nachzuweisen. Leistungsbilanzen machen also nur Sinn, wenn sie Kompetenz für zukünftige Aufgaben demonstrieren. Der relevante Bezugspunkt ist die Zukunft, nicht die Vergangenheit.

Der Rausch der Vereinigung ist vorbei, die politische Auseinandersetzung in der Bundesrepublik ist wieder in die Niederungen banaler Interessenvertretung zurückgekehrt. Im Osten ist der Mythos Markt säkularisiert auf Sozialhilfegesetz und auf den geringen Lohn bei hohen Preisen. Auch im Westen sind die Kosten der Einheit längst als Last zu spüren. Politik und Wahlkampf geht also nicht mehr um Geschichte, sondern um Heller und Pfennig. Kohl ist nicht mehr der große Hoffnungsträger, sondern wieder auf Normalmaß zurückgeschrumpft. Die »Vereinigung« als historisches Ereignis wurde von den konkreten Schwierigkeiten der alltäglichen Ausgestaltung eingeholt.

Es ist zwar nicht ausgemacht, daß Oskar Lafontaine ohne die deutsche Vereinigung die Bundestagswahl 1990 gewonnen hätte, doch nach dem Fall der Mauer konnte die SPD in dem plötzlich wichtigsten Thema keine Kompetenz vorweisen, sondern sah orientierungslos und entscheidungsunfähig aus. Der Versuch, mit – von heute aus betrachtet – deutlich untertriebenen Prognosen auf die anstehenden ökonomischen Schwierigkeiten hinzuweisen, Finanzierungsprobleme und Steuererhöhungen zu thematisieren, kam gegen die Wucht des Kohlschen Handlungsvollzugs nicht an. Die SPD kritisierte die Regierungsmaßnahmen von gestern, während Kohl schon die Aktionen von morgen vorbereitete.

Doch auch die schwache Rolle der SPD im Vereinigungsprozeß und in der Osteuropapolitik ist für die Wahlen 1994 uninteressant. Sie läßt sich nicht als Kompetenzdefizit in die Zukunft projizieren. Es ist auch unerheblich, wer in der SPD und überhaupt damals recht hatte. Das vereinte Deutschland gehört nunmehr zur aktuellen Normalität, und die Karten werden neu gemischt.

Bei jeder Wahl wird darüber entschieden, wem man die Gestaltung der Zukunft, die Lösung akut anstehender Probleme zutraut. Und für diese Entscheidung sind auch Fehler der Vergangenheit nur dann erheblich, wenn die Bürger sie noch immer spüren und sie so Zweifel an der Kompetenz für die Gestaltung der Zukunft begründen. Man wählt Zukunftshoffnung als Reaktion auf Defizite der aktuellen Lage und der amtierenden Regierung. Man beschäftigt sich mit der Zukunft, basierend auf Emotionen, die aus der bisherigen Praxis und deren Interpretation gewachsen sind.

Für die Präsentation der Regierung ist der Regierungsbonus, die über Jahre hin mögliche Darstellung von Handlungsfähigkeit, viel wichtiger als noch so schöne Leistungsbilanzen. Der Amtsinhaber als Spitzenkandidat ist den Wählern bekannt, er hat seine Amtszeit nutzen können, um ein erkennbares Bild abzugeben. Der Amtsbonus ist zwar nicht zu beziffern, aber vernünftigerweise anzunehmen. Zu groß sind die Vorteile an öffentlicher Präsenz. Kanzler und Kabinett können gutes und erfolgreiches Regieren öffentlich zelebrieren.

Jeder Amtsinhaber wird die ihm zur Verfügung stehenden Privilegien voll ausschöpfen. Er nutzt die großen Auslandsreisen und Spitzentreffen, die seine internationale Bedeutung hervorheben. Bisher flog man bevorzugt nach Moskau und Washington, inzwischen gilt auch ein Besuch in Japan oder China als förderlich für den Eindruck von Bedeutung. Helmut Kohl kann im zweiten Halbjahr 1994 seine Europarats-präsidentschaft nach allen Regeln der Kunst ausspielen, um sich als große politische Figur der internationalen Bühne zu präsentieren, als eine Person, die Respekt genießt, auf die man hört, die gefragt ist und Einfluß hat.

Die Vorteile der Regierung liegen auch (meist) im bekannten Personal: »Die Regierungsseite kann auf Politiker verweisen, die nachweislich zur Amtsführung befähigt sind (Amtsbonus). Die Bevölkerung stellt den Gegenkandidaten der Opposition wohl nur dann von vornherein auf eine Stufe mit dem Amtsinhaber oder gar darüber, wenn dieser offensichtlich versagt hat oder deutlich abgekämpft und verbraucht ist« (W. Wolf).

Ein taktisches Element für den Amtsinhaber besteht darin, dem Herausforderer die Show zu stehlen. Er wird alles tun, um den Herausforderer zu ignorieren und alles vermeiden, was ihm die Gelegenheit bieten könnte, sich als ebenbürtiger Gegner zu profilieren. Zeitgleich zu besonderen Auftritten der Opposition organisiert die Regierung Veranstaltungen von großer politischer Bedeutung, am besten internationale Begegnungen. In Deutschland wird der Macchiavellismus noch nicht so weit getrieben wie in den USA. Dort neigen Präsidenten, die sich in der Defensive sehen, durchaus dazu, ein bißchen bei internationalen Konflikten herumzuzündeln.

Als Privileg der Regierungsparteien kommen noch sogenannte »Wahlgeschenke« dazu. Das bedeutet einmal die Terminierung von sowieso geplanten Wohltaten kurz vor eine Wahl. Das sind zum anderen Wohltaten, die ohne den Wahltermin ausgeblieben wären.

»Es wird keinen Wahlkampf geben ohne das eine oder andere Wahlgeschenk an bestimmte gesellschaftliche Gruppen. Bekannte Beispiele sind die Wahlgeschenke Ludwig Erhards vor der Bundestagswahl 1965 und die Reform der Rentengesetzgebung vor der Bundestagswahl 1972. In der ersten Hälfte des Wahljahres 1965 beschloß der Bundestag Mehrausgaben und Mindereinnahmen in einer Gesamthöhe von 2,7 Milliarden DM, insbesondere im sozialen Bereich. Der Haushalt 1965 wurde dadurch um 400 Millionen DM überzogen ... Nach der Bundestagswahl mußten wegen der angespannten Haushaltslage einige soziale Zugeständnisse (z. B. das ›Pennälergehalt‹) wieder gestrichen werden. Im Jahre 1972 beschloß der Bundestag eine Erhöhung der Renten, sowie eine vorgezogene Inkraftsetzung ihrer Erhöhung ... An diesem Wahlgeschenk wirkte im Bundestags ausnahmsweise neben der Regierung auch die Opposition mit« (Wolf). Was blieb ihr übrig, handelte es sich doch bei den Rentnern um einen Großteil ihrer Wählerschaft.

»Jetzt kein Wechsel« ist das Argumentations-Grundmuster jeder Regierungspartei. In schwierigen Phasen und bei reichlich öffentlicher Kritik, bietet sie – als Anpassung an neue Herausforderungen – gewisse Veränderungen der Politik an. »Die positiven Nachrichten über ihre

Tätigkeit verbinden die Regierungsparteien in der Regel mit dem Argument, es gebe zu ihrer Politik in Wirklichkeit keine Alternative, die Opposition habe nichts außer schönen Worten anzubieten und im übrigen bestehe die große Gefahr, daß ein Regierungswechsel innen- und außenpolitisch ins Unglück führe. Das ist das Grundraster der Wahlkampfführung der Regierungsparteien, ganz gleich, um welche Parteien es sich gerade handelt ... Während des Wahlkampfes werden die Regierungsparteien ... versuchen, den Regierungschef und populäre Minister mit dem Staatswesen selbst zu identifizieren« (W. Wolf).

Informationen aller Art, mit denen eine Regierung die Bürger über ihre Tätigkeit informiert, sind immer zugleich auch PR in eigener Sache und Werbung für die eigene Partei. Daraus erwächst ein struktureller Wettbewerbsnachteil der Opposition. Damit dieser nicht zu drastisch wird, hat das Bundesverfassungsgericht 1977 direkte Parteienwerbung mit Regierungsmaterial verboten. Das regierungsamtliche Informationsmaterial darf nicht werben, sondern nur sachlich informieren. Regierungen sollen in der Wahlkampfzeit keine Leistungsbilanzen mehr veröffentlichen.

Regieren kann aber auch Nachteile haben: »Die F.D.P verantwortet auf Bundesebene und in vier ostdeutschen Ländern und zwei westdeutschen Ländern als Regierungspartei den gegenwärtigen Zustand mit. Damit ist sie besonders angreifbar, besonders auch deshalb, weil sie einige ihrer Wahlversprechen nach der Wahl 1990 nicht einhalten konnte« (Internes FDP-Papier Januar 1993).

Bisher hat noch kein Oppositionskandidat bei Bundestagswahlen es geschafft, den Amtsinhaber zu kippen. Die FDP half nach, sie wechselte den Koalitionspartner. Auch bei großem Unbehagen mit der amtierenden Regierung scheint mit dem nahenden Wahltag die Opposition an Attraktivität zu verlieren oder die Ungewißheit über die Fähigkeiten der relativ unbekannten Anderen mehr Schrecken zu bergen als die Fortsetzung der bisherigen, zwar als mangelhaft bewerteten, jedoch bekannten Politik. Die Forschung glaubt daher einen »Last-minute-swing«, eine Rückkehr zur amtierenden Regierung in letzter Minute, nachweisen zu können. Hoffnung für Helmut Kohl?

Und die Opposition?

Eine Regierung, mit der das Volk weitgehend zufrieden ist, wird das Weiter-So als Perspektive ausgeben (CDU 1953: »Man wechselt die

Pferde nicht mitten im Strom«). Solange eine amtierende Regierung keine sehr schlechte öffentliche Beurteilung wegen der Vernachlässigung wichtiger Aufgaben, wegen Affären, internen Streitereien und viel öffentliche Kritik aus wichtigen Kreisen einstecken muß, tut sich jede Opposition schwer, gute Gründe zu dafür zu finden, warum die Regierung abgelöst werden soll.

Wenn die Opposition die Regierung ablösen will, braucht sie eine entsprechende Stimmung im Volke. (SPD 1965: »Die Zeit ist reif für eine Wachablösung«, »Neue Besen kehren gut«.) Denn nur dann wächst die Bereitschaft, sich für die Angebote der Opposition zu interessieren. Als Opposition muß man zur Gestaltung der eigenen Strategie an das Handeln der Regierung die Frage stellen, ob sie bei der politischen Bewältigung gesellschaftlicher Veränderungen Defizite kumulierte, die in der Bevölkerung das Gefühl entstehen lassen, diese Regierung sei längst nicht mehr auf der Höhe der Zeit. Wo immer in der Vergangenheit diese Stimmung nicht aufkommen wollte, konnte die Opposition herumzappeln und Plakate kleben so viel sie wollte, sie hatte keine tatsächliche Chance.

In dieser Auseinandersetzung zwischen Regierung und Opposition geht es im Grunde aber nicht wirklich um Konzepte. Denn die sind etwas für Experten und informierte Minderheiten. Ob der Oppositionssprecher für Finanz-, Wirtschafts- oder Sozialpolitik oder der zuständige Minister fachlich richtig liegen, ist für das Wahlvolk nicht zu überprüfen. Eine große Mehrheit signalisiert daher mit der in Umfragen bekundeten Zustimmung zu Konzepten der Opposition vor allem den Wunsch nach Veränderung.

Die Kritik der Opposition muß in einem Wechselverhältnis zu den Hoffnungen stehen, die das Volk mit ihrem Wahlsieg verknüpfen kann. Es ist also die erste Pflicht der Opposition, im Volke nach Unmut zu suchen, der sich zu der Stimmung steigern ließe, daß die Regierung allen auf den Nerv geht. Dabei ist es sehr hilfreich, wenn man Dritte findet, die eine Regierung angehen, etwa Vertreter der Wirtschaft.

Dann folgt konsequent der nächste Schritt, mit dem die Opposition den Eindruck vermittelt, daß sie es besser könnte. Wenn man eine amtierende Regierung kritisiert, muß man Mängel anprangern, die den Wählern wichtig sind – und man muß sie so anprangern, daß die Wähler deren Bedeutung für die eigene Zukunft verstehen. Man muß der Unzufriedenheit also eine Richtung geben und zugleich Abhilfe auf der entsprechenden Ebene anbieten.

Hier liegen die Chancen und die Schwierigkeiten einer Oppositionsstrategie. Oppositionsparteien legen ein Regierungsprogramm vor, das die wichtigsten Ziele hervorhebt und die ersten Schritte markiert: »Was wir sofort anpacken werden.« Das Grundmuster lautet: »Die Regierung hat (dies und das) versäumt – wir werden das schnellstens nachholen. Das wird für die Rentner, Frauen, Soldaten oder Bauern eine spürbare Entlastung oder Verbesserung sein.«

Defizite der Regierung können vorübergehende Schwächen sein, die die Regierung fachlich und kommunikativ alsbald wieder in den Griff bekommt. Es kann sich dabei aber auch um strukturelle Unfähigkeiten handeln, die eine Anpassung der Regierungsaktivitäten an zeitgemäße Fragestellungen sehr erschweren oder verhindern. Regierungsparteien werden immer dann in ihrer Machtfähigkeit gefährdet, wenn sie aus ideologischer Borniertheit oder internen Machtstrukturen ökonomisch erforderlichen Neuorientierungen nicht zu folgen vermögen.

Derartige Rückständigkeit in mehreren Bereichen kann zu einer Art historischem Versäumnis werden. Beispiel dafür war Ende der 60er Jahre die Unfähigkeit der CDU zur neuen Ostpolitik und zu einer Bildungsreform, die auch in Unternehmerkreisen längst als dringlich angesehen wurde. Diese Unfähigkeit zum Wandel war der eigentliche Hintergrund für die Reformeuphorie nach 1969. Ein anderes Beispiel war Ende der 70er Jahre die Unfähigkeit beider etablierter Volksparteien, der längst sichtbaren und auch von der SPD im früheren Wahlkämpfen selbst schon angesprochenen ökologischen Herausforderung politisch zu folgen, ein Versäumnis, das den Grünen eine ihrer Grundlagen schuf: Aufbrüche als Gegenbewegung zur Erstarrung.

Eine Opposition aber, die hauptsächlich als Kassandra auftritt, macht den Fehler, nur Problembeschreibung und Zuspitzung zu bieten, aber weder eine Lösungsmöglichkeit, noch die eigene Kompetenz nachzuweisen. Das mag in einer griechischen Tragödie Sinn machen, denn dort muß der Mensch sich mit göttlich gewollter Ausweglosigkeit auseinandersetzen, doch taugt es nicht für die politische Kommunikation einer Partei, die um Zustimmung ringt.

Oskar Lafontaine hatte bei seinen Auseinandersetzungen mit den Gewerkschaften um Sonntagsarbeit und Maschinenlaufzeiten, bei seiner Einschätzung zum wirtschaftlichen Integrationsprozeß der neuen Bundesländer und mit seinen Lohnanpassungsvorschlägen 1993 den Menschen Härten und Einschränkungen angekündigt, ohne zugleich für damit erreichbare Ziele zu werben. Mit all seinen Vorschlägen fand er immer wieder »Beifall von der falschen Seite« – aus der CDU, von Unternehmern. Unabhängig davon, ob er nun recht hatte oder nicht, setzte ihn die von ihm geschaffene Polarisierung innerparteilichen Angriffen aus.

Die SPD tendiert häufig dazu, ihre Kritik an Defiziten der Bundesregierung auf einem fachlich-technokratischen Niveau abzuhandeln – hier 322,43 Mio. zu wenig, dort etwas zu viel – und diese Einwürfe dann mit einer ausführlichen Begründung und mit viel instrumentellen Details zu versehen. Das mag fachlich richtig sein und der Vorstellung vom mühsamen Bohren dicker Bretter entsprechen, erreicht aber die »Kundschaft« nicht. Auch wenn man dies Verfahren kompetent und detailliert in jedem Fachbereich durchführt, der einem Ministerium zugeordnet ist, wird die Summe aller berechtigten Einzelkritik noch keine Botschaft, die bei den Wählern ankommt.

Die CDU begibt sich in den meisten Bundesländern als Oppositionspartei nicht in die Verstrickung der fachlichen Details, sondern versucht, eine ideologische Polarisierung zu inszenieren. Sie nimmt, was sich dafür anbietet, in NRW z.B. die Schulpolitik, gelegentlich die Arbeit der Polizei; und wenn ihr sonst nichts mehr einfällt, geißelt sie den »Filz«, in den sie selbst bis zur Handlungsunfähigkeit warm eingebettet ist. All diese Angriffe aber nutzen der CDU nur, wenn sie der Stimmung in großen Bevölkerungskreisen entsprechen – sonst entsteht das Gefühl, die nörgeln nur herum. Das läßt sich für einen Gegenangriff nutzen: »Die mögen unser Land und seine Leute nicht.« Kritik muß den Empfindungen einer großen Mehrheit entsprechen, sonst geht sie nach hinten los.

1980 stilisierte die CDU: »Fahndungspanne« (RAF observiert und trotz guter Gelegenheit nicht gefaßt), »Rentenbetrug« und »Wählertäuschung« (Staatsverschuldung) zu den wichtigen öffentlichen Themen. Sie hätte auch über Arbeitslosigkeit, Nachrüstung, Energiepolitik oder Entspannungspolitik diskutieren können, die zwar von der SPD eingebracht wurden, aber in der Öffentlichkeit untergingen. Doch warum sollte die damalige Opposition auf Themen einsteigen, die der Regierung eher nützen, da diese es nicht selbst schaffte, solche Themen zum Gegenstand öffentlicher Erörterung zu machen, und damit auch die CDU zu zwingen, sich dazu zu äußern.

Im parlamentarischen Alltag gibt es zwei grundsätzliche Rollenmuster der Opposition: Man zeigt sich entweder konfrontativ oder kooperativ. Die SPD versuchte es nach 1945 zuerst einmal mit Fundamentalopposition und scheiterte. Nach der dramatischen Niederlage 1957 (CDU 50,2, SPD 31,8%) konnte die SPD nicht mehr anders, als sich mit der Realität der Bundesrepublik anzufreunden. Auf dem Godesberger Parteitag 1959 beschloß die SPD ihre Abkehr von der Idee der grundsätzlichen Systemalternative.

In den ersten Jahren der Sozialliberalen Koalition schwankte die CDU ihrerseits immer wieder in Richtung Fundamentalopposition, bis sie sich auf die neue Ostpolitik einstellen konnte. Diese Konfrontationslinie aber kam immer wieder hoch, fand 1976 einen Höhepunkt in der Kampagne »Freiheit statt Sozialismus« und 1980 einen weiteren in der Person des Kanzlerkandidaten Franz Josef Strauß.

Um die Konkurrenten anzugreifen, hat es sich bewährt, in deren Lager Vertreter von extremen Positionen herauszupicken und deren Position als generelle Linie der jeweiligen Partei auszugeben: einen Rechtsaußen bei der CDU, einen Linksaußen bei der SPD, einen Fundi bei den Grünen und bei der FDP, je nach eigenem Standpunkt, einen Ordo- oder einen Sozialliberalen. Man kann seine »Vorwürfe« auch gut mit dem Urteil eines scheinbar neutralen Experten »begründen« – am beliebtesten sind »Zeugen« aus den Reihen der Konkurrenz. So verbreitet die SPD gerne Biedenkopfs Kritik an der CDU-Regierungspolitik. Bei inszenierten Angriffen geht es nicht darum, ob die Vorwürfe in der Sache wirklich zutreffen, sondern ob sie dazu taugen, ein Unbehagen mit der Regierungspolitk zuzuspitzen und damit auf einen wirksamen Punkt zu lenken.

Zu Beginn des Wahljahres 1994 waren in der CDU programmatisch nur in wenigen und eher peripheren Politikbereichen, Rückständigkeiten zu erkennen. Auf dem Papier ist die CDU in den meisten ehemals im Westen wesentlichen Politikfeldern auf dem Stand der gesellschaftlichen Entwicklung – sei es in der Ökologie, in der Frauenfrage, in sozialen Fragen etc. Nur Minderheiten sind weiter. Im Osten laboriert sie noch zwischen den Folgen ihrer Vergangenheit als »Blockflöte« und einer vor allem moralisch begründeten Erneuerung, die sie bisher nicht in den westlichen Regierungspragmatismus integrieren konnte.

Die CDU ist zugleich inzwischen so weit prinzipienlos, daß ihre Führung unerläßliche Anpassungen an neue Erkenntnisse oder Aufgaben auf der Werteebene ohne ernste parteiinterne Zerreißproben vollziehen könnte. Sie gerät kaum mehr in Konflikt mit ihrem traditionellen Klientel, dem sprichwörtlichen konservativen Stammtisch. Die SPD bemüht sich zu folgen. Die CDU hat also kein grundsätzliches Problem mehr mit ideologischen Blockaden. Sie hat aber Defizite im politischen Handwerk und muß sich nach einer über 12jährigen Regierungsverantwortung wirtschaftliche und gesellschaftliche Krisenerscheinungen zurechnen lassen – was immer sie im einzelnen wirklich dafür kann. Geschwächt ist die CDU auch von der fortgesetzten Treue zu den eigenen Fehlern.

Die CDU kann dem Grunddilemma von Verteilungsfragen nicht entgehen: Wer zahlen muß oder weniger bekommt, als er sich erhoffte, ist unzufrieden. 1990 konnte Kohl den Gegensatz von Erwartungen und kulturellen Mustern noch mit schlichten und archaischen Signalen überbrücken. 1994 aber haben die »Wessis« längst gelernt, daß alle Versprechungen Richtung Osten von ihnen bezahlt werden müssen. Die Grundbotschaft, daß der Aufbau Ost den Westen nichts koste, kann nicht mehr funktionieren. Wenn die Bundesregierung mit der Hilfe für den Osten ernst machen sollte, wird sie im Westen schwierige Konflikte zu erwarten haben – und wenn sie den Aufbau im Osten nicht konsequent durchzieht, wird ihr dort einiges wegbrechen.

Dies Ost-West-Dilemma ist rhetorisch nicht aufzulösen. Die CDU weiß, was auf sie zukommt, setzt darauf, bei den Ostdeutschen das Prinzip Hoffnung wachzuhalten – und versucht, die politische Auseinandersetzung auf Nebenthemen abzulenken: Asyl, Blauhelme, die Rolle Deutschlands in der Welt, Bundeswehreinsätze im Inland. Man darf gespannt sein, was noch folgt.

Und wie wird die CDU mit der öffentlichen Debatte über den

175

Unmut im Volke, über Politikverdrossenheit, Wahlenthaltung und mit der Kritik an Kanzler und Regierung fertig?

Kohl und die CDU lieferten in jüngerer Zeit in Bonn und auch im September 1993 auf dem Parteitag in Berlin durchaus realistische Gegenwartsbeschreibungen über die wirtschaftliche Situation, über Staatsschulden, Arbeitslosigkeit und Kriminalität. Kohl stellt die Lage der Republik dar, als sei er in der Opposition. »Hart spüren die Bürger die Differenz zwischen dem, was sie als handlungsnotwendig erkennen, und dem, was der Staat in ihren Augen unterläßt«, analysiert Generalsekretär Peter Hintze.

Die Botschaft lautet: CDU muß nicht abgelöst werden, sie schafft die nötigen Kurskorrekturen selbst, bzw. veranlaßt sie bei anderen. Ansätze zur Selbstkritik? Mitnichten, das zur Verdeutlichung herbeigezogene Beispiel Asylrecht wird als Beleg sozialdemokratischer Versäumnisse dargestellt.

Helmut Kohl behauptet: »Schwierige Zeiten können ein Umdenken erleichtern.« Dieser unumstrittenen Wahrheit folgen neue konservative Töne: »Viele gewohnte Verfahrens- und Verhaltensweisen, Normen und Einstellungen sind heute nicht mehr tragfähig genug, um unsere gemeinsame Zukunft in Freiheit, Wohlstand und sozialer Sicherheit zu meistern.« Wer oder was ist damit gemeint? »Wem jetzt – wie der SPD – nichts anderes einfällt, als alte Besitzstände um jeden Preis zu verteidigen, der wird die Zukunft nicht gewinnen.« »Alte Besitzstände« umschreibt solche Errungenschaften wie die Lohnfortzahlung im Krankheitsfalle, den Standard der Sozial- und Rentenzahlungen, die Arbeitszeitverkürzung.

Hier offenbart sich eine geschickte Dialektik: »Wir müssen umdenken«, aber »Wir« sind nun nicht wirklich wir alle, bezieht in keinem Fall den Kanzler selbst mit ein, meint nicht seine Regierung und auch nicht die CDU – zumindest jene Teile nicht, die ihm folgen. Kohl greift zur Freude der Medien den aktuellen Bedrohungsdiskurs auf, nutzt die Terminologie der Veränderung, um letztlich Kontinuität anzubieten. Das bringt dann Peter Hintze auf den Punkt: »Wir brauchen den Kern unserer Programmatik und Politik nicht zu verändern.«

Umdenken sollen hingegen jene, die sich bislang weigern, die »Opfer« zu bringen, die diese Bundesregierung ihnen auflegen möchte:

»Überall in Europa wird umgedacht. Ob in Frankreich, Holland oder Schweden: überall werden die notwendigen, oft einschneidenden Maßnahmen ergriffen, um die eigene Wettbewerbsfähigkeit im Blick auf die Zukunft zu erhalten und zu stärken.«

Die CDU stilisiert also jene Fragen zu großen Themen hoch, die nicht zu größeren innerparteilichen Kontroversen führen und im Bereich ihrer realen oder symbolischen Handlungsmöglichkeiten liegen: Wichtig für Deutschland ist demnach, was die CDU sich zutraut.

Folgt man der nun in Berlin ausgelegten Botschaft, dann ist die Welt der Deutschen im Grunde bald wieder ganz in Ordnung. Staatsschulden und hohe Arbeitslosigkeit werden in Reden als dringlich zu lösende Probleme beschworen und rhetorisch bewältigt, waren aber nicht Gegenstand der Beratungen. Das ist inszeniertes Problembewußtsein.

Die FAZ beschrieb die Vorbereitungen der CDU für die Landtagswahlkämpfe in den neuen Bundesländern und vermerkte etwas pikiert, es »Werde für die Wahlkämpfe des kommenden Jahres ein Feld vorbereitet, das die Aufmerksamkeit von der wirtschaftlichen und sozialen Lage in den neuen Ländern ablenken soll«. Gut beobachtet, darum geht es in der Tat und nicht nur im Osten.

Die Ausgangslage für 1994 läßt eine ungerichtete Kritik an und Unzufriedenheit mit der Regierung erkennen. Im Volke zeigt sich ein diffuses Angstsyndrom, die Befürchtung, die Zukunft könnte schlechter werden, und so zeigt sich der Wunsch nach neuen Konzepten. Erwartet wird nicht mehr Harmonie, sondern mehr Tatkraft.

Themen, an denen sich die Kompetenz für die Zukunft profiliert, sind der *Wirtschaftsstandort Deutschland* (Reglementierung, Lohnhöhe, zu viele Auflagen und zu viel Umweltschutz – oder zu hohe Zinsen, mangelhaftes Staatshandeln und Macken beim Management?), *Arbeitslosigkeit, sozialer Friede, Armut, die Entwicklung Ost* (Wirtschaft oder Soziales?), *Sicherheit* und *internationales Engagement der Bundeswehr*. Die Angriffe der Opposition und die Verteidigung der Regierungsparteien, die Inszenierungen und Reden bewegen sich in diesem Rahmen – was immer auch als Detail ganz absichtsvoll hochgezogen wird.

Die großen Risiken der CDU für die Wahlen 1994 sind die wirtschaftliche Lage in Deutschland und die entsprechenden Belastungen der Bürger, die zunehmende Arbeitslosigkeit und die Angst davor. Die

SPD konkurriert zu allererst mit der CDU darum, wer in schwieriger Lage der bessere Betriebsleiter der Deutschland AG sein wird. Das Regierungsstück »Wir sind auf dem Wege der Besserung« ist daher unvermeidlich. Und dazu gehören die wiederholten Hinweise, daß die Talsohle nunmehr durchschritten sei und der Aufschwung gerade anlaufe. George Bush hatte das im Herbst 1992 auch so versucht.

Es ist für die Opposition natürlich nicht damit getan, die Defizite der Regierung zu benennen, sondern es gilt, sie so zu interpretieren, daß die Kompetenz zur Abhilfe bei ihr vermutet wird. Die SPD hatte große Schwierigkeiten, für die eigentlich notwendigen politischen Maßnahmen ein neues oder auch nur verändertes normatives Gerüst zu finden, das es ihr möglich machen würde, sich von bisherigen »Wahrheiten« zu verabschieden, ohne ihr Klientel zu verprellen. Konzepte, die der Kritik an der Regierung folgen sollten, bedeuteten immer öfter auch für die SPD erst einmal Entrümpelung.

Die derzeit größte Oppositionspartei hatte erhebliche Mühe, in ihr politisches Angebot eine neue Ordnung – tatsächlich und kommunikativ – zu bekommen, die eine einigermaßen klare Kompetenzvermutung zuließe. So verstärkte sich der Eindruck, daß die Parteien die anstehenden Aufgaben nicht bewältigen. Und wenn die Alternative und Korrektur im gewohnten Parteiengefüge nicht auszumachen ist, bleibt nur Protest – sei es als Wahlenthaltung, sei es als Protestwählen.

Mit einigen Entstaubungsbemühungen auf dem Wiesbadener SPD-Parteitag im November 1993, in der Zentrierung auf »Arbeitsplätze, Arbeitsplätze und nochmal Arbeitsplätze« und mit den gewerkschaftlichen Lockerungsübungen in Sachen Lohnpolitik bei Arbeitszeitverkürzung boten sich Ansätze, dem alten Dilemma zu entgehen.

Die Debatte um den Standort Deutschland wird von den Konservativen im Verein mit den Unternehmerfunktionären genutzt, um die Bevölkerung auf Lohnkürzungen, auf »Verzicht«, auf Lockerung des sozialen Netzes einzustimmen. Die »internationale Konkurrenzfähigkeit« wird wieder zu einem wirksamen Hebel, den bisherigen sozialen Konsens zu kündigen und – im Einverständnis mit den Gekündigten – auf bescheidenerem Niveau wieder anzubieten.

Die Sozialdemokraten führen die Standortdebatte, um auf ihre wirtschaftspolitische Kompetenz aufmerksam zu machen und sprechen über Zinsen, Schulden, staatliche Verantwortung und Eingriffe, packen das Ganze unter die Zielorientierung *mehr Arbeitsplätze*. Die Regierungsparteien unterbreiten Vorschläge zur Sanierung des Wirtschaftsstandortes (auch »für neue Arbeitsplätze«), die die SPD in interne Flügelkämpfe und Krach mit den Gewerkschaften verwickeln. Um dann die freundliche Frage zu stellen, ob eine Partei, die sich in wichtigsten Fragen nicht einig ist, regieren sollte. So kann – nach bewährtem Muster – schließlich die Regierungsfähigkeit der SPD zum Thema werden.

Es gelingt der CDU tatsächlich immer wieder, die SPD in diese Falle laufen zu lassen und zu heftigen innerparteilichen Auseinandersetzungen zu verleiten. Das Reiz-Reaktions-Muster der SPD ist da ziemlich verläßlich. Zumutungen für die (eher akademische) Partei-Linke, die der Gemütslage der Partei-Rechten (traditionelles Arbeitermilieu) entsprechen, lassen sich immer wieder finden. Klappt es nicht mit ökonomisch begründeten Zumutungen für sozial Benachteiligte, so kann die Innere Sicherheit aushelfen, z. B. so ein Schäuble-Vorschlag, die Bundeswehr im Inland einzusetzen.

Ulrich Maurer, innenpolitischer Sprecher in der SPD-Wahlkampfkommission, hat seine Partei davor gewarnt, in die strategische Falle der CDU zu laufen: das ›Nebenthema‹ des Abhörens von Wohnungen zu einem zentralen Gegenstand der Wahlkampfauseinandersetzung machen zu wollen und dabei auf den Widerspruch der SPD zu setzen. Die CDU ist flexibel, es kann auch ein anderes Thema sein: Hauptsache das Muster stimmt und paßt.

Die Parteien, die in Bonn in der Opposition sind, gewinnen in den Ländern und Kommunen dazu. Das kann dabei helfen, den Machtwechsel in Bonn als erreichbare Konsequenz darzustellen. Es führt allerdings auf der Länderebene nicht eben zu großer Begeisterung dafür, in Bonn die Macht zu erobern und sie damit in den Ländern wieder zu gefährden. Die SPD kann sich auch nicht ganz der Tatsache entziehen, daß sie mit ihrer Mehrheit im Bundesrat in Teilen in die Politik der Regierung einbindbar ist. Die CDU startet daher immer wieder den Versuch, aus dieser Teilung der Macht gemeinsame Verantwortung zu machen – insbesondere bei unpopulären Maßnahmen.

# 14. Management:
## Eine temporäre Diktatur einrichten

Die erste Botschaft jeder Wahlkampagne lautet: Wir bieten eine gute Zukunft in Sicherheit. Auf einer schon etwas konkreteren Stufe heißt das: Wir haben für die Aufgaben von heute und morgen sowohl die besten Konzepte wie auch die Kraft und die richtigen Leute, sie umzusetzen. Diesen Grundsatz gilt es, in der Wahlkampagne auf die aktuelle Situation anzuwenden.

Die Aufgaben ergeben sich nicht mehr aus utopisch-geschichtlichen Visionen, sondern als Negation mißlicher Umstände, Ängste und Sorgen sowie aus deren Interpretation. Auf das Bewußtsein der Wähler nahmen die Parteien während der Wahlperiode über die Medien so viel Einfluß, wie sie konnten. Sie haben versucht, das Wasser der Stimmungen auf die eigenen Mühlen zu lenken. Damit sind in der Bevölkerung Vorstellungen darüber gewachsen, was zur Wahl steht, wenn gewählt wird.

Das größte Handikap des Wahlkampfmanagements, das die eigenen Kampagnen möglichst genau auf vorhandenes Bewußtsein und Gefühl einstellen möchte, sind die aktiven Mitglieder, die Funktionäre und hervorgehobenen Vertreter der parteiinternen Flügel der eigenen Partei. Sie neigen zur emphatischen Ankündigung möglichst weitgehender, auf den Binnenkonsens gerichteter Beschlüsse, möchten Identität zeigen. Sie sind oft vom »Waschmittelwahlkampf« enttäuscht, weil ihre besonderen Belange dabei zu verschwinden scheinen. Es bedarf eines besonderen Wahlkampfes und aktiver Integrationsarbeit nach innen, damit die Partei Effizienz nach außen zuläßt. Gleichwohl führt mangelnde Professionalität des Wahlkampfs zu innerparteilichen Vorhaltungen. Man soll also möglichst effizient sein, ohne die eigene Partei dabei zu irritieren.

Der Spitzenkandidat ist das beste Pferde der Kampagne und zugleich ein schwieriger Fall. Er ist in einem internen Ausleseprozeß so weit nach oben gekommen, ohne sich »verkaufen« zu lassen. Er soll sein Rollenverständnis nun plötzlich auf die Wirkung bei den Wählern abstellen und in dieser Aufgabe auch noch gemanagt werden. Er läßt nur selten mit sich machen, was sich die »Verkäufer« für ihn ausdenken, wird an unerwarteten Stellen plötzlich eigenwillig, plant für einen Phototermin nur eine Stunde Zeit ein, möchte nicht alles sagen, was man ihm aufschreibt, geht zu spät ins Bett, kommt unvorbereitet in Pressekonferenzen und beharrt auf dem Freiheitsrecht persönlicher Launen. Die Spitzenkandidaten sind die Diven des Wahlkampfes, geplagt von all den Selbstzweifeln und Allüren großer Stars des Show-Geschäfts. Sie brauchen ständige persönliche Betreuung und Ermunterung.

Ihnen wird aber auch ein kaum bewältigbares Programm zugemutet. Im Grunde sollen sie sechs Wochen lang täglich morgens in den Aufwachprogrammen des Radios und im Frühstücksfernsehen präsent sein, ab 9.00 Uhr bis 22.30 Uhr auf Versammlungen sprechen, dann noch in einer Late-night-Talkshow auftreten, dazwischen zu jedem beliebigen Thema Interviews geben, Pressekonferenzen abhalten, Fototermine über sich ergehen lassen, lokalen Kandidaten der eigenen Partei die Hände schütteln, in Fußgängerzonen spazieren gehen, sich mit bedeutenden Persönlichkeiten aus allen gesellschaftlichen Bereichen sehen lassen und dabei die befreundeten Organisationen nicht vernachlässigen.

Wahlkampf ist eine Phase erhöhter Aufmerksamkeit für Politik und in der Konsequenz ein Wettbewerb der Parteien um diese Aufmerksamkeit. Aber, so hält ein Wahlkämpfer-Sprichwort in den USA fest, »es ist dumm, Leuten zu predigen, die schon im Himmel oder in der Hölle sind.« Ziel des Wahlkampfes sind in erster Linie die erreichbaren Wechselwähler. Es besteht also die Aufgabe, die Bürger anzusprechen, die man zur Wahl der eigenen Partei überzeugen kann, obwohl sie zu Beginn des Wahlkampfes noch unentschlossen sind, vielleicht lieber zu Hause bleiben wollen oder zwischen der eigenen und einer anderen Partei schwanken.

Bei diesem Bemühen gilt es eine andere Weisheit zu beachten, die Volker Riegger, in den 70er Jahren Leiter des Referates Wahlen in der Parteizentrale der SPD und inzwischen freier Politik- und Unternehmensberater, auf die Formel brachte: »Jeder Wahlkampf auf jeder politischen Ebene ist ein einmaliges historisches Ereignis und muß als solches aufgefaßt und geplant werden.« Man kann also einen erfolgreichen Wahlkampf nicht wiederholen.

»In der Theaterwelt wie in der Politik dürfte in gleicher Weise gelten: Für die Beurteilung der Qualität des ›Schauspiels‹ ist es von ausschlaggebender Bedeutung, in welcher Beziehung szenische Verarbeitung und Darstellung zur sozialen Realität stehen« (U. Sarcinelli). Und diese soziale Realität verändert sich immer von einer Wahl zur nächsten und hat sich im Vorfeld des Wahljahres 1994 so drastisch verändert wie nie zuvor. Das Gefühl der Wähler, zu wissen, was an politischen Konzepten zur Wahl steht, ist allen gewohnten Mustern entlaufen. Selbst die Demoskopie hat Schwierigkeiten, Personen ausfindig zu machen, die unter dem Gesichtspunkt *Wahlverhalten* für mehr repräsentativ sind als für sich selbst.

Am Anfang der Arbeit steht die Bestandsaufnahme, die Analyse der Lage. Zu dieser Bestandsaufnahme gehört es, die Ausgangsvoraussetzungen zu klären, mit denen man in die Kampagne geht. Nicht wenige stehen fest, wie der gesellschaftliche Rahmen, der Spitzenkandidat, die Mannschaft, die Gremien, die eigene Organisationsstruktur, der Mitgliederbestand, das Budget, die bisherigen Programme und Beschlüsse, das bisherige Image, die Medienlandschaft, befreundete Organisationen, eher unfreundliche Organisationen, die Umfragedaten, weitere Forschungsergebnisse, die Informationen über die konkurrierenden Parteien, die politische Großwetterlage, die ökonomische Situation, besonders dringliche Themen ...

An anderen kann man noch rütteln. So am Kompetenzprofil, am Personal, an der Intensität der innerparteilichen Unterstützung, am Text der Reden, an Gestaltung und Auftritt, an der Interpretation einiger Themen.

Zu den eingespeisten Informationen gehören neben der ständigen Beobachtung von politischen Ereignissen, öffentlicher Themenbehandlung und Wählermarkt die Gegnerbeobachtung und das Gegnerszenario: Was werden sie tun – so weit man das absehen kann, und was würde man an ihrer Stelle tun. Solche Planspiele sind nicht nur wichtig, um auf Angriffe oder taktische Winkelzüge der anderen möglichst gut

eingerichtet zu sein, sondern sie sind Teil der eigenen Schwachstellenanalyse. Diese Schwachstellenanalyse ist eine unangenehme aber unerläßliche Sache – unangenehm, weil es dabei immer auch um Personen
geht und gehen muß: bis hin zum Spitzenkandidaten.

Zur Wahlkampfplanung gehören Szenarien. Sie beziehen sich sowohl
auf die erwarteten großen Themen als auch auf die Strategien der anderen Parteien. Eine gute Prognose der Handlungsalternativen der Konkurrenten ist ein Grundstock des Handwerkszeugs. Dafür haben sich
Rollenspiele bewährt: Wie würde man an deren Stelle angreifen, welche
Schwäche würde man nutzen, wie würde man das Programm, wichtige
Konzepte zerpflücken und den Spitzenkandidaten rupfen? So ein
Szenario kann man natürlich nur entwerfen, wenn die Runde absolut
dicht hält. Ist das gesichert, zeigt sich, daß die meisten Beteiligten über
solide Kenntnisse von den Macken des eigenen Ladens verfügen.

Peter Radunski schlägt zum Aufbau einer Kampagne drei Phasen vor:
Analyse, Konzeption und Umsetzung. Sie folgen einerseits chronolo-
gisch aufeinander, laufen zugleich aber nebeneinander her. Solange man
noch irgend etwas tun kann, wird analysiert und konzipiert. Die Analy-
sephase beginnt im Grunde mit der Nachbetrachtung der letzten Wahl,
begleitet den politischen Alltag und fokussiert sich etwa ein Jahr vor
dem nächsten Wahltermin auf diese kommende Wahl. Man entwickelt
dann die strategische Konzeption auf der Basis einer Projektion: Was
wird, ausgehend von den vorliegenden Daten in den Wochen vor der
Wahl, thematisch anliegen.

Die Strategie ist das Konzept für den Weg zum Ziel und Basis für das
»Drehbuch« oder den Kampagnenplan. Darin werden die eigenen Aktivitäten im Jahr vor der Wahl in Phasen mit besonderen Kommunikati-
onsschwerpunkten eingeteilt. Das Ziel ist formal natürlich ein möglichst
gutes Wahlergebnis, beschreibt aber auf die Kampagne bezogen die
Frage, um was es denn bei der Wahl gehen soll. Thematische Details und
Slogans sind Instrumentalisierungen und diesem Ziel untergeordnet. Es
ist die Antwort auf die Frage: Was soll gelernt werden? Was will man zum
Fokus der Auseinandersetzung machen, was will man als Aufhänger nutzen, um die Botschaft von der guten Zukunft zu transportieren.

Wenn man also *Sicherheit durch Arbeit* zum entscheidenden Feld der
Auseinandersetzung machen will, muß man seine Kampagne so anle-

gen, daß die Wähler am Wahltag das Gefühl haben, dies sei bei weitem das wichtigste Thema und die eigene Partei und ihr Spitzenkandidat für diese Aufgabe viel besser geeignet als die Konkurrenz.

Die Auftritte, Inszenierungen, die Orte für Veranstaltungen, die hochgezogenen Konflikte und Themen, die Argumente und Angriffe gegenüber der Konkurrenz, die Zusammensetzung der Regierungsmannschaft sehen dabei völlig anders aus, als wenn man *Sicherheit durch mehr Polizei* für die geeignete Zuspitzung hält, die Zukunftskompetenz vermittelt. Die CDU machte 1990 die Deutsche Einheit zum Gegenstand der Abstimmung, Bill Clinton ließ 1992 darüber abstimmen, ob der US-amerikanische Traum von der Machbarkeit, von der Fähigkeit, Herausforderungen zu bestehen, auch in der Politik zu gelten habe.

Die Strategie sie ist die Grundlage für die Beurteilung der Wahlkampfmittel, der selbst organisierten Ereignisse. Wenn man sich einmal auf ein strategisches Konzept festgelegt hat, sollte man es nur als Folge wirklich drastischer Ereignisse wieder umstoßen. Zu dieser Kategorie von Ereignissen zählen weder die Stimmungen, Ahnungen oder Selbstzweifel des Spitzenkandidaten oder seiner Gattin, noch die Kommentare bekannter publizistischer Kaffeesatzleser. Der Grund für diese Sturheit liegt in der Tatsache, daß die Lernprozesse bei der Wählerschaft langwierig sind. Man muß also ein strategisches Ziel konsequent verfolgen und – da noch eine Menge passiert und auch die Konkurrenz nicht schläft – zugleich operativ sehr flexibel sein.

Man versucht zwar, auf die Stimmung im Lande selbst Einfluß zu nehmen, doch das tun die Konkurrenten auch. Wer sich dabei durchsetzen wird, ist nicht vorhersehbar – es können auch unerwartete Ereignisse ins Konzept hageln. So platzte am 13. August 1961 der Mauerbau in den Wahlkampf, und ebenso 1990 die deutsche Vereinigung. Nach der Öffnung der Berliner Mauer am 9. November 1989 beherrschte das Thema der Einheit Deutschlands die öffentliche Erregung. Was immer die Parteien zuvor für den Wahlkampf 1990 konzipiert hatten, wurde Altpapier. Man muß daher auf unerwartete Ereignisse sehr schnell reagieren können: Wenn einen Monat vor dem Wahltag ein Atomkraftwerk hochgeht, und sei es im fernen Rußland, kann man einen großen Teil der bisherigen Wahlkampfvorbereitung vergessen: Es gibt ein neues Thema, das ganz oben in der öffentlichen Aufmerksamkeit steht.

Vor der Bundestagswahl im Jahre 1994 gibt es eine Reihe anderer Wahlen. Die Fernsehabende zu diesen Wahlen sind Wahlkampfspektakel mit hohen Zuschauerzahlen. Die Interpretation des Wahlausgangs kann Stimmungen kippen. Dramatisch für die SPD war in diesem Sinne die Niedersachsenwahl 1986 im Vorfeld der Bundestagswahl. Obwohl sie kräftig gewonnen und die CDU Stimmen verloren hatte, galt diese Wahl als Niederlage der SPD. Der Ausgang vorhergehender Wahlen muß in den denkbaren Alternativen in die Wahlkampfstrategie integrierbar sein. Man darf sich nicht auf ein bestimmtes Ergebnis so einstellen, daß man bei einem anderen Ausgang eine völlig neue Kampagne aufbauen muß.

Das Wahljahr 1994 ist von drei großen vor der Bundestagswahl liegenden Wahltagen im März, im Juni und im September, mit jeweils einer Reihe von einzelnen Wahlen, geprägt, die jede Partei für ihre Arbeit am Bundestagswahlkampf funktionalisiert und als Etappe zum Sieg, als letzte Warnung, als Signal für neuen Aufschwung etc. stilisiert. Zu diesen Ereignissen mit hoher symbolischer Qualität gehört zudem die Wahl des neuen Bundespräsidenten im Mai.

Der flexibel gewordene Wählermarkt macht die ständige Erneuerung der Wahlkampfpraxis erforderlich. Der Wahlkampf der Zukunft ist nicht mehr der materialträchtige Kampagnen-Wahlkampf, der – einmal in Gang gekommen – nur noch schwer aktualisiert werden kann. Erforderlich ist nicht das – oft Wochen und Monate vor dem Wahltermin produzierte – Massenverteilmittel, sondern zunehmend auch die schnelle, aktuelle Information und Argumentation. Soll eine Wahlkampf-Führung erfolgreich sein, so muß sie bis dicht an den Wahltag heran in der Lage sein, neu aufkommende Themen aufzugreifen und in der tagtäglichen politischen Diskussion präsent zu sein – und zwar in Lörrach oder Flensburg ebenso wie in Dresden oder Aachen.

Daneben hilft das flexibles Instrumentarium auch, um auf Interventionen der Konkurrenz wirksam – und das heißt auch sofort – antworten zu können. Es war eine der besonders häufig hervorgehobenen Qualitäten der Wahlkampfzentrale Clintons, auf Anschuldigungen oder Vorschläge der Republikaner im nächsten Nachrichtenzyklus reagieren zu können, die Republikaner also mit ihrem Beitrag nicht lange alleine auftauchten, sondern die Antwort schon bald mitlief.

So ist es nur konsequent, wenn die CDU 1993 ankündigt, die eigene Infrastruktur auf schnelle Reaktion einzustellen, zeitabhängige Produktionszwänge zu reduzieren, lange Vorlaufzeiten zu verkürzen und sich Medien aufzubauen, die es ermöglichen, die eigene Partei bundesweit und bis zum Vorabend der Wahl auf aktuelle Thematik einzustellen.

Die Wahlen auf den verschiedenen Ebenen – Europaparlament, Bundestag, Landtag, Räte in Gemeinden und Kreisen – haben jeweils einige Besonderheiten: Bundes- und Landtagswahlen sind in der Anlage sehr ähnlich. Die politische Arbeit wird über die Jahre von einer großen Anzahl von Journalisten begleitet, die auf die Grundstimmung Einfluß haben. Die alltäglich PR-Arbeit muß die Grundlagen legen, damit in der eigentlichen Kampagnenphase erinnert und zugespitzt werden kann.

Im Bundestagswahlkampf fällt es relativ leicht, die Wähler für einige herausragende Themen und für die Wahl selbst zu interessieren. Bei Landtagswahlen ist die Wahlbeteiligung deutlich niedriger als bei Bundestagswahlen. Bei der Bundestagswahl aber ist die Koordination der Vielstimmigkeit in der eigenen Partei schwieriger als in den Ländern, verlangt eine andere Führungsleistung.

Bei den Landtagswahlen muß man zusätzlich überlegen, ob man mit oder gegen den bundespolitischen Trend läuft, ob die Abgrenzung gegen Bonn etwas nützt – auch wenn dort die eigene Partei regiert – und ob man in der aktuellen Situation mit der Landespolitik überhaupt Gehör findet oder ob die Bundespolitik auch die Landesebene überdeckt. Das Abschneiden bei Landtagswahlen ist, wie sich vielfältig gezeigt hat, kein besonders tauglicher Maßstab für die Chancen im Bund.

Europa findet öffentlich während einer Legislaturperiode vor allem als Krisentheater statt: als Protestziel von Bauern, Stahlarbeitern und Bergleuten, als Geldverteilstelle, bürokratischer Moloch. Im Europawahlkampf gibt es nur selten eine vorausgehende Berichterstattung, die die Themen des Wahlkampfes bestimmt. Die Arbeit des Europaparlaments wird in den Medien nur selten berührt.

Ohne diese ständigen Vorinformationen aber kann ein Thema viel leichter mit gekaufter Kommunikation (Anzeigen etc.) und spektakulären Inszenierungen zu den Wählern durchdringen als auf der nationalen Ebene, auf der man sich gegen die Medienberichterstattung durchsetzen müßte. Aus diesem Grund und wegen der großen Ferne zum Alltag der Bürger können die Kampagnen zur Europawahl stärker von Werbemitteln beeinflußt werden als die Wahlen auf anderen Ebenen.

Ein zusätzliche Besonderheit: Bei den Europawahlen sind ca. eine Million Bürger anderer EU-Staaten an ihrem deutschen Wohnsitz wahlberechtigt.

Kommunalwahlen sind ganz anders: Die größere personelle und thematische Nähe, die stärkere Verankerung in Vereinen, in den Zusammenhängen am Ort, prägt im Lauf der Zeit einen Eindruck, der vom Wahlkampf nicht übertüncht werden kann. Inszenierungen sind hier viel leichter zu entzaubern als auf den anderen Ebenen. Politik wird in den Kommunen mehr als Dienstleistung erlebt als in Bund oder Land und frustriert so auch viel unmittelbarer. Die Kommunalverwaltung gerät mehr als Bundes- oder Landesverwaltungen unter den Druck des Plebiszits, das von Bürgern ausgeht, die sich gegen einzelne Maßnahmen – oft im Sinne des St. Florianprinzips – organisieren.

Die politische Arbeit zum Wohl der Kommune oder des Landkreises trifft die Bürger bei konkreten eigenen Interessen. Die Politik ist dabei oft vom Parteilichen losgelöst – aber in den Großstädten auch so weit von den Bürgern entfernt wie der Mond. Kommunalwahlkampf wird hier daher schwieriger und auch zunehmend personalisiert.

Auf Bundesebene wird ein Spitzenkandidat durch die Medien in kurzer Zeit bekannt. Das ist in Landtagswahlkämpfen, insbesondere jedoch auf der kommunalen Ebene, schwieriger. Dort braucht ein neuer Kandidat längere Vorlaufzeiten, um von den Wählern »kennengelernt« zu werden.


## Die Wahlkampfleitung

Wahlkampf ist Diktatur auf Zeit: Nur scheint vielen unklar, wessen Herrschaft gemeint ist. Oder man leistet sich den Luxus, diese Frage immer wieder auszutragen. Der Diktator sollte im Sinne einer effizienten Kampagnenorganisation der Manager sein, nicht der Kandidat – auch wenn viele Kandidaten das anders sehen.

»Wahlkampfmanager ... müssen in der Lage sein, die drei Aufgabengebiete – Konzept, Kommunikation und Organisation – zu koordinieren. Sie können nur erfolgreich sein, wenn sie in jedem der drei Aufgabenbereiche mehrere Spezialisten haben, deren Kenntnisse und Fähigkeiten die eigenen weit übertreffen« (Peter Radunski). Sie sind die Entscheider und bedürfen großer Fähigkeit zur Kooperation: »Wer nicht willens ist, sich mit harten Geschäftsleuten, sensiblen Kreativen und Spezialisten aller Art aus dem Kommunikationsgewerbe kooperativ auseinanderzusetzen, ist hier fehl am Platze. Es ist schon ein buntes Völkchen, das die Wahlkampfmanager umgibt: Grafiker, Texter, Journalisten, Parteigeschäftsführer und – nicht zu vergessen – die alles dominierenden politischen Chefs.« Radunski legt großen Wert auf die Unterstützung von Professoren, Meinungsforschern, Werbefachleuten, Dichtern, hohen Beamten und Künstlern: »Nur wer sich diese Art geistiger Zufuhr im Wahlkampf sichert, kann hoffen, daß er die politischen Grundtendenzen und die kommunikativen Möglichkeiten seiner Zeit voll erfaßt und für seinen Wahlkampf richtig einsetzt.«

In den USA ist der Campaign-Manager ein bezahlter externer Profi, der die Organisation und Durchführung politischer (oft auch anderer) Kampagnen zu seinem Beruf gemacht hat. Er leitet die Kampagne und wird für den Kandidaten zu einer Art Coach. In den USA arbeiten inzwischen über 100 solche Agenturen, die politische Kampagnen ausrichten. Sie haben eine eigene Organisation AAPC (American Association of Political Consultants) mit einem internationalen Ableger IAPC, in dem auch einige Deutsche Mitglied sind. Dem Erfahrungsaustausch dienen gelegentliche Kongresse und das Magazin »Campaigns and Elections«.

In Deutschland macht meist der hauptamtlich angestellte Geschäftsführer bzw. Generalsekretär der jeweiligen Ebene den Wahlkampfmanager. Und bei jedem Wechsel in diesem Amt muß die Kunst der Kampagne ein ganzes Stück weit wieder neu gelernt werden. Er hat nicht die Menge an praktischen Erfahrungen wie ein professioneller Kampagnen-Manager. Sein politisches Gewicht hängt viel mehr von seinem internen politischen Einfluß ab als von seinen Qualifikationen für die Aufgabe, Wahlkampf zu organisieren.

In den USA ist das externe Beratungswesen schon eine kleine

Branche: Das liegt auch daran, daß es in den USA wesentlich mehr Wahlmandate gibt (bis zum Sheriff) und daß das Wahlsystem jeden einzelnen Kandidaten zwingt, seine eigene Kampagne zu organisieren. In Frankreich hat sich »marketing politique« schon früh an die amerikanischen Methoden angehängt. In den USA gibt es für jeden einzelnen Kampagnenbereich, vom Zeitplaner bis zum Verantwortlichen für die Finanzen, externe Spezialisten. Bei uns ist die externe professionelle Beratung auf Forschungsinstitute und Agenturen beschränkt.

»Drei Kompetenzen muß ein Wahlkampfmanager haben, wenn er eine Wahlkampagne führen will:

1. Der Wahlkampfmanager muß unmittelbaren Zugang zu seinem Kandidaten oder seiner Parteiführung haben und an allen wichtigen Besprechungen über die Wahlkampfführung in den verschiedenen Gremien teilnehmen.

2. Der Wahlkampfmanager muß über die Ausgaben für den Wahlkampf im Rahmen eines Budgets verfügen können und die dafür verwendeten Spezialisten, seien es Agenturen oder Einzelpersonen, selbst bestimmen oder entsprechende Auswahlverfahren vorschlagen können.

3. Der Wahlkampfmanager muß über den Zeitplan des Wahlkampfes bestimmen, d. h. er hat die Kompetenz, endgültig festzulegen, wann und welche Maßnahmen durchgeführt werden.

Wer diese Kompetenzen nicht hat, kann sich schwerlich als Manager einer Wahlkampagne fühlen ... Halbe Kompetenzen für den Wahlkampfmanager gefährden jede Kampagne. Wer mehr auf seine Frau oder seinen persönlichen Referenten hört, sollte diese auch zum Wahlkampfmanager machen« (P. Radunski).

Unklare Kompetenzen sind Gift für jede Kampagne. Deshalb gilt es, personelle Konflikte und Zuständigkeitsgerangel zu vermeiden, also vorher zu erledigen. Wenn unklar bleibt, wer den Wahlkampf tatsächlich führt, ob er wirklich geführt wird oder nur so irgendwie abläuft, kann die Sache nicht gutgehen. Solange in der Bundesrepublik nicht wie in den USA ein externer Spezialist die Wahlkampfleitung hat, sondern der höchste Angestellte der Partei, empfiehlt es sich, dem Vorsitzenden die Rolle des Spitzenkandidaten zu überantworten. Denn der Vorsitzende hat die Auswahl dieses Generalsekretärs bzw. Bundesgeschäftsführers in der Hand. Der Kandidat braucht aber dessen unbedingte Loyalität, sonst wird nicht optimal gearbeitet. Ein Schröder-Fan wäre als Wahlkampfleiter für Scharping nicht unbedingt die erste Adresse.

Was passieren kann, wenn die Kompetenzen nicht vernünftig geordnet sind, hat die SPD 1987 im Rau-Wahlkampf vorgeführt: Willy Brandt hatte zwar empfohlen, »das müßt ihr von NRW aus machen« und Klaus Schütz, der seine Wahlkämpfe von Berlin aus leitete, als Berater anempfohlen, doch die Rolle des Düsseldorfer Landesverbandes und die Abstimmung der Kompetenzen blieben ungeklärt. Die Themen und Slogans kamen aus Bonn, die Deutschlandreise des Kandidaten Rau und der Sonderwahlkampf NRW wurden in Düsseldorf organisiert. Wenige Wochen vor dem Wahltag traten der von Glotz zum Stellvertretenden Bundesgeschäftsführer gemachte Wolfgang Clement und der Geschäftsführer der NRW-SPD Bodo Hombach aus der Wahlkampfleitung zurück. Der Bundesgeschäftsführer und formelle Wahlkampfleiter Peter Glotz hatte den internen Machtkampf gewonnen. Es blieb aber eine weitgehend diffuse Kommunikation.

In einer internen Nachwahlanalyse wurde gefordert, der Bundesgeschäftsführer müsse künftig die Funktion des Wahlkampfleiters übernehmen. Beim Lafontaine-Wahlkampf 1990 gab es jedoch abermals Koordinationsprobleme. Am leichtesten zu koordinieren sind Kandidaten, die zugleich Partei- und Regierungschefs (bzw. Fraktionsvorsitzende) sind. Sonst gibt es Konkurrenzen zwischen den einzelnen Ebenen. Wenn der Spitzenkandidat nicht selbst in den Wahlkampfgremien sitzt, muß jemand dazugehören, der für ihn verbindlich beschließen darf. Andernfalls sind ständige Nachverhandlungen erforderlich, wie 1990 mit Oskar Lafontaine, der schließlich in einem spontanen Einfall den Slogan »Der neue Weg« bestimmte.

Die CDU hatte, seit Helmut Kohl Rainer Barzel des Amtes enthob, solche Probleme nur 1980, als Strauß sich als Kandidat durchsetzte und Kohl zur Seite drängte. Kohl als Kandidat war sonst Partei- (1973), dann auch Fraktionsvorsitzender (1976) und blieb als Kanzler Parteivorsitzender. Seine Generalsekretäre und Bundesgeschäftsführer hatten, solange er sich mit ihnen vertrug, die notwendigen Kompetenzen.

Der Campaign-Manager hat die Aufgabe, der angelegten Strategie zum Erfolg zu verhelfen. Er darf keine eigenen politisch-inhaltlichen

Ziele verfolgen. Nicht er steht zur Wahl, sondern ein Spitzenkandidat, ein Programm, eine Partei. Dem Wahlkampfleiter untersteht die Planungsgruppe. Ihre Aufgaben sind die Vorbereitungen für Wahlkampfleitung, Kommunikationskonzepte, Umsetzungskonzepte der Strategie für die einzelnen Politikbereiche. Sie ist ein wichtiges tatsächliches Zentrum.

Die Planungsgruppe setzt sich zusammen aus dem Wahlkampfmanager, Agentur-Vertretern, Forschern, externen Experten, dem technischen Wahlkampfleiter, dem Bürochef des Kandidaten, dem Abteilungsleiter Politik und dem Leiter des Planungsstabs. Bei Bedarf kommen Spezialisten für Themen oder Organisation, Redenschreiber und Werbetexter dazu.

Die **Politische Wahlkampfleitung** ist ein Gremium, das die Aufgabe hat, die nie öffentlich ausgesprochene Hauptbotschaft, den Eindruck, den man vermitteln will, zu entwickeln, die Schwerpunktthemen festzulegen und die Präsentation des Spitzenkandidaten anzulegen. Dabei sind die mutmaßlichen Strategien der konkurrierenden Parteien und die eigenen Handlungspotentiale zu berücksichtigen.

Zu diesem Gremium gehören der Wahlkampfmanager, der Kandidat, die Vertreter wichtigster innerparteilicher Gruppen, der Chef der PR-Agentur, externe Politikberater, der Schatzmeister, der Sprecher des Parteivorstands. Dazu kommen zum Vortrag: *Die Forscher*. Die Leitung liegt beim Wahlkampfmanager. Manchmal »leitet« auch der Spitzenkandidat, dann heißt der Wahlkampfleiter nur so, ist aber kein solcher.

Es gibt bei derartigen großen politischen Aufgaben immer formelle Zuständigkeiten nach den Erfordernissen parteiinterner Balance und, wenn man glücklich dafür gesorgt hat, eine tatsächliche an der Arbeit orientierte informelle Struktur. Wenn ein stellvertretender Parteivorsitzender oder der Vorsitzende eines wichtigen Landesverbandes meint, in die politische Wahlkampfleitung eintreten zu müssen, wird das niemand wirklich verhindern wollen, wenn einem an der Mitwirkung seiner Untergliederung gelegen ist. So kann die politische Wahlkampfleitung eine Quasseleinrichtung werden, die wichtigen Leuten das Gefühl gibt, mitzugestalten, und ist in Wahrheit dazu da, Loyalitäten zu organisieren.

Im Parteialltag ist der Parteivorstand ein wichtiges Gremium. Dort holt sich die Wahlkampfleitung auch den Segen für ihre Vorhaben. Für die Wahlkampfleitung ist es von außerordentlicher Bedeutung, daß dies nur formal so ist: Man geht hin, präsentiert, erläutert, was man machen wird, die Forscher tragen einige Daten vor, der Agenturchef erläutert einige Umsetzungsentwürfe. Das muß es auch gewesen sein, einige Verständnisfragen dürfen vielleicht noch gestellt werden.

Es darf keine ernsthafte Diskussion und keine wirkliche Abstimmung geben, denn sollte es dazu kommen, zeigt es sich, daß so ein Vorstand aus lauter Wahlkampfexperten besteht, die dann aus einem tiefen Fundus an Erfahrungen schöpfen. Dabei verkämpfen sie sich untereinander, es brechen alte Rivalitäten durch. Es passiert also ganz viel, doch nichts davon berührt den künftigen Wahlkampf konstruktiv. Da es aber Kontoversen und Alternativen gab, muß abgestimmt werden. Diese Prozedur macht jedes auch nur einigermaßen taugliche Konzept kaputt.

Neben dieser Ordnungsfunktion hat die politische Wahlkampfleitung noch eine weitere und sehr praktische, nämlich die Koordination von politischer Planung und Kampagnenplanung: Wird das nicht sehr sorgfältig informell vereinbart und telefonisch nachgefragt, kann es passieren, daß die Forschung feststellt, die Wähler verlangten nach Konzepten gegen die Arbeitslosigkeit, Regierung und Fraktion arbeiten ihre langfristig geplanten Vorhaben in der Sicherheits-, Außen oder Bildungspolitik ab; und als Ergebnis von Parteivorstandsbeschlüssen organisiert die Hauptabteilung Politik gemeinsam mit einer Agentur eine Kampagne zur Wohnungspolitik oder zum Abtreibungsparagraphen.

**Das Wahlprogramm** ist ein wichtiger Hebel für den Wahlkampf nach innen. Er ist das Fundament, auf das alle innerparteilichen Flügel und Gruppierungen eingeschworen werden. Mit der Arbeit an diesem Programm werden die Parteigliederungen beschäftigt und die Funktionäre an die Wahlkampfargumentation gewöhnt. Es empfiehlt sich daher, auf dem Wahlparteitag, an dem dies Programm beschlossen wird, einen Leitantrag des Parteivorstandes vorzulegen, der die internen Abstimmungsprozeduren schon hinter sich hat.

Im Sinne der kommunikativen Ziele und der Integration werden schon bei der Arbeit am Wahlprogramm Vertreter wichtiger gesellschaftlicher Gruppen einbezogen. Sie können als Multiplikatoren mithelfen, ihre jeweiligen Bereiche hinter den programmatischen Aussagen zu versammeln. Ziel ist dabei die öffentliche Stimmung – und die benötigt viele Stimmen. Wenn die Bauern, die Künstler, die Häuslebauer, die Mieter, die Architekten, die Computerfachleute und viele andere in ihren jeweiligen Zirkeln sich darauf verständigen, daß die Partei XYZ ihnen etwas bringt, dann könnte sich eine Stimmung entwickeln, die eine für die XYZ positive Dynamik bekommt.

Bei seiner Verabschiedung hat das Wahlprogramm auch eine gewisse Wirkung nach außen. Im Rahmen der Parteitagsberichte werden seine thematischen Schwerpunkte dargestellt. In dieses Programm gehören Angebote für alle größeren und insbesondere für die meinungsbildenden Gruppen unserer Gesellschaft. Sie müssen sich angesprochen fühlen, niemand darf den Eindruck haben, vernachlässigt zu sein. Das Wahlprogramm bietet für jede und jeden etwas, es ist eine Art politischer Warenhauskatalog.

Nach diesem Parteitag hat das Wahlprogramm seine Funktion im wesentlichen erfüllt. Es wird auf Werbeständen und bei Veranstaltungen vorgehalten, falls einmal jemand danach fragt. Für die weitere Verbreitung sollte es aber auf eine Kurzfassung mit maximal zwölf kurzen Punkten zusammengedampft werden.

Die thematisch-inhaltlichen Ziele, die im Rahmen der Arbeit am Wahlprogramm festgelegt werden, sind im Sinne der Kampagne Mittel auf dem Weg zu den Wahlzielen. Die inhaltlichen Wahlziele der Kampagne selbst müssen auf einige wenige Projekte beschränkt werden, die als politische Leitprojekte der kommenden Legislaturperiode zur Charakterisierung der eigenen Zukunftsvorstellungen taugen. Diese Ziele müssen einigen Grundkriterien genügen: Sie sollten verständlich und kommunizierbar sein, mobilisieren, begeistern, einem aktuellen politischen Bedürfnis entsprechen, innerparteilich integrieren, Bündnisse mit anderen Gruppen ermöglichen, zur Strategie und zum Spitzenkandidaten passen.

Die Zielsetzungen müssen auf ihre kommunikative Wirkung hin geprüft werden. Es ist abzuschätzen, wie die konkurrierenden Parteien darauf reagieren, wie die Kirchen, Gewerkschaften, andere Verbände, Interessengruppen, werden Kontroversen ausgelöst, welche und mit welchem Tenor? Zu den nötigen Abwägungen gehört es natürlich auch, über komplementäre Zielsetzungen der Konkurrenz begründete Vermutungen anzustellen.

Wenn man seine politischen Ziele und deren Funktion für die Öffentlichkeitsarbeit als Ergebnis innerparteilicher Abstimmungen kennt, beginnt die eigene Phase der Vermittlungsarbeit:

Wie werden die Ziele der Öffentlichkeit vorgestellt?
Wer stellt sie vor? Der Spitzenkandidat alleine, ein Team?
Was passiert nach der ersten Präsentation?
Welche Rolle kann die Partei als Übermittlerin spielen?

Das sind dann die Bereiche des Vermittlungshandwerks, in dem dann auch die Agenturen eine große Rolle spielen (s. Kapitel 15).

Natürlich werden diese Arbeitsschritte in der Praxis nicht so fein säuberlich getrennt – obwohl dies mancher Kampagne gut täte: Wenn nämlich die an einem wichtigen Thema arbeitenden Fachpolitiker schon bei der fachlichen Arbeit an die Vermittlung denken, kommt inhaltlich nichts besonderes mehr heraus. Dann findet die Öffentlichkeitsabteilung nicht viel, was sich zu einer Nachricht zuspitzen ließe. Umgekehrt würde es manchen hoch entwickelten Vorhaben nicht schaden, wenn es, bevor der Akteur es voller Stolz hinausposaunt, auf seine Öffentlichkeitswirkung abgeklopft würde.

Seit die Mitgliederzahlen sinken, wird **Marketing nach innen** zur bewußt wahrgenommenen und auch so bezeichneten Aufgabe. Immer öfter wird dafür die Hilfe von Agenturen in Anspruch genommen. Ziel der Aktivierung ist es, daß die Vertreter der Partei wo immer sie öffentlich auftreten, bestimmte Einschätzungen, Forderungen oder Zielsetzungen darstellen oder erläutern können. Soll die Partei als Medium in der Gesellschaft taugen, muß sie ständig fit gehalten und immer wieder neu animiert werden. Dafür sind immer wieder Themen erforderlich, die den Sinn politischer Aktivität erfahrbar machen.

Wenn Parteimitglieder in einer Kneipensituation beim Bekenntnis zu ihrer Partei befürchten, Spott und Kritik zu ernten oder gar regelrecht angemacht zu werden, fällt die Basis als Werbeträger einigermaßen aus. Die Mitglieder brauchen, um sich öffentlich zu bekennen, eine gute öffentliche Stimmung und die mobilisierbare Siegesvermutung. Die Parteibasis ist also ein schlechter Krisenanker, sondern vor allem Multiplikator einer vorherrschenden Stimmung. Mit internen Medien läßt sich ein Defizit in der öffentlichen Meinung nicht ausbügeln. Ein schlechtes öffentliches Ansehen halten die Mitglieder um so schlechter aus, je weniger sich Parteipositionen ideologisch polarisieren lassen. Es gibt nicht mehr sehr viele Mitglieder mit einer Art Zeuge-Jehovas-Mentalität.

## Der Zeitplan

Jede Kampagne muß versuchen, Herr der Zeitabläufe zu sein. Es kommt genug dazwischen, die Konkurrenz rivalisiert auch in diesem Bereich. Es überlappen sich dabei mehrere Ordnungsmuster für Zeitabläufe, wie Regierungsplanung und absehbare natürliche Ereignisse. Sie sind in ihrer Bedeutung für die Kampagne zu gewichten und finden so Eingang in Zeitplan und Struktur der Kampagne (»Drehbuch«), die sich nach Motivationsphase, Themenphase und eigentliche Wahlkampagne gliedert.

»Der zeitliche Ablauf für die Werbekampagne könnte beispielsweise wie folgt aussehen: Erarbeitung erster Überlegungen im Apparat, Diskussion eines Entwurfs in den Führungsgremien einschließlich der Wahlkampfkommission, Perfektionierung der Entwürfe, Abstimmung mit den Führungsgremien, Festlegung eines späteren Zeitpunkts für den Beschluß über den zentralen Wahlslogan, endgültiger Beschluß kompetenter Gremien über die Werbelinie und den Slogan, Produktionsfahrpläne für die Werbemittel, Auslieferung der Materialien an nachgeordnete Gliederungen der Partei, Belegplan für Anzeigen und kommerzielle Plakatierung und schließlich Einsatz der Werbemittel« (W. Wolf).

Der Vorwahlkampf beginnt ein bis eineinhalb Jahre vor der Wahl. Die Politiker wenden sich mehr und mehr von ihren alltäglichen Geschäften ab und tingeln immer öfter in ihren Wahlkreisen umher, »kämpfen« von der Öffentlichkeit weitgehend unbemerkt um ihre

Wiederaufstellung. Mit der zunehmenden Tendenz zu Mitgliederbefragungen in Personalangelegenheiten wird der bislang diskrete Vorgang der Wahlkreisvergabe und Listenplätze öffentlich ausgetragen. Damit verlängert sich die wahrnehmbare Wahlkampfvorbereitung.

Noch beginnt bei uns der Vorwahlkampf öffentlich mit dem Wahlparteitag und der Verabschiedung des Wahlprogramms. Der sichtbare Wahlkampf dauert sechs Wochen, die Schlußphase 20 Tage, mit besonderer Zuspitzungen auf den Wahltag hin. Wie in den USA so wächst auch bei uns die Tendenz, in den letzten Tagen noch einmal besondere Anstrengungen zu unternehmen.

In den USA gilt das ganze Jahr der Präsidentschaftswahl (mit Kongreß- und Senatswahl) als Wahlkampfphase: Ab November des Vorjahres nimmt man einen Wahlkampfstab unter Vertrag; im Januar, Februar bringt sich ein Newcomer inoffiziell ins öffentliche Gespräch. Anfang März wird die Kandidatur offiziell und öffentlich verkündet, bis dann Anfang Juni (Vorwahl) der Name des Kandidaten bekannt gemacht.

Nach der Vorwahl hat man bis Anfang September Zeit, der Öffentlichkeit ein positives Bild von sich zu vermitteln, bis Mitte Oktober liegt ein Schwergewicht bei den Angriffen auf den Gegenkandidaten. Schließlich folgt die Mobilisierungsphase: Die eigenen Anhänger und möglichen Sympathisanten sollen auch wirklich wählen gehen (Go get the votes – GOTV). Das ist ein von Politikberatern empfohlenes Grundmuster für den Ablauf einer Wahlkampagne. Es wird natürlich auf die jeweilige Situation hin optimiert.

Die technische Struktur der Werbekampagne muß in die politische Lage eingebettet werden, strategische Planung und Zeitablauf sind zu koordinieren: Wann soll was mit welchem Ziel passieren – mit Wirkungsakkumulation in der letzten Woche vor der Wahl. Der Höhepunkt darf nicht zu früh sein, sonst schlafft die eigene Aktivität zum Wahltag hin ab.

Es gibt es einen möglichst detaillierten Ereignisplan. Er enthält alle politischen, gesellschaftlichen und sportlichen Großereignisse, Gedenktage, Jubiläen, auch möglichst viele absehbare Aktivitäten der Konkurrenz wie Parteitage etc. Für die Oppositionsparteien ist es besonders wichtig, die Regierungsaktivitäten im Wahljahr zu kennen und einzuplanen. Dann sind damit zu koordinieren:

- die Einsatzpläne des Spitzenkandidaten und anderer,
- Hauptredner,
- die eigenen Großveranstaltungen,
- thematische Höhepunkte,
- Kongresse, Tribunale, Treffen mit anderen Organisationen.

Neben dem Zeitplan ist auch ein Plan für Fernsehauftritte unerläßlich. Sie sind Höhepunkte öffentlicher Aufmerksamkeit, lassen sich dazu nutzen, Nachrichten zu produzieren, die man danach verbreitet. Das muß vorbereitet sein.

Daneben ist noch auf Termine zu achten, die von technischen Abläufen abhängig sind, also von den Produktionszeiten für Plakate und anderer Druckerzeugnisse, von Lieferfristen für Ausstattung und Materialien, von Buchungsterminen für Hallen und anderen externen Faktoren, von Abläufen also, auf die man nur sehr begrenzten Einfluß hat.

Im Jahre 1994 ist das normale Muster des allgemeinen politischen Betriebs von dauerhaftem Vorwahlkampf mit Landtags-, Kommunal- und den Europawahlen außer Kraft gesetzt, auf die der eigentliche Bundestagswahlkampf folgt. In diesem Jahr präsentiert die Regierung Vorschläge, Entscheidungen und Handlungen, eine möglichst große Flut von Aktivitäten also, um der Opposition die Themen vorzulegen, auf die sie reagieren soll.


## Controlling

Jenseits der Durchführungskontrolle von Einzelprojekten, die in der technischen Wahlkampfleitung stattfindet, bedarf es einer Person, die das Gesamtprojekt überblickt und kontrolliert: Die Vernetzung der unterschiedlichen Aufgabenbereiche und Wahlkampfinstrumente, die Arbeit der Agenturen und anderer Auftragnehmer muß immer wieder mit dem Stand der konzeptionellen Entwicklung verglichen werden.

Der Controller muß mit der Kompetenz ausgestattet sein, in die Einzelbereiche wirkungsvoll zu intervenieren. Er sollte ein enger interner, oder besser noch externer Mitarbeiter des Wahlkampfmanagers sein –

extern, weil er dann nicht in des Loyalitätsgeflecht der Parteizentrale eingebunden, sondern nur seiner Aufgabe verpflichtet ist. Es muß jemand da sein, der rechtzeitig eingreifen kann, wenn etwas schief läuft.

Der Controller achtet darauf, daß getan wird, was man sich vornahm, und muß verhindern, daß sich das Kampagnenmanagement in irgendeiner Weise selbst in die Tasche lügt. Die Externen achten auf neue Entwicklungen und warnen ständig davor, diese zu verschlafen.

Er hat auch auf ein Problem zu achten, das in allen Kampagnen irgendwann auftritt. Bei dem ganzen Druck, dem Streß, der Hektik, der Nervosität entwickelt sich ein Hang zu Überreaktionen. Wenn die Konkurrenz »Punkte« machen konnte, muß man sehr aufpassen, daß Spitzenkandidaten und Wahlkampfmanager die Ruhe bewahren und wieder einmal die tatsächliche Bedeutung solcher »Punkte« prüfen.

Diese Schwachstellenanalyse ist wichtiger Teil der Vorbereitungsphase – natürlich um möglichst viele zu beheben, aber auch, um für die unbehebbaren, wie einer besonderen Vorliebe des Spitzenkandidaten, eine positive Deutung anzulegen. Danach wird die Schwachstellenanalyse wesentliche Arbeit des Controllers, unterstützt von externen Forschern und Experten.

# 15. Umsetzung: Stimmung für Stimmen schaffen

Plakate, Werbespots und all die anderen Materialien, also alle sichtbaren und spürbaren Aktivitäten im Wahlkampf, erzeugen eine Aufregung, als erwarte man ein besonderes Ereignis. In Verbindung mit vermehrter Berichterstattung in den Medien, mit Prognosen und der Spekulation über künftige Koalitionen, die ihre Fortsetzung in vielen Gesprächen finden, werden die Stimmbürger zum Wahlgang ermuntert. Wenn man sich beteiligt hat, wird man nach 18.00 Uhr und bis die ersten einigermaßen zuverlässigen Hochrechnungen vorliegen, mit einer etwas erhöhten Spannung belohnt.

Wichtigstes Zentrum für die Verwirklichung der schönen Planungen ist die **Technische Wahlkampfleitung.** Zu ihren Aufgaben gehören vor allem die Realisierung der beschlossenen Konzepte, die Kosten-Nutzen-Analyse einzelner Wahlkampfinstrumente, bei Berücksichtigung der finanziellen und personellen Möglichkeiten, die Erstellung von Terminlisten, die Verantwortung für Produktion und Verteilung von Druckerzeugnissen und Werbematerialien, die Entscheidung über die Nutzung von externen Dienstleistungen, Studios oder Fahrzeugen.

Wenn die politischen Wahlkampfgremien sich in allgemeinen Diskussionen verlieren und die Planungsgruppe ihren Namen nicht verdient, wird der Wahlkampf unter dem Druck formaler Zwänge in der technischen Wahlkampfleitung organisiert. Der äußere Anschein von Wahlkampf bleibt so gewährleistet, die Plakate hängen, die Veranstaltungen finden statt, die Parteibasis bekommt ihre Materialien – und mit der praktischen Kompetenz kann ebenso, wie mit der Finanzgewalt von Schatzmeistern, nebenbei auch ein bißchen Politik gemacht werden: Es wird rechtzeitig fertig und bestens organisiert, was einem in den Kram paßt. Anderes konnte leider, leider aus Gründen, für die man nichts kann, nicht so gut gelingen.

Zu dem Gremium Technische Wahlkampfleitung gehören Vertreter der Werbeagentur, der Veranstaltungsagentur oder ein entsprechender eigener Veranstaltungsspezialist, der Abteilungsleiter Organisation, je ein Mitarbeiter des Kandidatenstabs und des Schatzmeisters, der Controller, der Kontakter zur Agentur, der imstande sein sollte, Druckerzeugnisse zu prüfen und abzunehmen. Die Verantwortung trägt der Technische Wahlkampfleiter.

Die Perfektionierung der technischen Ausstattung der Parteien, die Fähigkeit schnell gut ausgearbeitete Redetexte, Flugblätter, Handzettel und Einladungen an die Gliederungen zu versenden, führt einerseits zu Professionalisierung, andererseits aber auch zu einer Vereinheitlichung. Die Zentrale beherrscht die interne Kommunikation, die die dezentrale Außenkommunikation vorbereitet. Vom Absender aus betrachtet, läuft die Entwicklung auf höhere Übermittlungsgeschwindigkeit, kürzere Reaktionszeiten und unbegrenzte Fülle hinaus, dazu auf Vereinheitlichung der Argumentation (von Garmisch bis Flensburg derselbe Text) und auf die Verbesserung der formalen Qualität.

Das ist zwar etwas anderes als die interne Verständigung über politische Inhalte und Ziele, aber es ist nicht zu übersehen, daß die technische Verfügung über die Informationsproduktion zugleich immer auch die thematische Arbeit strukturiert. Die Zwischenempfänger und Übermittler, die Parteigliederungen also, erhalten Texte, die sicher auf Parteilinie liegen, sie können also nichts falsch machen, erhalten qualitativ ordentliches Material, – können allerdings dann im Wahlkampf selbständiges Denken und Handeln einstellen.

## Die Agentur hilft nur

In der SPD festigte sich in den 60er Jahren die Idee, daß Werbung für Politik etwas anderes sein sollte als Produktwerbung. Die Folge war die Gründung einer eigenen Agentur (ARE). Sie ist in den 70er Jahren erst privatisiert und schließlich wieder aufgegeben worden. Auf der Bundesebene ist die Firma Butter, die für Politik zuständige Nebenlinie einer großen deutsch-französichen Werbeagentur im Vertrag.

Die CDU hat zu Beginn der 70er Jahre eingeführt, mehrere Agenturen zu beschäftigen, die untereinander konkurrieren. Cordt von Mannstein hat sich mit seiner Firma inzwischen zur Hauptagentur gemausert, doch werden meist bis zu fünf andere mitbeschäftigt. Sie übernehmen festgelegte Teilaufgaben und sind so in die Wahlkampfplanung eingebunden.

Agentur und Wahlkampfleitung haben nicht notwendigerweise das gleiche Interesse. Agenturen werden gerne von anderen Werbefachleuten gelobt, sie streben Medaillen und Preise für besonders kreative Gestaltung an, und ihnen fallen grundsätzlich erst einmal die Mittel und Medien ein, an denen sie etwas verdienen. Der Kandidat aber möchte nur die Wahl gewinnen. Dabei können schlichte ästhetische Muster durchaus effizienter sein als preiswürdige Entwürfe – die Printmedien mit den großen Auflagen fallen auch nicht mit elitärer Grafik auf. Es kann auch sein, daß man mit selbst organisierten Ereignissen viel positive Berichterstattung animiert und besser dafür Geld ausgäbe als für ein Zielgruppenplakat oder eine Broschüre.

Die Agentur muß sich andererseits auf einen sehr komplizierten Kunden einlassen. Im Verhältnis zu einer Partei ist eine Firma, die ein neues Produkt auf den Markt bringen will, ein klar strukturierter Kunde. Parteigremien entscheiden politisch, sei es der Sache entsprechend, sei es machtpolitisch taktisch oder beides zusammen. Oft sind das vage Richtungsbeschlüsse, die noch ausgearbeitet werden oder in der öffentlichen Auseinandersetzung noch reifen müssen. Gremien erarbeiten parteiinterne Kompromisse, jedoch keine werbefähigen Aussagen. Es folgen daher Übersetzungsprobleme zwischen den politischen Gremien und den Agenturen. Selten wird gegenüber der Agentur eine werbliche Aufgabe so klar formuliert, daß sie wirklich wüßte, was sie tun soll.

So bekommt das Kampagnen-Management eine Schlüsselrolle in der werblichen Außendarstellung. Deren Qualität ist dann sehr wesentlich davon abhängig, wie souverän die Zuständigen politische Ziele und Entscheidungen in Kommunikationsziele übersetzen können. In den USA ist diese Zusammenarbeit etwas einfacher: Da hat jede Kampagne einen speziell engagierten Campaign-Manager, und der ist nicht in das ganze parteiinterne Geflecht verwickelt, ist auch nicht hauptamtlich angestellt, sondern freiberuflicher Spezialist.

Peter Radunski betont »die wachsende Erkenntnis über den Unterschied von politischer Werbung und kommerzieller Werbung.« Damit ist er sich mit dem ehemaligen Wahlkampfleiter von Johannes Rau, Bodo Hombach, und mit Harry Walter (SPD/ARE) einig.

Die Unterschiede zwischen politischer und kommerzieller Werbung entwickeln sich aus besonderen Merkmalen der Politik:

- Politische Werbung hat es mit sehr komplexen Produkten zu tun, über die bei den »Kunden« sehr unterschiedliche Kenntnisse und Eindrücke vorliegen. Produktwerbung hat es meist mit Erzeugnissen zu tun, die einem bestimmten Zweck dienen, Zielgruppe sind die potentiellen Nutzer, denen man neben dem Gebrauchswert noch Imagefaktoren und Lebensgefühl anbietet.
- Politische Werbung hat es Produkten zu tun, die einer Vielzahl anderer Kommunikationswege ausgesetzt sind. Marktprodukte erfahren gelegentlich einen Test, der veröffentlicht wird. Ansonsten ist neben Verkaufsberatung und der Empfehlung von Bekannten die Werbung das Hauptmedium.
- Politische Werbung spitzt sich auf einen einzigen Tag, den Wahltag, zu. Ein Produkt kann erneut, mit anderen Mitteln, in anderen Medien beworben werden, in der Politik ist die nächste Chance erst in vier bzw. fünf Jahren.
- Politische Werbung verlangt die Unterordnung unter das politische Konzept.
- »Politische Werbung verlangt politische Kenntnisse und politisches Engagement. Erfolgreich kann in der Politik nur werben, wer politisch interessiert und engagiert ist. Nichtraucher mögen in der kommerziellen Werbung erfolgreich für Zigaretten werben, in der Politik ist ein politisch Desinteressierter oder politischer Analphabet ohne jede Chance, erfolgreich für eine Partei zu werben« (Radunski).

Und es kommt noch ein wichtiger Unterschied hinzu: »Ein Kandidat ist nicht so einfach zu verkaufen wie ein Wagen, denn ein Auto ist stumm, aber ein Kandidat kann einem mitunter eine Wahl kaputtreden, obwohl man im Hauptquartier des Wahlfeldzuges alles für ihn tut, was man kann« (V. Packard).

Um die Rolle der Agenturen zu bewerten, kann man sich vor Augen führen, wie klein ihr Anteil an der Wahrnehmung von Politik und Parteien ist, zu denen die Wähler im Laufe einer Legislaturperiode Gelegenheit haben. Presse, Funk und Fernsehen dominieren den politischen Alltag. Agenturen und Werbung spielen aber nicht nur in der Gesamtkommunikation einer Partei, sondern auch in der Wahlkampfplanung eine geringere Rolle als die Plakatfülle in den Wochen vor Wahlen vermuten läßt. »Werbeagenturen nehmen lediglich die Rolle eines zeitweiligen, nicht verantwortlichen Beraters ein, dessen Ansichten man auch mal gerne hört ... Fast immer müssen sich die Werbeagenturen zunächst streng nach den politischen Vorgaben richten, an deren Ausarbeitung sie in der Regel nicht beteiligt sind« (W. Wolf). Außerdem spielt sich inzwischen auch im Wahlkampf ein Großteil der Show im Fernsehen ab, und dabei spielen die Agenturen kaum eine Rolle.

Das Produkt Politik befindet sich in dauerhaftem öffentlich vermitteltem Praxistest. Die alltägliche Politik, die die Wähler über die Jahre aus Zeitungen, in Radio und Fernsehen mitbekommen, ist die beste Wahlkampfwerbung – oder die wirksamste Abschreckung. Was dabei an Vertrauen kaputt geht, kann auch die beste Agentur nicht reparieren.

Neben allen grundsätzlichen Einwänden schränkt noch ein ganz praktischer Grund die Bedeutung der Agenturen ein: Die Bierbrauer geben im Quartal mehr für Werbung aus als die Parteien auf Bundesebene an Wahlkampfkostenerstattung bekommen. Für die von der Bundesebene gesteuerten und bezahlten Werbekampagne, für die Plakate, Broschüren, Werbemittel und Spots also, können sie jedem ihrer Wähler zwei bis maximal drei Postkarten schicken. Fast genausoviel geben sie aus für Infrastruktur, Hallen, Sicherheit, Sonderzüge und Personal. Dann kommen noch die Aufwendungen hinzu, die die Kandidaten und Mandatsträger selbst und die Parteigliederungen an der Basis ausgeben.

Man kann also schon aus Budgetgründen im Wahlkampf keinen Trend machen, man kann nur vorhandene Trends nutzen. Diese Grundregel zu beherzigen, ist in der aktuellen Informationsflut um so dringlicher: Die Parteien müssen sich gegen eine zunehmende Betäubung der Aufnahmefähigkeit durchsetzen: 1991 wurden 436 000 Radio- und 382 000 TV-Spots gesendet. Ein durchschnittlicher Bundesbürger hat pro Tag 1 200

Werbebotschaften bewußt oder nebenbei wahrgenommen (*Der Spiegel*). Dagegen anzusenden ist ein ziemlich hoffnungsloses Unterfangen, wenn man mehr will, als bekannte Klischees zu wiederholen.

Man kann in Wahlkämpfen nicht nachholen, was man im Laufe einer Legislaturperiode an Kommunikation versäumt hat. Man kann keine politische Idee nun endlich bekannt machen, mit der man bisher nicht »rüberkam«. Eine Kampagne kann auch mit Unmengen an Geld nicht in kurzer Zeit ein Thema pflanzen, das bis dahin noch kaum eine Rolle gespielt hat. »Themen über die Mobilisierung oder Werbung in einen Wahlkampf einzuführen, ist praktisch unmöglich, nur was in der politischen Kampagne der Massenmedien aufkommt, hat Relevanz und kann Wähler gewinnen« (P. Radunski).

Die Agenturen prägen das Design mit, sie gestalten die im Fernsehen sichtbaren Rückwände bei Veranstaltungen, sie arbeiten am Parteilogo, an der Gestaltung von Broschüren, Plakaten, Werbematerialien. Durchführen von PR-Aktionen, Produktion von Werbespots und Anzeigen, Etat- und Mediaplanung. Dabei geht es um Signalwirkung und Anmutung, um den zeitgemäßen »Auftritt«, um den Rahmen, in dem Personen aufgenommen werden.

Gemeinsam mit der Agentur werden **Slogans** entwickelt. Der zentrale Slogan ist die Konzentration des politischen Angebots auf einen Spruch. Der Slogan bietet Raum für Projektionen, man kann ihn mit seinen eigenen Wünschen füllen. Da man unterschiedliche Zielgruppen nicht gut mit sich widersprechenden Aussagen bewerben kann, hat es sich als sinnvoll erwiesen, allgemein gehaltene Slogans zu entwickeln und die für die einzelnen Themen und verschiedene Zielgruppen durchzudeklinieren.

Wenn man also mit »Hoffnung für Deutschland« in den Wahlkampf ginge, könnte man für Arbeitslose, Rentner, Bauern und Unternehmer und in Themenbereichen wie Bildung, Ökologie, Wirtschaft und Außenpolitik deutlich machen, wie »Hoffnung« sich mit der Wahl der Partei XYZ verbindet.

Das »Wir schaffen das moderne Deutschland« der SPD 1969 ist zu einem Klassiker geworden, der alle Qualitäten eines guten Slogans in sich vereint. Er brachte die damals aktuelle Stimmung des Aufbruchs auf den Punkt, konnte in jedem Politikbereich genutzt und für alle Bevölkerungsgruppen gedeutet werden.

Nach Radunski muß der Slogan drei Kriterien erfüllen: Er muß verständlich sein und eine gewisse sprachliche Anmutung haben. Er muß glaubwürdig sein, zur Partei und Person passen und er muß ein relevant empfundenes Thema ansprechen. Der Slogan kann Sachfragen und Personalfragen ansprechen oder zur Wahl mobilisieren. Man unterscheidet Personal-, Sach- und Mobilisierungsslogans. Der Slogan ist eine sprachliche Symbolbildung:

- für eine konkrete Politik,
- für eine wertorientierte Haltung,
- für eine Stimmung,
- für ein Vorurteil.

Der Slogan muß an die Gefühle der Massen rühren und nicht an den Geschmack der Intellektuellen. »Eine Durchsicht einschlägiger Werbeslogans enthüllt auf erstaunliche Weise, wie ›konservativ‹ letztlich die Masse der Konsumenten sein muß, wenn sie trotz weit fortgeschrittener Säkularisierung des öffentlichen Lebens permanent mit eigentlich religiösen Werten, wie ›Reinheit‹, ›Reue‹ (›Genuß ohne Reue‹), ›Vertrauen‹, ›höchste Vollendung‹ u.ä. umworben werden kann« (H.D. Schlosser). Die so ansprechbaren Konsumenten machen zugleich einen beträchtlichen Teil der Wählerschaft aus.

Man kann sich mit seinem Slogan auch vertun, wie die FDP 1969. Sie klebte: »Wir schneiden die alten Zöpfe ab«. Das paßte zwar gut zu einem Zeitgeist, der den linkeren Teil der Bevölkerung durchwehte, doch nicht so gut zum bisherigen Stammklientel der Liberalen. Der Slogan wurde als Ankündigung gedeutet, Willy Brandt zum Kanzler zu machen, und diese Aussicht erschien den meist konservativen bisherigen FDP-Wählern eine Drohung. Sie wechselten zur CDU. Die damalige Führung der FDP hatte sich vom eigenen Enthusiasmus blenden lassen.

**Flugschriften und Plakate,** die während der März-Revolution 1848 ihre erste Blüte erlebten, waren einst die Medien für Nachrichten und Neuigkeiten. Bis 1957 stand das politische Plakat als Werbemittel bei Wahlkämpfen im Vordergrund. Plakate sind heute eigentlich Relikte aus dieser Zeit ohne Fernsehen, sind von Trägern einer politischen Botschaft zu einer Art bunter Fähnchen geworden, die mehr an Volksfest erinnern als an Politik. So ist auch ihre Bildsprache inzwischen viel mehr an der Werbung orientiert als an der alten politischen Agitation. Schon 1961 wollten sich die Wahlkampfstäbe der Parteien auf neue Methoden verlagern, doch die Furcht, die jeweils andere Seite, könnte mehr plakatieren als man selbst, »führte zu einer wahren Plakatflut« (E. Scheuch).

Plakate sind die sichtbarsten Zeichen für Wahlkampf. Sie haben inzwischen nur noch eine Funktion wie das Glockenläuten am Sonntagmorgen: Sie sollen ermuntern hinzugehen, gewinnen ihre Funktion aus ihrer unübersehbaren Allgegenwärtigkeit und der mit ihr verbundenen ständigen Wiederholung. Um diesen Eindruck der Omnipräsenz zu verstärken, haben die Plakate jeder Partei neben dem Parteilogo einige charakteristische Merkmale in Farbgebung und Bildaufbau.

Die großen Plakate bringen den zentralen Slogan und wenige Variationen, den letzten Aufruf einige Tage vor der Wahl und den Spitzenkandidaten. Sein Bild soll positive Imagefaktoren hervorheben und orientiert sich an den Charakteristika, die man für ihn als politischer Führungsfigur ausgesucht hat: Ein Landesvater kommt anders daher als ein hemdsärmeliger Macher.

Da es bei den großen Plakaten auf den normalen Plakatflächen immer ein Gerangel mit der normalen Produktwerbung gibt, werden in Wahlzeiten sogenannte *Sondergroßflächen* aufgestellt, für die die Firma Wesselmann ein Monopol hat. Es ist wichtig sie frühzeitig zu bestellen und Aufstellplätze zu vereinbaren, die eine möglichst hohe Publikumsfrequenz haben: Was hilft das schönste Plakat, wenn es in einer dunklen Ecke hängt und niemand es sieht.

Auf kleineren Formaten lächeln die Wahlkreiskandidaten, werden Veranstaltungen angekündigt und zielgruppenorientierte Parolen verbreitet. Diese »Zielgruppen-Plakate« werden bei entsprechenden Veranstaltungen und den Parteigliederungen angeboten, die sie auch in einigen lokalen Schwerpunkten kleben können, in Dörfern, wenn es um Landwirtschaft geht, in besonders gefährdeten Stadtbezirken, wenn gegen Rechtsradikale Stimmung gemacht werden soll ...

**Anzeigen** in Zeitungen und Zeitschriften bieten einerseits die Möglichkeiten einer guten Zielgruppenorientierung – man weiß einigermaßen gut, welche Bevölkerungsgruppen welches Medium nutzen –, eine hohe Aktualität und vielfältige Einsatzmöglichkeiten: Mobilisierung, Daten und Fakten, Themen, Testimonials, Mitglieder und Spendenwerbung. Auf der anderen Seite konkurrieren diese Anzeigen gegen eine Flut anderer Werbung: Wie entdeckt man eine Politanzeige in Magazinen wie *Der Spiegel* oder *Focus*? Bei Tages- oder Wochenzeitungen müßte man sie, wenn sie überhaupt wahrgenommen werden sollen, groß im allgemeinen politischen Teil oder auf der Seite eins plazieren. Das machen nicht alle Blätter, und dieser Platz ist sehr teuer.

Nur Anzeigen, die sich über Sekundärkommunikation verbreiten, haben eine einigermaßen sinnvolle Kosten-Nutzen-Relation. Deshalb machen Anzeigen am ehesten Sinn, wenn sie Teil einer öffentlichen Kampagne für ein Projekt oder gegen einen Mißstand sind, oder eine tatsächliche Überraschung bieten. Als Teil einer Kampagne brauchen sie gar nicht direkt von einer Partei kommen, sondern von einer Bewegung, die für oder gegen etwas aufruft. Dieser Aufruf darf und sollte dann mit der politischen Haltung der eigenen Partei übereinstimmen. Die Partei unterstützt dieses Anliegen.

Überraschend kann es sein, wenn eine Partei zu etwas aufruft, was man bisher von ihr nicht kannte oder wenn prominente Personen aus völlig anderen Bereichen, die sich bisher nicht öffentlich parteipolitisch zu erkennen gaben, zur Wahl einer Partei aufrufen – am besten mit Bezug auf ein konkretes politisches Projekt, um eines großen politischen Zieles willen. Hochzeit einer solchen Bewegung war 1972: Ein namhafter Teil der Kulturszene sah bei einem Wahlsieg der CDU die Fortsetzung der Verständigungspolitik mit Osteuropa in Gefahr. Viele prominente Künstler und Autoren, TV-Stars und ein General organisierten eine Wählerinitiative zugunsten der SPD. Das war damals überraschend, weil die SPD noch als Armeleutepartei galt, zu der man sich als wohlhabender Bürger und Trendsetter nicht bekannte.

Inzwischen sind solche Bekenntnisse etwas ausgelutscht. Sie würden nur wieder Sinn machen, wenn ein wirklich großes gesellschaftliches Projekt anstünde, von einer anwachsenden allgemeinen Zustimmung getragen wird. Es überraschen ansonsten nur Wahlaufrufe, wenn sie den allgemeinen Erwartungen gegenüber einer Person widersprechen, also wenn Günter Grass zur Wahl der FDP aufriefe oder Lothar Späth als großer Wirtschaftsführer die Grünen empfähle. Ohne irgendeine Überraschungen gehen Anzeigen unter und sind dann nutzlos.

Die Parteien verhalten sich nach der alten Weisheit von Werbeabteilungen: Die Hälfte des Geldes ist rausgeworfen, man weiß nur nicht welche. Man tut alles, was man bisher schon immer tat und was alle anderen auch tun. Zudem leisten sich die Parteien oft gerade im Bereich Anzeigen unverhältnismäßige Relationen für einzelne Aufwendungen: Eine halbe Million für eine Anzeigenserie auszugeben sind kein Problem, aber die 80 000, um den Inhalt der Anzeige zu erarbeiten, sind sehr viel schwieriger zu erhalten

**Fernsehspots** wurden in Deutschland erstmals 1965 zur Parteienwerbung eingesetzt. Bislang gilt eine staatsvertragliche Vereinbarung, die die Sendeanstalten verpflichtet, der Politik zu festgesetzten Zeiten einige Minuten umsonst zur Verfügung zu stellen. Die Sendeplätze verteilte man nach Proporzgesichtspunkten unter den Parteien. Bei den öffentlich-rechtlichen Anstalten wurden von den Parteien produzierte kleine Beiträge zwischen 1,5 und 2,5 Stunden Länge meist vor und nach den Nachrichten gesendet. Für Werbespots waren diese Auftritte zu lang, und so entwickelte sich eine Mischung aus Dokumentation, Magazin und einigen werblichen Elementen: Unser Politiker ist auf einer großen internationalen Konferenz, löst eine große Aufgabe, unser Kandidat ist im Brennpunkt und handelt – oder ein »Journalist« befragt unseren Spitzenkandidaten. Dann folgt eine dramaturgische Zuspitzung zur Werbung: Und deshalb, wählen Sie XYZ!

Die privaten Sendeanstalten sind in die Vereinbarungen eingebunden. Allerdings werden dort kurze Stücke von 20 oder 30 Sekunden gesendet, die eher den Charakter von Werbespots haben.

Diese kostenlosen Werbezeiten nach den Nachrichten hatten pro bundesweiter Wahl einen Marktwert von über 20 Mio. DM. Diese »Verluste« haben den Sendeanstalten nie behagt. Sie wollten von den Parteien eine Kostenentschädigung von wenigstens einem Drittel des üblichen Marktpreises bekommen. Die Verhandlungen darüber zogen sich hin. Zur Wiederholungswahl in Hamburg 1993 wurden die Sendeanstalten gerichtlich auf ihre Verpflichtungen aus dem Staatsvertrag festgelegt. Bei den privaten Sendeanstalten könnten die Parteien auch zusätzliche Werbezeit kaufen, wären dann aber schnell am Ende ihres Budgets.

Es gab 1993 regionale Absprachversuche mit dem Ziel, gemeinsam auf TV- und Rundfunkwerbung zu verzichten, weil diese Möglichkeit auch den »Reps« zusteht. Es ist eine seltsame Gepflogenheit, ein verbindlich ausgehandeltes Recht dann zu begrenzen, wenn es jemand nutzen könnte, der einem nicht in den Kram paßt. Wenn man den Gebrauch von Wahlkampfmethoden darauf abstellen wollte, ob die »Reps« derlei dann auch einsetzen, müßte in der Konsequenz eigentlich zu einem Verzicht auf Wahlkampf überhaupt führen.

**Hörfunkspots** bieten große Möglichkeiten zur regionalen Differenzierung. Man kann für seine Themen regionale Bezüge schaffen und regionale Prominenz einbauen. In diesen Hörfunkspots zieht man im Grunde alle Register der Hörfunkregie, kann ohne große Kosten kleine Werbehörspiele basteln. Es gelten die gleichen Rahmenbedingungen wie im öffentlich-rechtlichen TV-System: Zu festgesetzten Zeiten stellen die Sender kostenlos Zeit zur Verfügung.

**Werbeschriften, Broschüren und Faltblätter** zu speziellen Themen müssen in größeren Mengen vorliegen, damit die Wähler ihr Informationsbedürfnis befriedigen können. Es würde einen schlechten Eindruck machen, wenn es sie nicht gäbe. Knapp gefaßte programmatische Texte mit Illustrationen sind hilfreich an den Ständen und können bei Zielgruppenveranstaltungen verteilt werden: Wie will die SPD in Zukunft die Renten sichern, wie die CDU das Bildungssystem umbauen, was schlagen die Grünen als Verkehrssystem der Zukunft vor?

Daß sich jemand aber von der Lektüre einer Broschüre genügend beeindrucken läßt, um eine andere Partei wählt als er zuvor wollte, dürfte zu den eher seltenen Ereignissen gehören. Broschüren bieten aber Argumente, um eine längst emotional getroffene Wahlentscheidung zu rationalisieren und sie vor sich selbst und im relevanten sozialen Umfeld zu rechtfertigen.

**Luftballons, Bleistifte, Bierdeckel, Flaschenöffner,** Parkscheiben, Kugelschreiber, Lineale, Eiskratzer, Krawatten, Halstücher T-shirts, Kartenspiele, Anstecknadeln, Autoaufkleber, Postkarten und vieles mehr sind Mittel, um bei öffentlichen Anlässen, auf Parteitagen, Foren, Wahlkampfauftritten und Infoständen etwas muntere Atmosphäre zu erzeugen. Sie erreichen Freunde und Gegner, eigene und die Stammwähler der anderen, sind also nicht spezifisch auf jene Wähler ausgerichtet, die man dazugewinnen möchte

**Sonderzeitungen.** Wie wenig man über Motive und deren Beeinflußbarkeit weiß, macht die SPD-interne Diskussion um Sinn oder Unsinn der *Zeitung am Sonntag* (ZAS) deutlich. Dieses Blatt war einst von Herbert Wehner forciert worden, um in den letzten vier Wochen vor der Wahlen der *Bild am Sonntag* etwas entgegensetzen zu können, von der man sich schlecht behandelt fühlte.

Die ZAS war damals etwas Neues, griff den Anti-Bild-Effekt auf und trug zur innerparteilichen Mobilisierung bei. Ob mit dieser ZAS auch nur eine zusätzliche Stimme gewonnen wurde, ist bis heute nicht nachgewiesen. Es hat sich aber in der SPD das Argument (als integrative Lüge) festgesetzt, die ZAS sei ein unentbehrliches Instrument für die Partei vor Ort, und so wird immer aufs neue über dieses Blatt und die damit verbundenen Kosten diskutiert, ohne daß man irgendein Kriterium der Erfolgskontrolle hätte. Man macht sie dann, weil sich in internen Zirkeln das Gerücht hält, sie sei ein wunderbares Mittel, um die Parteibasis zu aktivieren, und um sich hinterher nicht dem Vorwurf auszusetzen, ein wichtiges Instrument nicht genutzt zu haben. Inzwischen macht auch die CDU so ein Blatt: *Deutschland am Wochenende*.

In den USA wird in den Wahlkreisen das ***direkt-mailing*** sehr stark im genutzt, denn dort ist, dank der bekannten Wählerbiographien, eine sehr gezielte Ansprache möglich. Man kann etwa alle Rentner anschreiben, die beim letzten Mal die eigene Partei gewählt haben. *Direkt mailing* ist dort auch ein wichtiges Medium, um Spenden zu bitten. In Deutschland wird diese Direktansprache auf dem Postweg kaum genutzt. Die Kosten sind zu hoch und die Streuung ist zu groß. Bei einem Adressenmaterial, das nicht nach Wahlverhalten sortiert, sondern z. B. nach Berufsgruppen, erreicht man sowohl die eigenen, wie die

Stammwähler der anderen Parteien. Wenn man auf der anderen Seite die Mitglieder befreundeter Organisationen über deren Verteiler anschreibt, erreicht man eine große Zahl eigener Stammwähler, die man nicht mehr überzeugen müßte, betriebe also einen Aufwand, den man sich sparen kann. Auf diese Weise um Spenden zu bitten, schien bisher den Aufwand nicht zu lohnen.

**Polit-Promotion** nennen sich jede Art von Veranstaltungen, die es ermöglichen, Politik »nebenbei« zu »verkaufen«: von Auslandsreisen über Bürgerempfänge, Flohmarkt, Freibier, Frühschoppen, Kaffeefahrten für ältere Bürger, Kongresse, Lotterie, Multimediashows, Musikveranstaltungen, Nachbarschaftsgespräche, Ortsbegehungen, Pannenkurse, Politparties, Stadtteilfeste, Talkshows, Waffelbäckerei, Wanderungen bis Zielgruppenveranstaltungen.

**Großveranstaltungen** bis hin zu den Wahl-Parteitagen und vielen kleineren Formen mit Gastredner und lokaler Prominenz der jeweiligen Partei sind vom Aufwand her betrachtet ein Herzstück des Wahlkampfes. Sie fressen insbesondere die Zeit der Wahlkämpfer, dienen zur Animation der eigenen Mitglieder sowie der Gliederungen vor Ort und sollen Berichterstattung in den Medien veranlassen. Sie sind in diesem Sinne Pseudoereignisse, die für Berichterstattung inszeniert werden.

## Vor Ort

In den USA sind alle Abgeordneten direkt vom Volke gewählt. Bei uns gibt es zweierlei Mandatsträger: Die einen haben eine zumindest relative Mehrheit der Wähler mit der Erststimme hinter sich gebracht, die anderen sind über die jeweilige Parteiliste ins Mandat gerutscht. Die ersteren sind bis auf einzelne Ausnahmen für SPD oder CDU/CSU angetreten. Bei den Kandidaten der kleinen Parteien und jenen der CDU und SPD, die keine Chance haben, ihren Wahlkreis zu gewinnen, hängt ihr Engagement einerseits davon ab, ob sie auf der Reserveliste abgesichert sind oder ob ihr Wahlkampfeinsatz für sie anderweitig nützlich sein kann.

Für diejenigen, die eine Chance haben, ein Direktmandat zu erringen, macht der Wahlkampf vor Ort Sinn. Es hebt das Prestige, mehr Stimmen zu holen als die eigene Partei. Die Wahlkreiskandidaten haben bei der Aktivierung vor Ort eine wichtige Funktion, denn sie sind die einzigen, die ein ganz persönliches Interesse am Wahlausgang vor Ort haben könnten.

Den eigenen Wahlbezirk zu durchkämmen, Hausbesuche durchzuführen, Handzettel zu verteilen, am eigenen Parteistand zu stehen, die ansässigen Firmen, Vereine, Altenheime, Sportveranstaltungen, Kirchengemeinden und Jugendtreffs aufzusuchen und morgens vor Fabriktoren zu stehen, ist ein hartes Brot. Da die Parteien vor Ort aber über nur sehr wenig Mittel verfügen – etwa im Vergleich mit den USA –, um den Wahlkreisabgeordneten als Person bekannt zu machen, hilft nur persönliches Engagement und der Einsatz freiwilliger Helfer.

Zu den möglichen Aktivitäten zählen Podiumsdiskussionen mit den Kandidaten der anderen Parteien, Redaktionsbesuche (die Lokalradios erlangen neue Bedeutung), allerlei kleinere oder größere Reden allgemein politisch oder zu ausgesuchten Themen, Gratulationen etc.

Wahlkämpfende Politiker laufen bei ihren ganzen Aktivitäten Gefahr, ihre Bekanntheit in der eigenen Partei oder bei anderen kommunalen Größen mit der Bekanntheit bei den Massen zu verwechseln. Selbst langjährig amtierende Abgeordnete spielen im alltäglichen Leben und in der alltäglichen Wahrnehmung der meisten Menschen in unserem Lande keine Rolle. Ihre Namen tauchen in den letzten Wochen vor der Wahl gelegentlich im Lokalblatt und an vielen Ecken auf Plakaten auf. Wenige Wochen nach der Wahl deckt sich ein Schleier des Vergessens über ihre Existenz – auch wenn sie gewählt wurden. In vier oder fünf Jahren wird man dann erinnert und man fragt sich: Was tat der Mensch eigentlich die ganze Zeit, daß dies alles so verborgen bleiben konnte.

Die Mobilisierung der eigenen Partei, ihrer haupt- und ehrenamtlichen Funktionäre, ihrer Mandatsträger und aktiven Mitglieder hat vor allem das Ziel, die sichtbare Präsenz und Aktivitäten vor Ort wie die Verteilung von Flugblättern und die Besetzung von Ständen auf Straßen und Plätzen zu gewährleisten.

Es gibt an der Parteibasis ja auch viele, die in solchen Wahlkämpfen etwas tun, die auch ihre eigenen Fähigkeiten unter Beweis stellen wollen. Es ist daher wichtig, für solche Aktivitäten rechtzeitig genügend Anregungen vorzubereiten, damit optisch und thematisch ein einigermaßen einheitliches Erscheinungsbild gewahrt bleibt. Wenn sich jeder Stadtverband oder Unterbezirk selbst etwas eigenes ausdenkt, muß das im Sinne des Wahlziels nicht immer nützlich sein.

Der größte Nachteil der Parteimitglieder als Werbeträger ist, daß sie sich vor allem dann offen bekennen, wenn sie unter sich sind. Ihre eigentliche Funktion besteht im Wahlkampf daher darin, die bisherige Anhängerschaft und sich selbst zu mobilisieren, Flugblätter und Zeitschriften zu verteilen. Das wäre in Zeiten der Parteienverdrossenheit allerdings schon viel. Die sichtbaren Aktivitäten wie der Aufenthalt an Ständen oder die Besuche in Altenheimen ist schon Sache der ehrenamtlichen Funktionäre, die von den hauptberuflichen Politikern und Wahlkreiskandidaten unterstützt werden.

Die Partei-Organisationen vor Ort haben einen großen ehrenamtlichen Anteil und sind schwerfällig, benötigen viel Vorbereitungszeit und deshalb wollen die Funktionäre möglichst frühzeitig wissen, was im Wahlkampf anliegt, welche Materialien zur Verfügung stehen, was an Aktivitäten und finanziellen Beiträgen erwartet wird. Diese Bedürfnisse richten sich nach den Beschwernissen ehrenamtlicher Parteiarbeit und widersprechen den Ansprüchen moderner Wahlkampfführung an Flexibilität und kurzfristig angesetzte Aktionen.

**Canvassing** werden all die Aktivitäten genannt, die unmittelbare persönliche Kontakte zu den Bürgern herstellen: Vom »Bad in der Menge« bis zu den Besuchen in Altenheimen, Krankenhäusern, Sportveranstaltungen, Flugblattverteilen am Betriebstor: Die Menschen ansprechen, wo sie sind, wo sie warten, in Bahnhöfen, vor Veranstaltungen, an Haltestellen, wo sie sich erholen, wo sie feiern.

**Infostände** bedeuten oft schwierige psychologische Situationen: Entweder die Parteivertreter sind richtige Überzeugungstäter oder aber sie sind sehr von öffentlichen Meinungsschwankungen abhängig. Nichts ist schrecklicher, als für eine Organisation angemacht zu werden, deren Politik man selbst im Moment so toll nicht findet. Man soll für die

Wahl dieser Partei werben und würde doch am liebsten den Kritikern zustimmen. Am angenehmsten ist die Arbeit an einem Stand, wenn man sich in einem Mainstream der Zustimmung geborgen weiß. Doch dies sind eher seltene Situationen. Werbemittel helfen die Kontaktschwelle zu Passanten zu überwinden. Die Wahlkampfmaterialien erleichtern den Kontakt zum Kunden, Themenbroschüren helfen über schwierige Fragen hinweg.

**Hausbesuche** sind in den USA ein wichtiges Element der Wahlkreisarbeit, denn die Kandidaten können relativ sicher sein, daß sie potentielle Anhänger besuchen. So ein kleiner Small talk an der Türe gilt in den USA auch nicht so schnell als Störung wie bei uns. Insbesondere für neue Kandidaten ist dieses eine Möglichkeit, sich bei der potentiellen eigenen Wählerschaft vorzustellen. Man darf sich nicht in ausführliche Gespräche verwickeln lassen. Es geht nur darum, einen guten Eindruck und ein Kandidatenfaltblatt (zur Person) zu hinterlassen.

Bei uns sind Hausbesuche eher ein schwieriges Unterfangen. Viele Bürger fühlen sich belästigt, wissen nicht, wie sie sich so einer Persönlichkeit gegenüber verhalten sollen, ob sie ihn reinbitten sollen (immer ablehnen!); sie werden daran erinnert, daß die Wohnung nicht vollständig aufgeräumt ist und die gute Stube einen frischen Anstrich bräuchte. Um solche unangenehmen Situationen zu vermeiden, empfehlen sich Spaziergänge an öffentlichen Orten. Sie ermöglichen es, so ein Kurzgespräch locker zu handhaben: Man stellt sich vor, überreicht ein Kandidatenfaltblatt oder ein Faltblatt mit den fünf wichtigsten Zielen des Wahlprogramms, drückt die Hand, sagt einen freundlichen Satz, und geht weiter.

**Telefonanrufe** sind in den USA ein wichtiges Mittel, um die eigene »Kundschaft« immer wieder daran zu erinnern, auch wirklich wählen zu gehen. Um die Dimension zu verdeutlichen: Ein durchschnittlicher Wahlkreis (Kongreß) hat etwa 140 000 Haushalte. Es gilt, mindestens jene 70 000 + 1 Haushalte zu erreichen, die für die eigene Mehrheit ausreichen. In der GOTV-Phase wird den Kampagnenbüros empfohlen, von mindestens 10 Apparaten aus 10 Stunden täglich stündlich 40 Telefonate (= 4000 täglich) zu führen. Es wurde inzwischen ein »Teleclerk«

entwickelt, das ist ein Automat, der mit digitalisierter, also völlig natürlich klingender Stimme diese Anrufe durchführen kann. Für eine durchschnittliche Kampagne eines Kongreßabgeordneten wird empfohlen zwei Wahlhelfer pro 1 000 Einwohner anzuwerben.

In Deutschland wurden solche Telefonaktionen ein paarmal ausprobiert, doch mit eher mäßigem Erfolg. Eine solche Aktion ist eigentlich nur als » Kette« zu machen: Mitglieder rufen Freunde und Bekannte an, von denen sie wissen oder vermuten, daß sie mit der eigenen Partei sympathisieren. Sonst erwischt man zu viele, die genervt reagieren oder Stammwähler der anderen sind.

Die gesamte Wahlkampagne setzt sich als Werbe-»Feldzug« aus Teilkampagnen zusammen, so beispielsweise der CDU-Wahlkampf 1990 aus der Kanzlerkampagne »Kanzler für Deutschland«, der Kompetenz- und Zukunftskampagne »Ganz Ohr, wir sprechen über Deutschland«, der Angriffskampagne: »Der falsche Mann zur falschen Zeit« und der Jugendkampagne »Touch the future – CDU«.

Insgesamt umfaßten der Wahlkampf der CDU neben den zentral organisierten Kundgebungen folgende Aktivitäten und Maßnahmen, die in der Hand der Parteizentrale lagen:

- Großflächen und Sondergroßflächen: 2 × 10 Tage mit je 30 000 Plakaten,
- eine »Grundausstattung« von 3000 Plakaten für jeden Kreisverband: »Kanzler für Deutschland« und »Gemeinsam schaffen wir es«, zusätzlich ein Schlußplakat »Wählen gehen«,
- im Fernsehen je einen Kanzlerspot, Themenspot, Schlußspot und den Zielgruppenspot »Touch the future«,
je achtmal 2,5 Minuten in ZDF und ARD,
je 25 mal 30 Sekunden in RTL plus, SAT 1, Pro 7, Tele 5,
- im Radio Schaltungen in allen öffentlich-rechtlichen und privaten Hörfunksendern: Kanzlerspot, Wirtschaftsaufschwung und Wählen gehen,
- Anzeigen in regionalen, überregionalen und Sonntagszeitungen und Anzeigenblättern:
»Wir Deutsche hatten noch nie so gute Chancen«,

»3 gute Gründe, CDU zu wählen«,
»Dem Kanzler können Sie vertrauen« (neue Länder),
»Umweltschutz: Wir verlieren keine Zeit«,
»Die SPD wollte die Einheit nicht –
aber jetzt will sie ganz Deutschland regieren«,
»Nur wenn die Wirtschaft läuft, geht es uns
in Zukunft besser!« (Fünf neue Länder),
»Weiter aufwärts / Sie haben's in der Hand«,
»Am 2. Dezember haben sie drei gute Gründe, CDU zu wählen«,
»2. Dezember: Schicksalswahl / Wählen gehen«,
- ein Kanzlerbrief, Auflage 16 Mio.,
- 13 verschiedene Themenfaltblätter,
- eine Broschüre »Einheit von A bis Z«,
- ein Flugblatt A3 »Warum es mit der SPD nicht geht«,
- im Westen zwei Ausgaben der Zeitung *Deutschland am Wochenende*, Gesamtauflage 27 Mio.,
- im Osten die *Zeitung zur Wahl* in 4 Mio. Exemplaren,
- ein Flugblattset zu aktuellen Themen zum Nachdrucken,
- daneben gab es einen umfangreichen Service für die einzelnen Wahlkreiskandidaten: Fotos, Plakate, Werbemittel, Faltblätter etc. und Sonderaktionen im Zusammenhang mit der Zielgruppenkampagne »Touch the future«,
- allein der Spitzenkandidat Helmut Kohl bestritt 77 Wahlkampfkundgebungen.

Ob all dies Gestrampel etwas nützt?

»Die Auffassungen über die mögliche Werbewirkung, ausgedrückt in zusätzlichen Stimmabgaben bei erfolgreicher Werbung differieren. Gelegentlich werden Zahlen genannt: Harry Walter, ARE, hoffte zwei bis drei Prozent durch Politwerbung zur SPD hinüberziehen zu können; französische Werbeexperten schätzen zwischen 1–4%. Andere glauben diese Frage nicht beantworten zu können, sondern vermuten, daß sich Wahlen in der Vorwahlzeit entscheiden und Wahlkämpfe lediglich noch dazu dienen, bereits vorhandene Einstellungen zu bestärken und zu intensivieren, schon gewonnene Anhänger zu aktivieren, dem einzelnen die Rationalisierung seiner Wahlentscheidung zu ermöglichen oder die Resignierenden zu ermutigen. Ein verläßlicher Nachweis der Werbewirkung steht also aus. Es gibt allenfalls Vermutungen, was aber die Parteien nicht davon abhält, gewaltige Werbeetats für Bundestags- und auch Landtagswahlkämpfe bereitzustellen.

Die rituellen Darbietungen dann am Wahlabend sind Vermischungen von öffentlicher Darstellung und interner Bedeutung. Wenn man gewonnen hat: »Wir (eigentlich ich) waren (war) gut, haben (habe) großartig gekämpft. Ich danke all unseren Wählern für ihr Vertrauen.« Und wenn man verloren hat: »Ich gebe zu (ich kann nichts dafür), wir konnten unsere Argumente nicht so deutlich machen, wie ich mir das gewünscht hätte.« Die Entschuldigung für schlechtes Abschneiden gipfelt schließlich in dem unvermeidlichen Satz: »Und im übrigen werden wir das Ergebnis sorgfältig analysieren und dann die notwendigen Konsequenzen ziehen.« Diese tiefschürfenden Darbietungen in der Wahlnacht haben ihre Ursachen einmal in tatsächlicher Unmöglichkeit, genaue Angaben über die Hintergründe des nun vorliegenden Ergebnisses zu machen, und in der Vermutung, daß die Wähler vor allem Sieger mögen.

Die Medienaufmerksamkeit des Wahlabends dient zum anderen und ganz wesentlich aber der vorbeugenden internen Schuldverteilung. Wenn man sehr gut abgeschnitten hat, waren alle beteiligt, dann scheint eine sorgfältige Analyse nur lästig. Hat man kräftig verloren, organisiert man eine interne Sprachregelung. Dafür ist dann auch jedes von den Forschern vorgebrachte Argument recht. Es wird für den internen Prozeß funktionalisiert. Mit den Medien und den professionellen Wahlauguren wird darum gerungen, wer seine Erklärung durchsetzt. Das schafft nicht nur erste Grundlagen für die nächsten Wahlkämpfe, sondern setzt auch Pflöcke für interne Schuldzuweisungen.

Diese Schuldzuweisungen haben nur eine große Schwäche: Je weiter nach oben man damit kommt, desto mehr wird das Argument zu einer Machtfrage: Man stelle sich vor, es mache sich in der CDU die Erkenntnis breit, Helmut Kohl wäre die Ursache für eine Wahlniederlage. Dann gibt es zwei Möglichkeiten: Entweder Kohl ist noch wirklich mächtig, dann wäre es der CDU-Funktionär, der die Schuldfrage öffentlich zum Thema macht, alsbald nicht mehr. Oder Kohl ist nicht mehr mächtig, dann wird die Schuldfrage ein Instrument zu seiner Ablösung. So oder so geht es um Macht und nicht um die Stimmigkeit des Arguments.

Die offiziellen und oft mit internen Absichten der Öffentlichkeit übermittelten Wahlanalysen unterschlagen die operativen und strukturellen Mängel des Wahlkampf- und Kommunikationsmanagements, ebenso die des Kandidaten und der Planung. Sie tun so, als sei das Wahlergebnis in allen wesentlichen Faktoren eine – eigentlich nicht beeinflußbare – Folge gesellschaftlicher Entwicklung und sozialstruktureller wie ökonomischer Daten.

Das ist zwar interessant, aber zur Fehlervermeidung nutzlos. Die wirklichen Macken einer Kampagne werden nur in informellen Zirkeln erörtert und reichen – oft schon mangels personeller Kontinuität nicht bis zum nächsten Wahlkampf. Es gibt in jeder Partei nur kleine Kreise, die sich ernsthaft Rechenschaft – auch über die Defizite des Spitzenkandidaten – ablegen. Was man über die Macken und Fehler der eigenen Kampagne weiß, wird natürlich nicht öffentlich und oft auch nicht richtig intern besprochen. Inwieweit diese Überlegungen Teil des über Gremien und Papiere abgewickelten Verarbeitungsprozesses werden, entscheidet wiederum politisches Machtkalkül und nicht die Sehnsucht nach »ehrlicher« Analyse. Und wenn die Schuld verteilt ist, der eine oder andere den Job gewechselt hat, brauchen Konsequenzen eigentlich nicht mehr gezogen zu werden – neue Runde, neues Glück.

# Anhang 1

Slogans zu den Bundestagswahlkämpfen und Ergebnisse der heute noch aktuellen Parteien, bzw. Fraktionsbündnisse (% Stimmenanteil):

1949:    Wahlbeteiligung 87,5%
           CDU/CSU 31,0%, FDP/DVP 11,9%
           SPD 29,2%, andere 27,9%

CDU:    *» Das ganze Deutschland soll es sein –*
           *zum ungeteilten Deutschland durch die CDU«*
           *» Freiheit – Gerechtigkeit – Frieden«*
           *» 1947 – Hunger! Not! Elend!*
           *1949 – Vorwärts! Aufwärts! Der Erfolg der CDU«*
FDP:    *» Deutschland darf nicht sozialistisch werden«*
SPD:    *» Prof. Erhard – CDU ruiniert die Wirtschaft*
           *Wer SPD wählt – wählt den Aufbau!«*
           *» Nun erst recht: Sozialisierung! SPD«*

1953:    Wahlbeteiligung 86,0%
           CDU/CSU 45,2%, FDP/DVP 9,5%
           SPD 28,8%, andere 16,5%

CDU:    *» Einheit – Freiheit – Frieden – CDU«*
           *» Man wechselt die Pferde nicht mitten im Strom«*
FDP:    *» Wählt die FDP, dann wählt ihr Deutschland«*
           *» Mir geht ein Licht auf, ich wähle FDP«*
           *» Weiter vorwärts mit Blücher für Deutschland«*
SPD:    *» Friede und Sicherheit durch Verständigung –*
           *nicht Kriegsgefahr durch Wettrüsten!«*

*»Soziale Sicherheit für alle –*
*keine Almosen für Alte und Kranke!«*
*» Überführung der Grundstoffindustrie in Gemeineigentum –*
*nicht Herrschaft der Manager und Großaktionäre«*

1957:     Wahlbeteiligung: 87,8%
CDU/CSU 50,2%, FDP 7,7%
SPD 31,8%, andere 10,3%

CDU:    *»Es geht ums Ganze – CDU«*
*»Keine Experimente – CDU«*
*»Wohlstand für alle«*
FDP:    *»Laßt Euch nicht auf den Arm nehmen!*
*Deshalb FDP – Auf die kommt es an«*
*»Auf die kommt es an – Liste 3*
*Freie Demokratische Partei«*
*»Stärkt die dritte Kraft«*
SPD:    *»Fort mit der Wehrpflicht –*
*raus aus der NATO – deshalb SPD«*
*»Mehr Wohnungen statt Kasernen – darum SPD«*

1961:     Wahlbeteiligung 87,7%
CDU/CSU 45,4%, FDP 12,8%
SPD 36,2%, andere 5,6%

CDU:    *»Auch morgen sicher leben – CDU«*
*»Auch morgen in Freiheit leben – CDU«*
*»Auch morgen keine Experimente – CDU«*
*»Erfolg und Erfahrung – CDU«*
FDP:    *»Ein modernes Volk braucht eine Politik des Fortschritts«*
*»Ein gesundes Volk braucht die gesunde Mitte«*
*»Ein freies Volk braucht freie Demokraten«*
*»Wer weiter denkt, wählt FDP«*
*»Deutschland braucht die FDP«*
SPD:    *»Hand in Hand – gemeinsam geht es besser!«*
*»Wir sind alle eine Familie«*

*»Der Wohlstand ist für alle da«*
*»Deutschland braucht eine neue Regierung – deshalb SPD«*

1965:   Wahlbeteiligung 86,8%
        CDU/CSU 47,6%, FDP 9,5%
        SPD 39,3%, andere 3,6%

CDU:    *»Es geht um Deutschland – CDU«*
        *»Unsere Sicherheit – CDU«*
FDP:    *»Neue Wege wagen, darum FDP«*
        *»FDP – nötiger denn je«*
SPD:    *»Sicher ist sicher – darum SPD!«*
        *»Neue Besen kehren gut«*
        *»Die Zeit ist reif für eine Wachablösung«*

1969:   Wahlbeteiligung 86,7%
        CDU/CSU 46,1%, FDP 5,8%
        SPD 42,7%, andere 5,4% (NPD 4,3%)

CDU:    *»Sicher in die 70er Jahre«*
        *»Unsere Zukunft in guter Hand«*
        *»Auf den Kanzler kommt es an«*
FDP:    *»Wir schaffen die alten Zöpfe ab«*
        *»Einer ist da, der Schluß macht mit den alten Zöpfen«*
        *»Die FDP ist die treibende Kraft«*
SPD:    *»SPD – die beste Zukunft, die Sie wählen können«*
        *»Wir schaffen das moderne Deutschland -*
        *Wir haben die richtigen Männer«*

1972:   Wahlbeteiligung 91,1%
        CDU/CDU 44,9%, FDP 8,4%
        SPD 45,8%, andere 0,9%

CDU:    *»Wir bauen den Fortschritt auf Stabilität«*
FDP:    *»Vorfahrt für die Vernunft«*
SPD:    *»Willy Brandt muß Kanzler bleiben!«*

*»Deutsche, wir können stolz sein auf unser Land«*
*»Wer morgen sicher leben will,*
*muß heute für Reformen kämpfen«*

1976:   Wahlbeteiligung 90,7%
        CDU/CSU 48,6%, FDP 7,9%,
        SPD 42,6%, andere 0,9%

CDU:    *»Aus Liebe zu Deutschland*
        *Freiheit statt Sozialismus*
        *CDU sicher sozial und frei«*
        *»Aus Liebe zu Deutschland – Die Freiheit wählen«*
        *»Helmut Kohl – Kanzler für Deutschland«*
        *»Helmut Kohl – der Mann, dem man vertrauen kann«*
FDP:    *»Freiheit, Fortschritt, Leistung«*
SPD:    *»Modell Deutschland,*
        *Freiheit – Sicherheit – Soziale Demokratie«*
        *»Weiterarbeiten am Modell Deutschland«*
        *»Den Frieden wählen«*
        *»Zieh mit – Wähl' Schmidt««*

1980:   Wahlbeteiligung 88,6%
        CDU/CSU 44,5%, FDP 10,6%
        SPD 42,9%, andere 2,0%

CDU:    *»Für Frieden und Freiheit – CDU«*
        *»Mit Optimismus gegen Sozialismus«*
        *»Den Sozialismus stoppen – CDU wählen«*
FDP:    *»Diesmal geht's ums Ganze –*
        *diesmal FDP die Liberalen«*
        *»Unser Land soll auch morgen liberal sein«*
SPD:    *»Sicherheit für Deutschland – SPD«*

1983:   Wahlbeteiligung 89,1%
        CDU/CSU 48,8%, FDP 7,0%
        Grüne 5,6%, SPD 38,2%, andere 0,5%

| CDU: | »Wir sind auf dem richtigen Weg« |
|---|---|
| | »Mit Ehrlichkeit und Klarheit den Neubeginn sichern« |
| FDP: | »Deutschland braucht die FDP« |
| | »Freiheit braucht Mut« |
| Grüne: | »Wir haben die Erde von unseren Kindern nur geborgt« |
| | »Tag für Tag stirbt ein Stück Natur – Die Industrie macht Kasse« |
| SPD: | »Im deutschen Interesse – SPD« |
| | »Aufbruch nach vorn« |

1987: Wahlbeteiligung 84,3%
CDU/CSU 44,3%, FDP 9,1%
Grüne 8,3%, SPD 37,0%, andere 1,4%

| CDU: | »Weiter so, Deutschland. CDU – die Zukunft« |
|---|---|
| | »Wir sind auf einem guten Weg. Deshalb: |
| | Weiter so, Deutschland. CDU – die Zukunft« |
| FDP: | »Zukunft durch Leistung« |
| Grüne: | »Grün bricht durch« |
| SPD: | »Damit Gerechtigkeit regiert, nicht soziale Kälte« |
| | »Damit unsere Kinder leben können: |
| | Umweltsünder hart packen« |
| | »Damit der Friede sicher bleibt und deutsche Interessen zählen« |
| | »Den besten für Deutschland: Johannes Rau« |
| | »Die Partei der sozialen Gerechtigkeit« |
| | »Die Partei des Friedens« |
| | »Deutschland braucht wieder einen Kanzler, |
| | dem man vertrauen kann. |

1990: Wahlbeteiligung West 78,6%, Ost 74,5%, gesamt 77,8%

| CDU/CSU | W 43,3%, | O 41,8%, | D 43,8%. |
|---|---|---|---|
| FDP | W 10,6%, | O 12,9%, | D 11,0%. |
| Grüne | W 4,8%, | O 0,1%, | D 3,8%. |
| Bündnis 90 | W 0,0%, | O 6,1%, | D 1,2% |
| PDS | W 0,3%, | O 11,1%, | D 2,4%. |
| SPD | W 35,7%, | O 24,3%, | D 33,5% |

CDU:    *»Kanzler für Deutschland«*
        *»Freiheit, Wohlstand ,Sicherheit«*
        *»Gemeinsam schaffen wir es«*

Grüne:  *»Alle reden von Deutschland.*
        *Wir reden vom Wetter. Für ein besseres Klima«*
        *»Ohne uns wird alles schwarz rot gold. Die Grünen/Bündnis 90*
        *»Mit uns für ein Deutschland ohne Armee«*
        *»Mit uns für die Energiewende«*

SPD:    *»Der neue Weg SPD –*
        *sozial, ökologisch, wirtschaftlich stark« (West)*
        *»Der neue Weg SPD –*
        *sichere Arbeitsplätze, saubere Luft, wirtschaftlich stark (Ost).*

# Anhang 2
## Literaturhinweise

*Baerns, Barbara:* Macht der Öffentlichkeitsarbeit und Macht der Medien, in: U. Sarcinelli (Hrsg.) 1987.

*Bergsdorf, Wolfgang:* Politische Terminologie – Historischer Wandel und Politikvermittlung, in: U. Sarcinelli (Hrsg.) 1987.

*Betz, Hans-Georg:* Krise oder Wandel? Zur Zukunft der Politik in der postindustriellen Moderne, in APuZ 11/93.

*Blessing, Karlheinz* (Hrsg.) SPD 2000 – Die Modernisierung der SPD, Marburg 1993

*Bourdieu, Pierre:* Die verborgenen Mechanismen der Macht, Hamburg 1992.

*Bourdieu, Pierre:* Zur Soziologie der symbolischen Formen, Frankfurt/ Main 1983.

*Brand, Stewart:* Medialab, Reinbek 1990.

*Brettschneider, Franz:* Wahlumfragen, München 1991.

*Dettling, Warnfried:* Vorwärts! Längst vergessen, in: Die Zeit 28.5.93.

*Donsbach, Wolfgang:* Selektive Zuwendung zu Medieninhalten, in *Kaase, Max/Schulz, Winfried* (Hrsg.): Massenkommunikation, Opladen 1989.

*Edelman, Murray:* Politik als Ritual, Frankfurt/Main 1990.

*Engel, Andreas:* Demoskopie als Instrument der Politikvermittlung, in: U. Sarcinelli (Hrsg.) 1987.

*Feist, Ursula/Güllner, Manfred/Liepelt, Klaus:* Strukturelle Angleichung und ideologische Polarisierung, in: Kaase, Max/Klingemann, Hans-Dieter (Hrsg.) Wahlen und politisches System, Opladen 1983.

*Feist, Ursula/Liepelt, Klaus:* Neue Eliten in alten Parteien, in: Kaase, Max/Klingemann, Hans-Dieter (Hrsg.) Wahlen und politisches System, Opladen 1983.

*Feist, Ursula/Liepelt, Klaus:* Was die Dynamik des Arbeitsmarktes für das Wählerverhalten bedeutet, in: Kaase, Max/Klingemann, Hans-Dieter (Hrsg.) Wahlen und Wähler, Opladen 1990.

*Feist, Ursula:* Zur politischen Akkulturation der vereinten Deutschen, in APuZ 11-12/93

*Flusser, Vilém:* Ins Universum der technischen Bilder, Göppingen 1989.

*Gauland, Alexander:* Was ist Konservativismus?, Frankfurt 1991.

*Gibowski, Wolfgang/Kaase, Max:* Auf dem Weg zum politischen Alltag, in APuZ 11-12/93.

*Grafe, Peter:* Anschluß verpaßt – Parteien im Time-lag, in: Die verdrossene Gesellschaft, Düsseldorf 1993.

*Grafe, Peter:* Schwarze Visionen – Die Modernisierung der CDU, Reinbek 1986.

*Grafe, Peter:* Tradition und Konfusion: SPD, Frankfurt/Main 1991.

*Habermas, Jürgen:* Die neue Unübersichtlichkeit, Frankfurt/Main 1985.

*Habermas, Jürgen:* Strukturwandel der Öffentlichkeit, Frankfurt/Main 1990.

*Hildebrandt, Kai/Arbor, Ann/Dalton, Russel J.:* Die neue Politik, in: *Kaase, Max/Klingemann, Hans-Dieter* (Hrsg.) Wahlen und politisches System, Opladen 1983.

*Jonas, Hans:* Das Prinzip Verantwortung, Frankfurt/Main 1989.

*Kaase, Max* (Hrsg.): Wahlsoziologie heute, Opladen 1977.

*Kaase, Max/Klingemann, Hans-Dieter* (Hrsg.): Wahlen und politisches System, Opladen 1983.

*Kaase, Max/Klingemann, Hans-Dieter* (Hrsg.): Wahlen und Wähler, Opladen 1990.

*Kaase, Max/Schulz, Winfried* (Hrsg): Massenkommunikation, Opladen 1989.

*Kepplinger, Hans Mathias/Brosius, Hans-Bernd:* Der Einfluß der Parteibindung und der Fernsehberichterstattung auf die Wahlabsichten der Bevölkerung, in: Kaase, Max/Klingemann, Hans-Dieter (Hrsg.) Wahlen und Wähler, Opladen 1990.

*Kepplinger, Hans Mathias:* Instrumentelle Aktualisierung, in Kaase, Max/Schulz, Winfried Hrsg): Massenkommunikation, Opladen 1989.

*Kirsch, Guy/Mackscheid, Klaus:* Staatsmann, Demagoge, Amtsinhaber, Göttingen 1985

*Mathes, Rainer/Freisens, Uwe:* Kommunikationsstrategien der Parteien und ihr Erfolg, in: Kaase, Max/Klingemann, Hans-Dieter (Hrsg.) Wahlen und Wähler, Opladen 1990.

*McLuhan, Herbert Marshall:* Die magischen Kanäle – Understanding Media, Düsseldorf, Wien, New York und Moskau 1992.

*Meyer, Thomas:* Die Inszenierung des Scheins, Frankfurt/Main 1992.

Napolitian, Joseph: Negative Campaigning, Papier zur Jahrestagung der IAPC, 1989.

*Noelle, Elisabeth/Neumann, Peter* (Hrsg.): Jahrbuch der öffentlichen Meinung 1968 -1973, Allensbach/Bonn 1974.

*Noelle-Neumann, Elisabeth:* Das doppelte Meinungsklima, in: Kaase, Max/Klingemann, Hans-Dieter (Hrsg.) Wahlen und politisches System, Opladen 1983.

*Noelle-Neumann, Elisabeth:* Öffentlichkeit als Bedrohung, Freiburg/ München 1977.

*Noelle-Neumann, Elisabeth:* Öffentliche Meinung in der Bundestagswahl 1980, in: Kaase, Max/Klingemann, Hans-Dieter (Hrsg.) Wahlen und politisches System, Opladen 1983.

*Oellerking, Christian:* Marketingstrategien für Parteien, Frankfurt/Main 1988.

*Packard, Vance:* Die geheimen Verführer, Düsseldorf 1992.

*Pappi, Franz Urban,* Wahrgenommenes Parteiensystem und Wahlentscheidung in Ost- und Westdeutschland, in: APuZ 44/91.

*Postman, Neil:* Das Technopol, Frankfurt/Mai 1992.

*Postman, Neil:* Wir amüsieren uns zu Tode, Frankfurt/Main1985.

*Radunski, Peter:* Wahlkämpfe, München 1980.

*Rattinger, Hans:* Abkehr von den Parteien? Dimensionen der Parteiverdrossenheit, in APuZ 11/93.

*Roth, Reinhold:* Parteimanagement und politische Führungseliten in der Politikvermittlung, in: U. Sarcinelli (Hrsg.) 1987.

*S.J. Guzzetta:* The campaign manual, Washington.

*Sarcinelli, Ulrich* (Hrsg.): Politikvermittlung – Beiträge zur politischen Kommunikationskultur, Bonn 1987.

*Sarcinelli, Ulrich:* Entwicklungstendenzen zur Politikvermittlung in der Informationsgesellschaft, in: U. Sarcinelli (Hrsg.) 1987.

*Sarcinelli, Ulrich:* Symbolische Politik, Opladen 1987.

*Scheuch, Erwin K./Wildenmann, Rudolf* (Hrsg.): Zur Soziologie der Wahl, Opladen 1965.

*Schlosser, Horst Dieter:* Politikvermittlung als Sprachproblem, in U. Sarcinelli, 1978

*Schnibben, Cordt:* Die Reklame-Republik, Der Spiegel 52/1992.

*Schrott, Peter:* Wahlkampfdebatten im Fernsehen von 1972 bis 1987, in Kaase, Max/Klingemann, Hans-Dieter (Hrsg.) Wahlen und Wähler, Opladen 1990.

*Schulz, Winfried:* Massenmedien und Realität, in Kaase, Max/Schulz, Winfried (Hrsg): Massenkommunikation, Opladen 1989.

*Schulz, Winfried:* Politikvermittlung durch Massenmedien, in: U. Sarcinelli (Hrsg.) 1987.

*Schulze, Gerhard:* Die Erlebnisgesellschaft, Frankfurt/Main 1992.

*Schumpeter, Joseph A.:* Kapitalismus, Sozialismus und Demokratie.

*Schütz, Astrid:* Selbstdarstellung von Politikern, Weinheim 1992.

*Sennet, Richard:* Verfall und Ende des öffentlichen Lebens – Die Tyrannei der Intimität, Frankfurt/Main 1986.

*Stackelberg, Karl-Georg von:* Souffleur auf politischer Bühne, München 1975.

*Tzu, Sun:* The Art of War, Boston 1988.

*Verheugen, Günter:* Eine Zukunft für Deutschland, München 1980.

*Virilio, Paul:* Die Sehmaschine, Berlin 1989.

*Wangen, Edgar:* Polit-Marketing, Opladen 1983.

*Weber, Max:* Politik als Beruf, Stuttgart 1992.

*Wilke, Jürgen:* Geschichte als Kommunikationsereignis, in: Kaase, Max/Schulz, Winfried (Hrsg.): Massenkommunikation, Opladen 1989.

*Wolf, Werner:* Wahlkampf – Normalfall oder Ausnahmesituation der Politikvermittlung? in: U. Sarcinelli (Hrsg.) 1987.

*Wolf, Werner:* Wahlkampf und Demokratie, Köln 1990.